Marion Schenk

Das Habitogramm – systemisch, praktisch, gut

Soziokulturelle Prägungen verstehen,
Professionalität stärken

VANDENHOECK & RUPRECHT

Mit 42 Abbildungen und 4 Tabellen sowie Tool zum Download

Bibliografische Information der Deutschen Nationalbibliothek:
Die Deutsche Nationalbibliothek verzeichnet diese Publikation in der
Deutschen Nationalbibliografie; detaillierte bibliografische Daten sind
im Internet über https://dnb.de abrufbar.

© 2024, Vandenhoeck & Ruprecht, Robert-Bosch-Breite 10, D-37079 Göttingen,
ein Imprint der Brill-Gruppe
(Koninklijke Brill NV, Leiden, Niederlande; Brill USA Inc., Boston MA, USA;
Brill Asia Pte Ltd, Singapore; Brill Deutschland GmbH, Paderborn, Deutschland;
Brill Österreich GmbH, Wien, Österreich)
Koninklijke Brill NV umfasst die Imprints Brill, Brill Nijhoff, Brill Schöningh,
Brill Fink, Brill mentis, Brill Wageningen Academic, Vandenhoeck & Ruprecht,
Böhlau und V&R unipress.

Alle Rechte vorbehalten. Das Werk und seine Teile sind urheberrechtlich
geschützt. Jede Verwertung in anderen als den gesetzlich zugelassenen Fällen
bedarf der vorherigen schriftlichen Einwilligung des Verlages.

Umschlagabbildung: © Dedraw Studio/shutterstock.com

Satz: SchwabScantechnik, Göttingen
Druck und Bindung: ⊕ Hubert & Co, Göttingen
Printed in the EU

Vandenhoeck & Ruprecht Verlage | www.vandenhoeck-ruprecht-verlage.com

ISBN 978-3-525-40014-2

Inhalt

Auf dem Weg zu einer habitussensiblen Beratung –
Vorwort von Stefan Busse 9

Aller Anfang ist schwer – Einleitung 12

Fremde Köche verderben den Brei? Von Diskriminierung
bis Integration 17
Diversität und Diskriminierung 22
Innerdeutsche Bewegungen 24
Innerdeutsche Vielfalt 26
Beratung im Wandel der Zeit 29

Des Pudels Kern – der Habitus 32
Das Habituskonzept – Für und Wider 33
Einfluss sozialer Felder 34
    Die Gesellschaft als äußerster Rahmen für die Entwicklung des Habitus ... 35
    Die Milieus als soziale Lebensräume 38
    Bezugspersonen und Herkunftssysteme 43
Gewohnheitsbildung und ihre Folgen 44
Habituserweiterung und Habitus-Struktur-Konflikte 47

Ich sehe was, was du nicht siehst – Wahrnehmung und Haltung 56
Haltung heißt Halt geben 60
Was ich übersehen kann 63
    Abwehrmuster 64
    Unterschiedliche kulturelle Erfahrungen 66
    Aus der Praxis: Fallbeispiel 1 – Er ist nicht das, was wir suchen 69
Habitogramm-Baustein Matrix BIFF 70
    Aus der Praxis: Fallbeispiel 2 – Das ist nicht das, was wir uns vorgestellt haben 79

Inside – outside: das Habitogramm 82
Ein neuer Blick und Entwicklung der Methode 82
Wieso, weshalb, warum? Einsatzgebiete und Ziele 86
Was, wann, wie? Varianten und ihre Anwendung 89
    Umfang und Gestaltung 91
    Arbeitsmaterial 96
    Arbeitsaufträge 99
    Unterstützende Hilfsmittel 100
    Vor dem Start 101
    Habitogramm-Erstellung von Selbstreflexion bis Teamentwicklung 102
Habitogramm-Variante 1: Schritt-für-Schritt-Anleitung 104
    Aus der Praxis: Fallbeispiel 3 – Der Feind hört mit 109
    Wer sitzt mir gegenüber? 119
Habitogramm-Variante 3: Anleitung für Fortgeschrittene 121
    Aus der Praxis: Fallbeispiel 4 – Der geht gar nicht 122
Habitogramm-Baustein Habitus-Blüte 124
    Aus der Praxis: Fallbeispiel 5 – Er weiß nicht, wohin 125
Ergänzende Modelle und Schemata 132

Methodentanz an der Basis – weitere Fälle aus der Praxis 136
    Aus der Praxis: Fallbeispiel 6 – Ich kann mich nicht durchsetzen 136
    Aus der Praxis: Fallbeispiel 7 – Ich fühle mich ganz allein 139
    Aus der Praxis: Fallbeispiel 8 – Sie hat was gegen mich 141
    Aus der Praxis: Fallbeispiel 9 – Ich kann das nicht, ich darf das nicht .. 144
    Aus der Praxis: Fallbeispiel 10 – Hilfe, ich bin aggressiv 146
    Aus der Praxis: Fallbeispiel 11 – Ich bin ja ein Flüchtling 150
    Aus der Praxis: Fallbeispiel 12 – Die müssen sich ändern 153
    Aus der Praxis: Fallbeispiel 13 – So habe ich diesen Fall noch nicht gesehen 158
    Aus der Praxis: Fallbeispiel 14 – Mir fehlt die Ernsthaftigkeit 161

Die Spatzen müssten es von den Dächern pfeifen – Fazit 165

Literatur 168

Verzeichnis der Fallbeispiele 174

Anlagen 177
Anlage 1: Fragen zur Ebene der Gesellschaft 177
Anlage 2: Fragen zur Ebene des Milieus 179

Anlage 3: Fragen zur Ebene der Herkunftssysteme 181
Anlage 4: Fragen zu Habitusanteilen 184
Anlage 5: Kulturdimensionen 189
Anlage 6: OPD – Operationalisierte Psychodynamische Diagnostik 191
Anlage 7: Milieus in der BRD 196
Anlage 8: Milieus in der DDR 200
Anlage 9: Riemann-Thomann-Modell 202
Anlage 10: Werte- und Entwicklungsquadrat 204
Anlage 11: Habitogramm kompakt 211
Anlage 12: Kopiervorlage: Datensammlung 219
Anlage 13: Kopiervorlage: Habitogramm-Ablage innen und außen 222

Hinweis zum digitalen Material 230

Auf dem Weg zu einer habitussensiblen Beratung – Vorwort von Stefan Busse

Dieses Buch von Marion Schenk ist eine konzeptuelle und praktische Sensibilisierungsofferte gegenüber einem Phänomen, das seit den Arbeiten des französischen Soziologen Pierre Bourdieu als Habitus bezeichnet wird und z. B. in der soziologischen (sozialpsychologischen) Literatur ein wichtiger konzeptueller Fixpunkt geworden ist.

Der Habitus ist bekanntlich das Ergebnis sozialer und gesellschaftlicher Prägungen, die sich als Haltung, als mentale Orientierung sich selbst und der Welt gegenüber, als Gebundenheit an Werte, als ausgeprägter Geschmack und Vorliebe bestimmten Dingen gegenüber, als Routine und soziale Selbstverständlichkeit im Lebensvollzug, als das vermeintlich sichere Gefühl dafür, was »›normal‹ und ›unnormal‹, ›richtig‹ und ›falsch‹, ›gut‹ und ›böse‹, ›schön‹ und ›hässlich‹ etc.« ist, so Marion Schenk. Etwas salopp gesagt, handelt es sich beim Habitus um eine Art soziale »Werkseinstellung« des Einzelnen, die das Ergebnis lebensweltlich bzw. biografisch zugewiesener und erfahrener Positionierungen in einem mehrdimensionalen sozialen Raum ist. Dieser ist durch Milieubindung, generationale Zugehörigkeit, zeithistorische Einbindung und Erfahrung, ethnische Zugehörigkeit, Geschlecht und Familienpositionierung etc. strukturiert. Der Habitus ist Einverleibung dieser Struktur, die unser Verhalten vor allem unbewusst strukturiert und lenkt. Es sind die »feinen Unterschiede« (Bourdieu), mit denen er sich oft nur in kleinen Gesten, im befremdenden Ausdruck, im Empfinden von Nichtpassung irritierend bemerkbar macht. Das kann dem routinierten und gelingenden sozialen Austausch im Lebensalltag aber vor allem auch in Arbeitsbeziehungen im Berufsalltag im Wege stehen, weil sich hier Wahrnehmungs- und Denkgrenzen offenbaren.

Eine *habitussensible Beratung* ist eine wichtige Erweiterung beraterischer Expertise und Praxis in Supervision und Coaching, weil sie etwas ernst nimmt, was Berater:innen wohl kaum bestreiten würden, wozu sie aber bisher in der Regel wenig (methodisch) in der Hand haben, um es reflexiv verfügbar zu machen: den Habitus. Das von Marion Schenk entwickelte Habitogramm lädt dazu ein, den Habitus im psychosozialen Bereich stärker zu berücksichtigen. Das Habitogramm ist ein mutiges wie risikofreudiges Angebot an die Community, mit ihm zu arbeiten, zu experimentieren und Erfahrungen zu sammeln. Es nimmt den Faden einer in den letzten Jahren wahrnehmbaren Orientierung am Habituskonzept in der arbeitsweltlichen Beratung auf, der bislang aber noch recht dünn ist. Das Habitogramm will praktisch-methodisch etwas unmittelbar Einleuchtendes, leicht Spürbares aber schwer Greifbares zur Sprache bringen – die Verkörperung oder Verleiblichung des Sozialen bzw. Gesellschaftlichen im Individuum.

Dem eigenen Habitus begegnen wir in der Regel im Modus des Befremdens und Befremdetsein, durch Konfrontation mit dem Habitus des oder der Anderen. Das geschieht auch deswegen, weil wir biografisch und berufsbiografisch unsere Position im »sozialen Raum« wechseln, Positionen gesellschaftlich fluider werden und so mit anderen sozialen und beruflichen Milieus, anderen Generationserfahrungen oder ethischer und kultureller Varianz konfrontiert sind. So werden auch die Grenzen des (eigenen) Habitus sichtbar und herausgefordert. Für Marion Schenk selbst ist eine solche Grenzerfahrung als ostdeutsch Geprägte und heute westwärts der ehemaligen innerdeutschen Grenze arbeitende Supervisorin offenbar ein wichtiger Impuls für die Entwicklung ihres Habitogramms gewesen. Das dürfte in einer sich permanent transformierenden und diversifizierenden Gesellschaft zur Normalzumutung für (fast) alle von uns werden.

Je nachdem, wie mit solchen Erfahrungen umgegangen wird, kann es zu Habitus-Struktur-Konflikten in Form von Habitusirritation, Habitusspaltung oder auch zu Habituskonflikten zwischen Personen (z. B. in einem Team, in der Beratung) kommen. Das verlangt Anpassungsleistungen der Subjekte als Habitusmodifikation und -reflexion, die beraterisch begleitet werden können. Dafür kann das Habitogramm als methodisches Portfolio in der Begleitung lebensweltlicher Krisen (z. B. im Rahmen der Sozialen Arbeit) und erst recht für die Beratung arbeitsweltlicher Krisen in Supervision und Coaching hilfreich sein. Das Ziel ist, dass eine reflektierte, habitussensible Haltung von Berater:innen ihre Handlungen, ihr Denken, Fühlen und ihre Ziele so beeinflusst, dass sie ein Bild vom eigenen und dem Habitus der Klient:innen entwickeln und diese im Arbeitsbündnis bewusst berücksichtigen. So geht es in Supervision und Coaching schließlich einerseits darum, Problemlösungen zu finden und andererseits aber auch Haltung und Habitus der Klient:innen zu entwickeln. Dafür hat Marion Schenk ein differenziertes methodisches Instrumentarium entwickelt, das man sich sicherlich nicht nur erlesen sollte, sondern praktisch erfahren und einüben muss. An einer Reihe von Fällen veranschaulicht sie in diesem Buch variantenreich die praktische und konzeptuelle Sinnfälligkeit ihres Zugangs.

Das Buch ist Angebot und Herausforderung zugleich. Das Habitogramm ist »in der Praxis für die Praxis entstanden«. Dort wird es sicherlich noch einige Anpassungen und Veränderungen erfahren – so, wie es jeder Methode ergeht, die ihren Weg in die Welt sucht und ihren Platz noch finden muss. Ich wünsche dem Buch und der Methode, dass sie beide mit Interesse aufgenommen werden, von der Leserschaft und den Praktiker:innen, die es hoffentlich in ihr Methodenrepertoire integrieren und so vielfach zu einer habitussensiblen Beratung beitragen werden.

Stefan Busse

Aller Anfang ist schwer – Einleitung

Dieses Buch ist aus dem Wunsch heraus entstanden, Kollegen und Kolleginnen[1] darin zu unterstützen, Menschen, die im sozialen Bereich professionell tätig sind, individuell, effektiv und zielgerichtet zu begleiten, zu betreuen und zu beraten. Auf Basis meiner beinahe zwanzigjährigen Erfahrungen im Bereich von systemischer Beratung, Coaching und Supervision mit den Schwerpunkten unter anderem im Konflikt- und Krisenmanagement und in der Begleitung von Veränderungsprozessen habe ich eine Methode entwickelt, die es ermöglicht, das Gegenüber besser einzuschätzen und zu verstehen. Mit ihr können Fachkräfte der Sozialen Arbeit auch vor Stolperfallen bewahrt werden, in die sie aus Unkenntnis und oftmals unbemerkt tappen und die sie dadurch erst verspätet wahrnehmen. »Braucht es dafür wirklich noch eine neue Methode?«, werden sich einige von Ihnen sicherlich fragen. Ich sage ausdrücklich: Ja, unbedingt. Lassen Sie mich für die Begründung ein wenig ausholen.

Wir Beratenden lernen in unserem Berufsleben, dass Beginn, Verlauf und Ende von Arbeitsbeziehungen im Kontext von Begleitung, Betreuung oder Beratung sich sehr unterschiedlich entwickeln. Nicht nur, dass jeder Kunde und jede Problematik anders ist oder dass sich mit jedem Auftrag auch Berater:innen weiterbilden können. Oft bemerken wir Beauftragten erst nach einer Sitzung – vielleicht im Rahmen von Selbstreflexion –, dass die eine oder andere Person von uns etwas anderes gebraucht hätte: eine andere Herangehensweise, mehr Geduld, weniger Input, mehr Verständnis, eine andere Beachtung ihres Werdens und ihrer Möglichkeiten, eine andere Intervention und so weiter.

In Supervision und Coaching können schwierige, starre oder abgebrochene Prozesse von uns Beratenden als Niederlagen empfunden werden und durch

---

[1] Um einer gendergerechten Sprache und den Anforderungen an einen gut lesbaren Text gleichermaßen gerecht zu werden, habe ich mich entschieden, in diesem Buch mal in zufälliger Folge die weibliche und männliche Form zu verwenden, mal beide Formen aufzuführen oder auch mal die Schreibweise mit dem Doppelpunkt zu wählen. Ich wünsche, dass sich alle Menschen in meinem Buch gemeint und wertgeschätzt fühlen.

wiederholtes Erleben beispielsweise die Ansicht verfestigen, dass nicht beeinflussbare gesellschaftliche oder organisationale Bedingungen, fehlende Führungsqualitäten, unflexible Charaktere der Mitarbeitenden oder Kundinnen für den gescheiterten Prozess verantwortlich sind. Mitunter entsteht auch der Eindruck, dass die eigene Unfähigkeit – möglicherweise mit Selbstzweifeln verbunden – hierfür ursächlich ist. Dies kann langfristig nicht nur der Qualität unserer Arbeit als Supervisor:innen und Coaches schaden, sondern auch unserer psychischen Gesundheit.

Wie kam es nun aber dazu, dass ich eine neue Methode entwickelt habe? Das Verlegen meines Lebens- und Arbeitsmittelpunktes nach Lübeck, der bis 1989 einzigen Großstadt direkt an der damaligen innerdeutschen Grenze, schärfte meinen Blick auf viele kleine Begebenheiten im Beratungsalltag mit Menschen, die entweder westlich oder östlich der ehemaligen Grenze aufgewachsen waren.

In der Reflexion bestimmter Einheiten fiel mir auf, dass trotz intensiven Bemühens um eine Haltung von gleichschwebender Aufmerksamkeit, wie sie für die Psychoanalyse beschrieben wird, und Wertfreiheit mikroskopische Impulse Beratungsverläufe beeinflussen können. Es schien etwas zu geben, was sich je nach Auftreten oder möglicherweise aufgrund bestimmter Äußerungen zwischen Berater:in und Klient:in schob. Etwas, das entweder Neugier und Kreativität auslöste oder zu kleinen Irritationen bis hin zu Prozessverzögerungen führen konnte. Neben den bekannten Phänomenen Übertragung und Gegenübertragung zwischen Beauftragenden und mir als Auftragnehmerin entstand mitunter ein angenehmes Gefühl der Zugewandtheit, aber manchmal auch ein vages Unbehagen oder sogar etwas Lähmendes. Diesen unterschiedlichen Verläufen von Beratungsprozessen wollte ich meine Aufmerksamkeit widmen, um sie besser zu verstehen.

Parallel dazu brachte in einer beruflichen Fortbildung die Auseinandersetzung mit möglichen Einflussfaktoren auf unbewusste Gewohnheitsbildungsprozesse in den frühen Jahren der menschlichen Sozialisierung bestimmte Dynamiken unter den Teilnehmenden ins Rollen. Mit diesen Ideen im Kopf wurden mir in meiner Beratungspraxis mit der Zeit von mir bis dahin kaum registrierte Hintergründe und Zusammenhänge bewusst. Immer mehr verdichtete sich bei mir die Erkenntnis, dass es in Beratungsformaten neue Fragen brauchte: Fragen, die bisher nicht gestellt wurden. Zudem schien es mir unbedingt notwendig, dass die professionell Beratenden und Begleitenden angesichts der Zunahme von Diversität in unserem Land und unter Berücksichtigung einer sich verändernden Arbeitswelt zusätzliche Möglichkeiten an die Hand bekommen mussten, die sie dabei unterstützen, bei ihrer beruflichen Tätigkeit eine professionelle Haltung zu wahren.

Nachdem mir diese vermeintlich kleinen, von mir Jahre lang nicht wahrgenommenen oder, wenn doch, als unbedeutsam kaum beachteten Unterschiede in meiner Zusammenarbeit mit den unterschiedlichsten Personen bewusst geworden waren, begann ich, meine Arbeit mit den Klientinnen und Klienten zu verändern. Ich stellte zusätzliche Fragen oder formulierte sie anders. Interventionen wählte ich individueller aus und den Prozessverlauf gestaltete ich bewusster. Dies war möglich, weil ich mir die spezifischen Hintergründe erschloss, durch die bei mir (wie bei allen anderen professionell mit Beratung beauftragten Personen) unbewusst Lust oder Unlust, Sympathie oder Antipathie, Kreativität oder Gelähmtsein ausgelöst werden können. Auf einmal war mir aktives Steuern möglich, wo bis dahin oft unbewusste Abläufe im Beratungsverlauf die Oberhand hatten.

In diesem Prozess entwickelte ich das Habitogramm®, eine Methode, die sich an Supervisor:innen und Berater:innen, die mit Einzelnen, Paaren, Gruppen oder Teams arbeiten, an Coaches, Case-Manager:innen, Soziolog:innen, Sozialpädagog:innen und Sozialarbeiter:innen genauso richtet wie an Psycholog:innen, Lehrkräfte, Erzieher:innen, Fallmanager:innen und Arbeitsvermittler:innen, Diversitätsbeauftragte, Migrationsberater:innen und -begleiter:innen sowie an alle Führungskräfte. Sie wird Thema dieses Buches sein.

Das Habitogramm kann mit seinem strukturierten Herangehen nicht nur biografische Ordnung und einen individuellen Zugang zum Gegenüber schaffen. Durch die Arbeit mit der Methode sind auch zielgenaue Interventionen und Fragen möglich, ohne Beratung und andere Settings zu standardisieren. Sie ist ein systemisches Handwerkszeug, um auf veränderte Bedingungen in der Sozialen Arbeit und auf mögliche Störungen im zwischenmenschlichen Bereich, dort, wo Menschen miteinander arbeiten, einzugehen. Das Modell kann dazu beitragen, individuelle Gewohnheiten und Haltungen, Ansichten und Einstellungen, die oft nicht bewusst sind, aufzudecken und im Prozess von Beratung und Begleitung zu berücksichtigen. Das Habitogramm lässt sich im Rahmen von (Selbst-)Reflexion und persönlicher Weiterentwicklung ebenso einsetzen wie in der Bewältigung von Krisen, zum Lösen von Problemlagen und Konflikten bei Einzelnen und in Teams. Gewinnbringend ist die Methode auch bei ihrer Verwendung in der Personalentwicklung, in Organisationsentwicklungsprozessen und bei Führungsaufgaben. Auch wenn das Herantasten an die einzelnen Arbeitsschritte des Habitogramms am Anfang schwierig erscheinen mag, es lohnt sich die Mühe, sich mit dem Modell im Sinne des Allgemeinplatzes »Aller Anfang ist schwer« intensiv auseinanderzusetzen, denn die Arbeit mit dem Habitogramm ist spannend und erweitert den Horizont aller Beteiligten.

Meine Publikation ist ein Buch für Praktikerinnen und Praktiker, für Fachkräfte in der Sozialen Arbeit. Dabei stellte sich mir als Diplom-Betriebswirtin und Supervisorin die Aufgabe, für meine Erfahrungen aus der Praxis theoretische Hintergründe und Zusammenhänge zu finden, die diese verständlich untermauern. Als Nichtsoziologin konnte ich mich dabei nur auf die wissenschaftlichen Quellen berufen, die mir nach umfangreicher Recherche schlüssig erschienen. Mein auf theoretische Aspekte gerichteter Blick ist als Versuch zu verstehen, psychosozialen Fachkräften Grundlagen und mögliche Zusammenhänge zwischen aktuellen Problemstellungen und möglichen Wurzeln näherzubringen. Die theoretischen Ausführungen erheben dabei keinen Anspruch, dem neuesten soziologischen oder einem anderen Forschungs- und Meinungsstand zu entsprechen. Gleichwohl hat es mir große Freude bereitet, den theoretischen Inhalt mit aussagekräftigen Fällen aus meiner Praxis anzureichern.

Aufgrund meines beruflichen Hintergrundes als Supervisorin und Coach präsentiere ich Szenen aus Beratung, Supervision und Coaching mit Einzelnen und Teams. Deshalb verwende ich diese Felder und dazugehörende Begrifflichkeiten im gesamten Text auch häufiger als die aus anderen Bereichen der Sozialen Arbeit. Trotzdem wünsche ich mir, dass auch Personen aus weiteren Berufsfeldern und Fachgebieten der Sozialarbeit das Thema und die Methode, die mir sehr am Herzen liegen, für sich entdecken.

Bereits an dieser Stelle soll darauf hingewiesen werden, dass jegliche Ausführungen zu spezifischen Unterschiedlichkeiten, die sich auf bestimmte Menschengruppen beziehen, als Tendenz aufzufassen und nicht als unumstößliche, verallgemeinernde Zuschreibungen anzusehen sind.

Konkret erwartet die Leserschaft in diesem Buch das Folgende: Um Interessierte in das Thema »Habitusorientierte Arbeit mit dem Habitogramm« einzuführen, wird im Kapitel »Fremde Köche verderben den Brei?« auf mögliche Anlässe eingegangen, die den Einsatz der Methode sinnvoll, wenn nicht sogar notwendig, erscheinen lassen. Zudem wird auf die Zunahme von Diversität in der deutschen Bevölkerung geblickt sowie auf deren Auswirkungen auf den Bereich der Sozialen Arbeit und Beratung wie auch speziell für die Integration von Menschen in unsere Gesellschaft.

Im Kapitel »Des Pudels Kern« wird das Habituskonzept, das maßgeblich auf Pierre Bourdieus Erfahrungen und Ideen aufbaut, vorgestellt und der Einfluss sozialer Felder auf die Ausbildung habitueller Grundmuster beleuchtet. Dabei wird auf Möglichkeiten und Folgen habitueller Veränderungen eingegangen.

Der darauffolgende Abschnitt beschäftigt sich mit dem Habitogramm-Baustein Matrix BIFF, der aufzeigt, welche vielfältigen Stolperfallen sich für Berater:innen in der Arbeit mit Klienten:innen verstecken, sofern in der Beratungsbeziehung unterschiedliche habituelle Gewohnheiten aufeinandertreffen. Es wird sichtbar, welchen Einfluss Wahrnehmung und Haltung im Beratungsalltag haben.

Das Kapitel »Das Habitogramm« erläutert schließlich die Methode und das konkrete schrittweise Vorgehen mithilfe eines Fallbeispiels. Verschiedene Varianten des Habitogramms ermöglichen je nach Beratungsauftrag ein flexibles Vorgehen. Ergänzend wird die Arbeit mit einem weiteren Baustein der Methode, der Habitus-Blüte, beschrieben.

Die darauffolgenden Fallbeispiele zeigen den Leser:innen, wann und wie das Habitogramm in der Praxis zum Einsatz kommen kann und welche Arbeitsergebnisse mit ihm möglich sind.

Umfangreiche Anlagen mit Vorgaben für Fragen, ergänzenden Modellen, die die Habitogramm-Arbeit unterstützen können, und Kopiervorlagen ergänzen die vorangegangenen Ausführungen.

Fremde Köche verderben den Brei?
Von Diskriminierung bis Integration

Betreuung, Beratung und Pflege gelingt mit einer Haltung, die um kulturelle Gemeinsamkeiten und Unterschiede weiß und diese berücksichtigt. Doch eine solche Haltung ist alles andere als selbstverständlich. Vielmehr dominiert vielerorts die Haltung »Fremde Köche verderben den Brei«. Der Schriftsteller und Philosoph Johann Gottfried Herder[2] ging im 18. Jahrhundert sogar so weit, dass er unterschiedliche Kulturen mit gleichpoligen Magneten verglich, die sich gegenseitig abstoßen.

In Westeuropa herrschte in fast allen Ländern lange Zeit eine Art Monokultur. Abgesehen von Dialekten gab es oft nur eine Amtssprache, eine oder zwei offizielle Religionen und eine landestypische Kultur in der jeweiligen Gesellschaft. Im Unterschied dazu leben in Ländern wie beispielsweise dem ehemaligen Jugoslawien, Indien oder Afghanistan verschiedene Völker mit unterschiedlichen Sprachen, Religionen und Kulturen quasi unter einem Dach. Diese Konstellationen bergen ein höheres Konfliktpotenzial in sich, sie lösen häufiger Flucht- und Migrationsbewegungen aus.

Die Homogenität der westeuropäischen Bevölkerung veränderte sich im 20. und 21. Jahrhundert. Mit der Abwanderung von Menschen unter anderem in die USA und den Fluchtbewegungen in Folge von zwei Weltkriegen und weiteren politischen Umwälzungen sowie dem Zuzug von Menschen anderer Kontinente und Länder kamen weitere Kulturen, Religionen und Sprachen nach Westeuropa.

In den deutschen Kleinstaaten flammte bis 1866 immer wieder Krieg zwischen Preußen und Sachsen auf. Die industrielle Entwicklung in Amerika versprach Arbeit. So wanderten zwischen 1851 und 1924 in manchen Jahren mehr als zweihunderttausend Deutsche nach Nordamerika aus. Nach dem

---

2 Johann Gottfried (von) Herder (1744–1803) beschrieb Kultur mit seinem »Kugelmodell«. Er vertrat aufgrund des sich im 18. Jahrhundert entwickelnden Nationalstaatsgedankens die Auffassung, dass Kultur etwas Homogenes, in sich Geschlossenes ist.

Ersten Weltkrieg verloren etwa 1,5 Millionen Deutsche ihre Heimat in den Gebieten, die nach dem Versailler Vertrag Polen zugeschlagen worden waren. Ausgrenzungen, Verfolgung und Vertreibung veranlassten ab 1933 Hunderttausende zur Flucht. Nicht nur Menschen jüdischer Abstammung oder Sinti und Roma, auch Künstler:innen, politisch Verfolgte, Intellektuelle oder Homosexuelle mussten Deutschland verlassen, wollten sie unter dem NS-Regime nicht ihr Leben aufs Spiel setzen. Nach dem Zweiten Weltkrieg war es für Millionen Geflüchteter aus den ehemaligen deutschen Ostgebieten nicht einfach, im eigenen Land weiter westlich von allen respektvoll behandelt zu werden, dort eine neue Heimat zu finden und sich eine (neue) Existenz aufzubauen. Zwischen 1949 und 1990 gab es zwei gesellschaftlich, kulturell und politisch unterschiedlich ausgerichtete deutsche Staaten: die Deutsche Demokratische Republik (DDR) und die Bundesrepublik Deutschland (BRD). In den 1950er und 1960er Jahren kamen Menschen aus Italien, Spanien, Griechenland, der Türkei, Marokko, Portugal, Tunesien und Jugoslawien nach Westdeutschland in die BRD, um den kriegsbedingten Arbeitskräftemangel auszugleichen und das Wirtschaftswunder überhaupt erst zu ermöglichen. In der DDR lebten 1989 circa 95.000 Personen aus Vietnam, Mosambik, Angola, Kuba, Algerien, Ungarn und Polen. Es waren politische Emigranten, ausländische Studierende und Menschen, die aus anderen Gründen in der DDR leben wollten (Poutrus, 2020).

Der Wegfall des »Eisernen Vorhangs« – wie der britische Politiker und zweimalige Premierminister Winston Churchill die Grenze zwischen kapitalistischen und sozialistischen Staaten in Europa nannte – erhöhte ab 1990 die Mobilität und Migration in das nunmehr vereinigte Deutschland, von Deutschland weg und innerhalb Deutschlands. Nach dem Mauerfall war es für Millionen Menschen aus der ehemaligen DDR in vielen Fällen nicht einfach, sich mit den für sie neuen gesellschaftlichen und kulturellen Gegebenheiten in einem kapitalistischen Umfeld zurechtzufinden. Um weiterhin ihren Lebensunterhalt verdienen zu können, waren viele Erwachsene gezwungen, sich im Westteil der Bundesrepublik Arbeit zu suchen und dorthin umzuziehen, was als innerdeutsche Mobilität verstanden werden kann. Auch Angehörige deutscher Minderheiten vor allem aus Ost- und Südosteuropa und teilweise aus Asien – seit 1993 Spätaussiedler genannt – kamen und kommen bis heute nach Deutschland (Geiling, Gardemin, Meise u. König, 2011).

Krieg, Verfolgung, Naturkatastrophen, wirtschaftliche Not und Perspektivlosigkeit veranlassen weltweit Menschen, ihre Heimat zu verlassen. So machten sich im Frühjahr 2022 innerhalb von wenigen Monaten fast eine Million Menschen aus der Ukraine auf den Weg nach Deutschland (Mediendienst Integration, o. D.). Sie erhielten hier eine humanitäre Aufenthaltserlaubnis und damit eine Beschäftigungserlaubnis. Schon 2015/2016 waren mehr als 2,5 Millionen Geflüchtete in Europa angekommen. Sie verließen ihre Heimat in Somalia, Serbien, Nigeria, Eritrea, Pakistan, Albanien, im Kosovo, Iran oder Irak, in Afghanistan oder Syrien und beantragten bei uns Asyl. Den größten Anteil der im deutschen Ausländerzentralregister (AZR) neu registrierten und durch die Flüchtlingsräte aufgenommenen Menschen machten 2021 Syrerinnen und Syrer aus (Flüchtlingsrat o. D.).[3]

Wanderbewegungen unterscheiden sich nicht darin, ob diese Bewegungen zeitlich begrenzt oder auf Dauer angelegt sind. Migration als spezifische Form von geografischer Mobilität – wenn Menschen also ihren Lebensmittelpunkt auf Dauer räumlich verändern – kann verschiedene Gründe haben. Dabei setzt diese einschneidende Entscheidung, seinen Lebensraum zu verlassen, eine Bereitschaft zur Veränderung voraus, bietet aber auch die Möglichkeit, zu überleben oder diese Chance zu nutzen, um sich weiterzuentwickeln. Dieser Schritt zur Mobilität kann bewusst entschieden und frei gewählt, aber auch erzwungen worden sein. Ein besonderer Umstand für Migration ist gegeben, wenn sie aus einer Not heraus und aus Angst um das eigene Leben oder das von anderen erfolgt. Dann kann von Zwangsmigration gesprochen werden.

Immer dann, wenn sich in Menschen als Folge äußerer oder innerer Veränderungen ein Gefühl entwickelt, dass notwendige Bedürfnisse – die allerdings auch Scheinbedürfnisse sein können – vor Ort nicht mehr befriedigt werden können, machen sie sich Gedanken über Weggang: Flucht oder Umzug. Eine bewusste Entscheidung, alles hinter sich zu lassen und an anderer Stelle neu anzufangen, kann befreiend sein und Motivation auslösen. Oft geht sie aber von Anfang an auch mit Gefühlen von Verlust und Trauer einher, die Antrieb und Lebensfreude lahmlegen und dadurch die Leistungsfähigkeit einschränken.

Berufliche Veränderungen aufgrund von Arbeits-, Ausbildungs- oder Studienangeboten als Auslöser für Mobilität und Migration werden als Bildungsmigration bezeichnet. Neben Kriegen oder kriegsähnlichen Zuständen können massive Begrenzung von Grundbedürfnissen wie Essen, Trinken, aber auch Sicherheit und Schutz, verursacht durch Hungersnöte, Naturkatastrophen oder gesellschaftliche Veränderungen wie z. B. ideologische oder religiöse Überwerfungen Migration auslösen. Auch persönliche Wünsche, die oftmals als Bedürfnisse wahrgenommen werden, wie beispielsweise Verbesserung der Lebensqualität durch eine größere Auswahl an Konsumangeboten, größere kulturelle

---

3   Die Landesflüchtlingsräte sind unabhängige Vertretungen in den Bundesländern, sie sind vernetzt und Mitglied in der bundesweiten Arbeitsgemeinschaft PRO ASYL.

Vielfalt oder Nähe zur Natur, bieten Anlass für Migration. Heirat kann Familienmigration und der Wunsch nach Bequemlichkeiten und Versorgtsein im Alter Altersmigration nach sich ziehen.

Der zurückgelegte Weg kann dabei Mobilität im eigenen Land in eine andere Region, aber auch in ein anderes Land bzw. auf andere Kontinente umfassen. Man spricht deshalb entweder von nationaler oder internationaler Migration. Zu unterscheiden ist dabei, ob die jeweilige Landesgrenze legal passiert werden konnte oder das Land, die Region illegal verlassen werden musste. Bei letzterem Personenkreis wird dann von geflüchteten Menschen gesprochen.

Als Asylgrund werden drohende oder erlittene persönliche Verfolgung, Gefahr für Leben und Freiheit, (Bürger-)Krieg, Verfolgung wegen religiöser Unterdrückung oder Homosexualität oder zu erwartende hohe Bestrafung wegen Kriegsdienstverweigerung anerkannt. Auch Frauen und Mädchen, denen Genitalverstümmelung droht, können als Flüchtlinge anerkannt werden. Hungersnot oder eine Umweltkatastrophe stellen entsprechend dem Leitfaden für Flüchtlinge keinen Asylgrund dar. Und geflüchtete Wehrdienstpflichtige aus Syrien beispielsweise erhalten nur eine Anerkennung, wenn ihnen bei Rückkehr nachweislich Gefahr droht (Flüchtlingsrat o. D.).

Vielen Geflüchteten, die sich persönlich verfolgt fühlen und Bedrohungen für ihr Leben und Gewalterfahrungen ausgesetzt waren, wird heute der ersehnte Asylstatus in Deutschland verweigert. Häufig wird eine Anerkennung abgelehnt, weil im Herkunftsland zwar Verfolgungen stattfanden, diese aber nicht nachweislich und zielgerichtet auf die betreffende Person erfolgten. Auch wenn zwischen der Verfolgung und der Flucht ein zu großer Zeitraum liegt, kann möglicherweise kein Asylgrund festgestellt werden. Eine Anerkennung ist mitunter auch nur dann möglich, wenn es in keinem anderen Teil des Herkunftslandes Schutz vor Verfolgung gab bzw. gibt (Flüchtlingsrat, o. D.). Die persönliche Situation und die Bedingungen in den Herkunftsländern der Geflüchteten sind sehr unterschiedlich, sodass der eine anders behandelt wird als der andere. So herrscht nicht nur unter den Asylsuchenden ein Gefühl von ungerechter Behandlung; auch die in den Einrichtungen Mitarbeitenden können von einem Gefühl von Ungerechtigkeit belastet sein. Beide Seiten meinen mitunter, in einer ausweglosen Situation zu stecken.

Je nachdem, ob die Migrationsentscheidung bewusst und selbstbestimmt getroffen wurde oder erzwungenermaßen stattfand; ob die Erfahrungen vor der Entscheidung psychisch verstörend, physisch belastend oder »nur« schwierig waren; der Weg legal zurückgelegt wurde oder Grenzen illegal und gegebenenfalls unter Gefahr für das eigene Leben überquert werden mussten; das Ziel frei gewählt werden konnte oder man sich wegen einer Zuweisung irgendwo niederlassen musste, wird sich das Ankommen und Einleben am neuen Ort unterschiedlich gestalten. Die spätere Integration in der neuen Region oder im Migrationsland wird bereits von diesen Aspekten mit beeinflusst. Je nach den Perspektiven vor Ort und den persönlichen Möglichkeiten kann die Migration deshalb auch als Aufstieg oder Abstieg enden.

Migration erfordert nach dem Ankommen und der anfänglichen Destabilisierung der Identität eine Neuausrichtung. In diesem innerpsychischen Prozess muss die migrierte Person nach einer Phase der Idealisierung eine neue Haltung gegenüber der heimatlichen und der neuen Kultur im Zielland finden.

Aufgrund der geschilderten Umstände und Schwierigkeiten kann die Soziale Arbeit mit international Schutzberechtigten besonders seit 2015/2016 eine große Herausforderung darstellen. Auch unter der Zivilbevölkerung ist in bestimmten Kreisen die oben genannte Haltung »Fremde Köche verderben den Brei« spürbar. Dabei braucht eine Gesellschaft wie jeder Einzelne die Bereitschaft, sich Veränderungen zu stellen. Dazu gehört, sich mit Gemeinsamkeiten genauso auseinanderzusetzen wie mit Unterschieden, Gegensätzen und Widersprüchen, um das Zusammenfügen und das Zusammenwachsen zu fördern.

Deshalb existiert das Positionspapier für die »Soziale Arbeit mit Geflüchteten in Gemeinschaftsunterkünften« mit professionellen Standards und als sozialpolitische Basis (Initiative Hochschullehrender zu Sozialer Arbeit in Gemeinschaftsunterkünften, 2016). Auch wenn die in diesem Papier aufgestellten Notwendigkeiten und Forderungen mit den in der Praxis anzutreffenden Arbeitsbedingungen von Betreuenden oft noch auseinanderdriften, ist es ein Anfang. Ziel ist es, den geflüchteten Menschen die notwendige Zuwendung zu ermöglichen, um deren Entlastung und gegebenenfalls spätere Integration zu erreichen. Gleichzeitig können mögliche strukturelle Defizite und die notwendigen Schritte, um als Geflüchtete bzw. Asylant:innen anerkannt zu werden, die Stimmung unter den Bewohnern und die Situation vor Ort erschweren. Umso wichtiger sind Werkzeuge wie Supervision und Methoden wie das Habitogramm, um dem Personenkreis der Betreuer:innen – Sozialarbeiter:innen ebenso wie Quereinsteiger:innen – ein Konzept an die Hand zu geben, das ihre Arbeitsschritte bei Datenaufnahme, Entscheidungsfindung und gegebenenfalls auch bei der Begleitung und Betreuung von Menschen strukturiert. Dadurch können in Unterkünften der Geflüchteten interne Konflikte infolge kultureller Unterschiede reduziert, die Gefahr psychischer Auffälligkeiten besser eingeschätzt, individuelle Interventionen ermöglicht und die Chancen auf bestmögliche Unterstützung vergrößert werden. So ist es möglich, den Prozess der Integration trotz widriger äußerer Umstände effektiver zu begleiten. Hierdurch wird bei den Betreuer:innen wiederum das Bedürfnis nach Anerkennung befriedigt und das Gefühl von Stolz überwiegt die Frustration über strukturelle Bedingungen. Diese Erfahrungen führen zur psychischen Entlastung bei allen Beteiligten. Die hohen Anforderungen können besser gemeistert werden und die Leistungsfähigkeit von Begleitern geflüchteter Menschen bleibt erhalten.

Diversität und Diskriminierung

Diversität bedeutet, Unterschiede, aber auch Gemeinsamkeiten von Menschen oder Gruppen wahrzunehmen und zu berücksichtigen, um der Individualität des Einzelnen Rechnung zu tragen. Ihre Zunahme wird in Deutschland besonders in Gleichstellungs- oder Frauenförderungsplänen berücksichtigt. Die unterschiedlichen gesellschaftlichen Strukturen in Deutschland bis 1990, die danach zunehmende nationale Mobilität und der seit 2015/2016 verstärkte internationale Zuzug veränderten die Arbeitsmärkte und die Lebensbedingungen der Einzelnen. Politische und persönliche Entwicklungen der letzten Jahre erfordern eine weitaus größere Beachtung von Diversität.

Erst die Berücksichtigung von Diversität zeigt die Individualität einer Persönlichkeit, meinen Gardenswartz und Rowe und beschreiben vier Ebenen von Diversität (Gardenswartz u. Rowe, 2002). Die hier vereinfacht dargestellte Grafik in Abbildung 1 zeigt von außen nach innen die von ihnen hervorgehobenen Dimensionen, die Diversität im Arbeitskontext ausmachen: organisationale Ebene (1), äußere Ebene (2), innere Ebene/Herkunftsebene (3), persönliche Ebene/Persönlichkeit (4).

1. Das äußerste System, die organisationale Ebene, umfasst die strukturellen Bedingungen Arbeitsort, Abteilung oder Team, Abschluss, erlangter akademischer Grad, Arbeitsfeld und Aufgabe sowie Fachhintergrund. Diese Ebene bestimmt laut Gardenswartz und Rowe, welche Einstufung erfolgte, welche Funktion übertragen und welcher Status erlangt wurde. Sie schließt auch Dauer der Beschäftigung und Zugehörigkeit zu anderen organisationalen Strukturen wie beispielsweise zur Gewerkschaft ein.
2. Zur nächsten Dimension, der äußeren Ebene, gehören nach Gardenswartz und Rowe relevante Aspekte wie Wohnort, Ausbildung, Einkommen, Lebensphase, Elternschaft, Auftreten und Gewohnheiten, Berufserfahrung, Religion und Weltanschauung, Familienstand sowie Freizeitverhalten.
3. Zur inneren Ebene, der Herkunftsebene, zählen Gardenswartz und Rowe Alter, Geschlecht, geistige und körperliche Fähigkeiten, chronische Erkrankungen und Behinderungen, Nationalität, Migrationserfahrung, soziale Her-

kunft, Hautfarbe, sexuelle Orientierung und geschlechtliche Identität. Diese Dimension bezeichnen sie auch als Kernebene.
4. Die einzelnen in den äußeren Ebenen 1, 2 und 3 gefundenen Facetten bilden in ihrer Gesamtheit im Inneren in Dimension 4 die Individualität der Persönlichkeit.

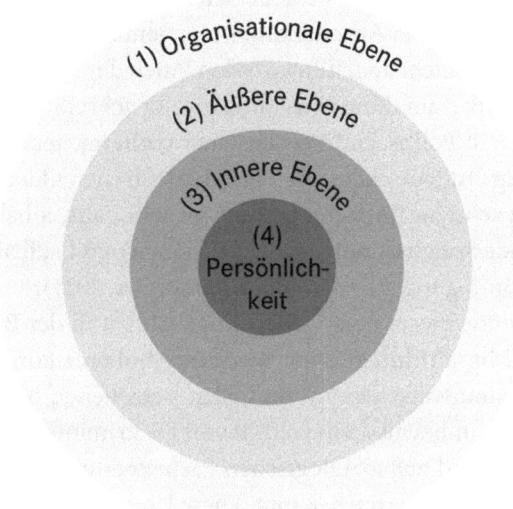

Abbildung 1: Vier Dimensionen von Diversität (nach Gardenswartz u. Rowe, 2002)

Gardenswartz und Rowe wählten mit dieser Darstellung ein systemisches Modell, das zeigt, wie äußere und innere Dimensionen sich bedingen und gegenseitig beeinflussen. Sie zeigen damit die Basis für Diversität.

In Deutschland findet Diversität besonders seit 2006 Beachtung, da im Allgemeinen Gleichbehandlungsgesetz von 2021 (AGG, 2021) die Aspekte von Vielfalt explizit benannt werden, um Personen vor Diskriminierung zu schützen. Als Bereiche, in denen Gleichbehandlung eine entscheidende Rolle spielen soll, werden im Gesetz unter anderem Zugang zu Arbeit, Arbeitsbedingungen, Arbeitsentgelt und Entlassungsbedingungen, Bildung, Sozial- und Gesundheitsschutz sowie Versorgung mit Gütern und Dienstleistungen aufgeführt.

Die Praxis, dass Diversität zum Zusammenleben in einer Gesellschaft oder Zusammenarbeiten in einer Organisation dazugehört, zeigt aktuell noch Defizite: Das Deutsche Zentrum für Integrations- und Migrationsforschung stellte im Oktober 2020 fest, dass Menschen mit Migrationshintergrund in Elitepositionen sehr selten vertreten sind, nämlich nur mit 9,2 Prozent, obwohl ihr Anteil an der Gesamtbevölkerung 26 Prozent beträgt (Vogel u. Zajak, 2020).

Hartmann (2019) merkt an, dass Menschen mit Migrationshintergrund oder Personen mit einer ostdeutschen Biografie (genauso wie Arbeiterkinder und Frauen) in den deutschen Eliten weit unterproportional vertreten sind. Er stellt in einem Interview fest, dass die Maßstäbe, die in Unternehmen in den neuen Bundesländern angelegt werden, westdeutsche Maßstäbe sind (Scheppe, 2019). Denn ein beispielsweise bei Arbeiterkindern angenommener Bildungsmangel kann hier als Ursache nicht angeführt werden. Auch der Soziologe Kollmorgen weist in seinem Artikel auf diese Umstände hin: Er schreibt, es »hat sich die in den 1990er Jahren in Politik und Wissenschaft vorherrschende Annahme, die geringe Vertretung Ostdeutscher in den bundesdeutschen Eliten wachse sich in den kommenden zehn bis fünfzehn Jahren von selbst aus, sobald die Jüngeren über entsprechende Sozialisationen, Qualifikationen und Laufbahnerfahrungen verfügten, offenkundig nicht bestätigt« (Kollmorgen, 2021).

Die Hintergründe dieser personellen Ungleichheit in der Berufspraxis bei Integration von Migrant:innen oder Besetzung höherer Positionen mit Ostdeutschen in Gesamtdeutschland – die selbst Betroffenen oft verborgen bleiben, aber bei ihnen unbewusst ein Gefühl von Diskriminierung auslösen können – sind anscheinend nur soziologischen Fachexperten und den sich für das Thema besonders Interessierten bekannt. Diese Umstände sollten beachtet werden, damit Dienstleistungen wie Beratung, Supervision und Coaching dazu beitragen, dass Diversität in allen Bereichen gesehen und berücksichtigt wird, auch bei der Gleichstellung Betroffener am Arbeitsmarkt.

Die in der Arbeit mit dem Habitogramm freigelegten Ressourcen und aufgespürten Lernfelder können dazu dienen, nicht genutztes Potenzial zu finden bzw. zu fördern. So sind Unternehmen beispielsweise in der Lage, bei offensichtlichem Fachkräftemangel Mitarbeitende aus den eigenen Reihen gezielt aufzuspüren und zu fördern, sich dadurch wettbewerbsfähig zu halten und ihre Produktivität gleichzeitig zu stärken. Um Gleichbehandlung aller zu unterstützen, ist es notwendig, dass Supervisor:innen, Berater:innen und Coaches, die in Unternehmen, mit Teams und Führungskräften arbeiten, sich dieser besonderen Umstände in Deutschland bewusst werden. Das Erkennen von Unterschieden soll dabei nicht zur Ausgrenzung und Distanzierung, sondern zu Neugier und bewusstem Bemühen um Verständnis für diejenigen führen, die wegen ihrer Andersartigkeit bisher bei Führungskräften, Kollegen oder Beraterinnen möglicherweise Zweifel, Ablehnung, Unlust, Unbehagen oder Antipathie auslösten.

Unterschiede können bei Menschen internationaler Herkunft aufgrund fremder Sprache oder anderer Hautfarbe eher bewusst wahrgenommen und beachtet werden als bei Menschen mit gleicher Sprache und ähnlichem Aussehen. Auch werden Supervisorinnen, die beispielsweise mit Sozialarbeitern im Bereich Flüchtlingshilfe oder mit Migrant:innen arbeiten, sensibler sein für kulturelle Unterschiede.

Die Arbeit mit dem Habitogramm und damit verbunden ein intensiveres Eintauchen in das Thema »Diversität« kann aber auch andere psychosoziale Fachkräfte für von Fremdheit unbewusst ausgelöste Impulse sensibilisieren. Das würde in Zukunft erfolgreiche Konsequenzen für die Begleitung von Menschen und Beratungsprozesse versprechen.

Innerdeutsche Bewegungen

Migration, Flucht und Vertreibung haben in Deutschland neben dem internationalen Ursprung auch eine nationale Bedeutung mit besonderem Stellenwert. Sie werden anhand der deutschen Geschichte des 20. Jahrhunderts – sozusagen vor der Haustür – versteh- und nachfühlbar. Denn allein durch den Zweiten Weltkrieg waren hier zwischen 12 und 14 Millionen Menschen von Flucht und Vertreibung und damit auch von Migration betroffen (Baer, 2010).

Innerdeutsche Flucht und Vertreibung, die auch heute im 21. Jahrhundert noch Auswirkungen auf jetzt Lebende haben kann, begann in größerem Umfang nach dem Ersten Weltkrieg, als zwischen 1920 und 1939 Ostpreußen von Westpreußen durch den sogenannten Polnischen Korridor getrennt waren.

Die beiden Weltkriege brachten dann nicht nur Millionen Soldaten den Tod, durch Bombardements verloren auch zahlreiche Zivilist:innen ihr Leben. Menschen mussten den Verlust von Angehörigen, Freunden, ihrem Zuhause und nach Flucht und Vertreibung ihrer Heimat verkraften. Familien wurden auseinandergerissen. Im Verlauf des Zweiten Weltkrieges machten sich Mütter auf den Weg in ländliche Gebiete, um sich und ihre Kinder vor Bombenangriffen und Hunger zu retten. Durch sogenannte Kinderlandverschickungen wiederum wurden Kinder von ihren Müttern getrennt (Baer, 2010).

Gegen Ende des Zweiten Weltkrieges mussten dann Millionen Menschen aus ihrer Heimat in den deutschen Ostgebieten aufbrechen und im Westen neu beginnen. Weitere Bewegungen setzten nach dem Zweiten Weltkrieg ein, da die nach 1945 aufgeteilten Sektoren und späteren Staaten BRD und DDR sich völlig unterschiedlich entwickelten. In den 1950er Jahren flohen fast 2,8 Millionen Menschen und zwischen 1961 und 1989 nochmals knapp eine Million Menschen in Deutschland von Ost nach West. Aber auch circa fünfhunderttausend Westdeutsche emigrierten in die DDR, davon etwa sechzigtausend zwischen 1961 und 1989 (Stöver, 2009). Menschen, die mit ihren Familien per Ausreiseantrag die DDR – oft nach jahrelanger Wartezeit – verließen, können als bisher kaum beachtete Migrantengruppe angesehen werden (Wehr, 2016).

Der Zeitabschnitt innerdeutscher Mobilität bzw. Migration ist für Beratungssettings von besonderer Bedeutung, da von 1949 bis 1990 – also mehr als vierzig Jahre lang – zwei Staaten existierten mit jeweils konträren gesellschaftlichen und ideologischen Strukturen, Zielen, Wegen, Arbeits- und Lebensbedingungen sowie persönlichen Möglichkeiten für den jeweils Einzelnen. Diese äußeren, ganz unterschiedlichen, teils fördernden, teils einschränkenden Gegebenheiten hatten großen Einfluss auf die Entwicklung individueller Grundmuster der Menschen.

Aber auch Beratungsanlässe in Supervision und Coaching, in denen andere räumliche Veränderungen oder spätere Bewegungen innerhalb Deutschlands nach 1990 eine Rolle spielen, können wichtig sein. So zeigen sich in der Beratung zwei Phänomene:
- Die vor allem im 20. Jahrhundert in Deutschland stattgefundene Migration – mit oder ohne Flucht bzw. Vertreibung – kann prägende Eindrücke bei Betroffenen, aber auch deren Nachkommen hinterlassen haben.
- Ostdeutsche dispositionelle Gewohnheiten und Haltungen können länger Bestand haben als die jeweiligen gesellschaftlichen Einflüsse auf die Lebensumstände selbst. Soziologen wie Hartmann (2019) und Mau[4] (2020) gehen davon aus, dass entscheidende Unterschiede zwischen Ost und West von Generation zu Generation weitergegeben und dadurch längerfristig bestehen bleiben werden.

Aus diesem Grund sind nicht nur Migrationsberater und Sozialarbeiterinnen in der Begleitung von international Geflüchteten angehalten, ihre eigenen gewohnheitsmäßigen Merkmale im Vergleich zu denen der anvertrauten migrierten Menschen und zu anderen Beteiligten wahrzunehmen und zu berücksichtigen. Auch Coaches und Supervisor:innen sollten sich der besonderen Situation in Deutschland zwischen 1945 und 1990 sowie deren Folgen, der gesellschaftssystemübergreifenden innerdeutschen Migration, bewusst werden. Dies ermöglicht auf der einen Seite, typische und vielfältige Unterschiede zwischen Ost- und Westdeutschen zu würdigen, und auf der anderen Seite, mögliche Unterschiede

---

4 Steffen Mau, Professor für Makrosoziologie an der Humboldt-Universität zu Berlin weist darauf hin: »Deutlicher als je zuvor wird nach drei Jahrzehnten Deutscher Einheit, dass sich die Ost-West-Unterschiede nicht ausschleichen, sondern als kontrastreiche Strukturunterschiede der politischen Kultur, der Mentalitäten und der Sozialstrukturen erhalten bleiben« (Mau, 2020).

zwischen sich und Klient:innen und Supervisand:innen im Rahmen der täglichen Beratungspraxis wahrzunehmen. Diese Sensibilität wird Einfluss auf die Qualität ihrer Arbeit und auf ihre Erfolge haben.

Innerdeutsche Vielfalt

Wie oben gesehen, stellen verschiedene Autoren Migrant:innen und ostdeutsch Geprägte nicht selten in eine Reihe, wenn es um Diskriminierung geht. Deshalb ist es besonders in Deutschland angezeigt, die eigene Vielfalt im Land zu sehen und anzuerkennen. Wie in jedem anderen Staat sind Menschen von Region zu Region verschieden. Sie sprechen unterschiedliche Dialekte und werden auch sonst von anderen nicht immer verstanden – siehe Nord-Süd-Gefälle. Dennoch sind besonders die spezifischen, Millionen von Menschen betreffenden West-Ost-Unterschiede infolge der mehr als vierzig Jahre andauernden gegensätzlichen gesellschaftspolitischen Entwicklungen in West- und Ostdeutschland zu beachten. Zumal, wie erwähnt, davon auszugehen ist, dass sie sich hartnäckig halten können, weil sie durch nahe Bezugspersonen regional begrenzt von Generation zu Generation weitergegeben werden. Gleichzeitig werden typische Gewohnheiten durch innerdeutsche Migration auch in Regionen getragen, wo sie unbewusst irritieren und Fehlreaktionen auf beiden Seiten auslösen können, weil sie fremd wirken. Deshalb ist es unerlässlich, sich als Supervisorin und Coach bestimmter Unterschiede, ihrer Ursachen und Auswirkungen bewusst zu sein, die aufgrund der über viele Jahrzehnte jeweils gesellschaftlich forcierten Haltungen, Einstellungen und Überzeugungen entstanden sind. Friehe, Pannenberg und Wedow (2015) leiten aus den Daten des Sozio-Oekonomischen Panels (SOEP)[5] Persönlichkeitseigenschaften her, die eher Ostdeutschen bzw. eher Westdeutschen zu eigen sind.

Auch Aline Vater, die an der FU Berlin forscht, sieht bestimmte Unterschiede zwischen Ost und West. In einem Artikel von 2020 findet sie Erklärungen für die immer noch bestehenden Unterschiede: »Auf Grund der Mangelwirtschaft waren vorausschauende Planung und penible Organisation des eigenen Lebens besonders wichtig. Gute Beziehungen zu anderen halfen dabei, Lieferengpässe zu überbrücken. Wer jemanden kannte, der etwas reparieren oder besorgen konnte, war im Vorteil. Ein hohes Maß an Verträglichkeit erleichterte es […], im Alltag über die Runden zu kommen« (Vater, 2020). Die vorherrschende kollektivistische Denkweise im Osten brachte es mit sich, dass sich der Einzelne

---
5   SOEP ist eine regelmäßige repräsentative Bevölkerungsumfrage.

den Interessen der Gemeinschaft eher unterordnete. Im Westen Deutschlands dagegen dominiert eine individualistisch orientierte Gesellschaft, sodass persönliche Ziele, Bedürfnisse und Wünsche über Gruppeninteressen gestellt wurden und werden.

Ein Jobwechsel oder Arbeitslosigkeit kann bedingt durch die jeweils unterschiedliche Einstellung zur Arbeit in Ost und West verschiedene Reaktionen auslösen. Westdeutschen fällt es gegebenenfalls leichter als Ostdeutschen, den Wechsel der Arbeitsstelle als Aufstiegsmöglichkeit zu sehen. In der Verfassung der DDR war »das Recht auf Arbeit« verankert, weshalb ostdeutsch Geprägte eine Änderung in der beruflichen Tätigkeit möglicherweise mit einem Gefühl des Versagens verbinden. Dagegen scheint es Westdeutschen am Arbeitsmarkt leichter zu fallen, sich gegen Konkurrenten durchzusetzen. Menschen mit ostdeutscher Prägung können sich aufgrund ihrer Sozialisierung eventuell weniger selbstwirksam empfinden und mitunter auch zeigen.

In der DDR sollten sich Anschauungen, Meinungen, Konventionen, Kleidungs- und Konsumgewohnheiten sowie Alltagssitten nach den Normen und Idealen der arbeitenden Klasse richten. Angehörige dieser Schicht hatten zwar nicht die politische Macht, aber besonderen sozialen und kulturellen Einfluss, sie waren ökonomisch unabhängig, existenziell gesichert und wussten vom Kampf um soziale Anerkennung nur vom Hörensagen (Engler, 2000).

Als die DDR 1990 den Beitritt zur BRD erklärte, stand zum einen eine größenmäßig nicht zu beziffernde Gruppe Menschen diesem Schritt skeptisch bis ablehnend gegenüber. Zum anderen war damals nicht absehbar, welche Folgen für Einzelne die Wiedervereinigung haben würde. Beispielsweise litten nach dem Ende der DDR viele Menschen im Osten Deutschlands als Folge ihrer Prägung darunter, ihre Arbeit zu verlieren. Dies werteten sie häufig nicht nur als persönliches Versagen, sondern empfanden auch Zorn auf das neue Gesellschaftssystem.

Eine Umfrage ergab, dass etwa zwanzig Jahre nach der Wiedervereinigung 46 Prozent der befragten Ostdeutschen noch nicht sahen, dass ihre Wünsche nach Freiheit und Demokratie durch die Wiedervereinigung erfüllt wurden (Statista, 2009). 52 Prozent meinten, dass es ihnen materiell nicht besser gehe als vor dem Mauerfall, und 60 Prozent empfanden, dass die Angleichung der Lebensverhältnisse in Ost und West nicht vorangekommen sei. Die Meinung, dass sich die Menschen in Ost und West nicht nähergekommen sind, vertraten 59 Prozent der ostdeutschen Befragten.

Derart verfestigte individuelle Einstellungen können – unerkannt – Beratungsprozesse unbewusst beeinflussen. Berater:innen, die mit Menschen ostdeutscher Prägung oder in den neuen Bundesländern arbeiten, sollten sich der möglichen Existenz solcher unbewussten psychodynamischen Impulse bewusst sein. Dafür ist es notwendig, sich mit den eigenen Sichtweisen und Haltungen und denen des Gegenübers auseinanderzusetzen, um schwelende innere Konflikte erkennen, unbewusste emotionale Schwingungen einordnen sowie wertschätzend reagieren zu können.

Meine Erfahrung als Beraterin in den alten und neuen Bundesländern ist, dass es einen Unterschied macht, ob ich nur lösungs- und ressourcenorientiert oder auch diagnostisch arbeite, was in Kurzzeitcoaching-Ansätzen häufig fehlt. Diagnostische Verfahren sind unter anderem die Methode OPD, die ich als ergänzendes Hilfsmittel in Anlage 6 vorstelle, und auch das Habitogramm. Ihr Vorteil in Supervision und Coaching ist, auch psychodynamische Prozesse zu verstehen, die – wie in beiden deutschen Staaten durch die jeweiligen Besatzungsmächte bzw. Machthaber – die Menschen in bestimmten Bereichen entweder gefördert oder gebremst haben. Innerhalb von vierzig Jahren entstanden westlich und östlich der ehemaligen innerdeutschen Grenze ganz unterschiedliche Motive und Möglichkeiten, mit Bedürfnissen, Gedanken, Gefühlen, inneren Impulsen und Konflikten umzugehen. Zwangsläufig entwickelten sich unterschiedliche psychodynamische Grundtendenzen, die Alltag, Leben und Charakter der Menschen geprägt haben und als psychogenetisch angelegte, unbewusste Grundmuster gedeutet werden können (Möller u. Kotte, 2014).

Supervisor:innen und Coaches obliegt es, unter Zuhilfenahme von Methoden wie dem Habitogramm, sich selbst und Menschen im Arbeitsleben für die beschriebenen Zusammenhänge von Diversität, Mobilität und Migration zu sensibilisieren. Dadurch können sie unter anderem verfestigte Haltungen, Sichtweisen oder auch Vorurteile aufdecken und unwillkürliche Reaktionen auf Fremdes reflektieren.

Beratung im Wandel der Zeit

Die geschilderten umfassenden Veränderungen vergrößern nicht nur die Vielfalt. Sie beeinflussen auch Arbeitsbedingungen, Handlungsfelder und damit Betreuungsanliegen und Beratungssettings.

Seit ich meine Beratungstätigkeit 2005 aufnahm, haben sich bei meinen Klient:innen folgende Themen und Problemfelder in den letzten Jahren mit steigender Tendenz verändert oder sind neu hinzugekommen:
- Überforderung durch zugenommene Komplexität,
- Konflikte im Umgang mit psychisch kranken Migrant:innen oder Patient:innen,
- Arbeitsüberlastung durch Zunahme von Digitalisierung und Dokumentation,

- psychischer Stress durch Ausgrenzung und Demütigung,
- Ablehnung und Missverständnisse aufgrund unterschiedlicher Prägung,
- Vorurteile und geringes gegenseitiges Verständnis in Teams,
- Widerstände unbewusster Herkunft in Teams,
- Älterwerden in Unternehmen und Generationenkonflikte,
- Vereinsamung und fehlende Struktur durch Homeoffice,
- Motivationsverlust und physische Überlastung durch Zunahme digitaler Konferenzen.

Durch internationale Zuwanderung und innerdeutsche Migration nehmen auch Schwierigkeiten im Umgang mit Fremdartigkeit zu. Häufig wird als Ursache für Ablehnung, Abneigung und Antipathie lediglich die Persönlichkeit des anderen gesehen, die irritiert oder stört. Im Alltag, in Supervision, aber auch in Kollegenkreisen wie Intervisionsgruppen sind mitunter Gespräche *über* »unmögliche« Klient:innen oder »komische« Patient:innen zu verfolgen, anstatt deren wahrgenommene Andersartigkeit zu nutzen, um das Gespräch *mit* ihnen zu suchen und zu optimieren. Unbewusste Blockaden scheinen diesen Weg manchmal zu verbauen.

Neben der Tatsache, dass Beratende es in Zukunft vermehrt mit Menschen zu tun haben werden, die fremd erscheinen und deren Gewohnheiten nicht vertraut sind (Kumbier u. Schulz von Thun, 2006), werden sich auch Themen verändern, wenn dispositionelle Unterschiede mehr in den Fokus von Beratung rücken. Vielleicht wird es an Bedeutung gewinnen, wie Lebenswelten und existenzielle Realitäten wahrgenommen und bewertet werden. Es könnte um die Klärung gehen, wie realistisch die eigene Einschätzung und die des Gegenübers ist. Auch werden Zusammenhänge zwischen persönlichen, psychischen und sozialen Problemlagen und der materiellen und existenziellen Situation hergestellt, und die Ressourcen und Lernfelder der Klient:innen in Bezug auf ihre typischen Gewohnheiten werden vermehrt berücksichtigt werden müssen, um tragfähige Lösungen auch in fremden Regionen, fernab der heimatlichen Erfahrungen, zu finden. Sicher wird es um Irritationen und Gefühle von Ambivalenz gehen, aber auch um Sachthemen, wie das Ausschöpfen von Rechtsansprüchen und Hilfe bei ihrer Durchsetzung. Gesellschaftliche Ursachen für individuelle Notsituationen werden eine größere Rolle spielen, und individuell beeinflusste Probleme wie Auswirkungen von Armut oder fehlenden Bildungsmöglichkeiten werden in Beratung vermehrt das Bewusstsein erreichen.

Speziell für Migrationsberater:innen oder Betreuer:innen geflüchteter Menschen haben sich die Arbeitsbedingungen verändert. Sie müssen mehr als andere Berufsgruppen, die mit Menschen arbeiten, auf gute Psychohygiene achten, wollen sie langfristig in diesem Bereich leistungsfähig bleiben. Nicht selten fallen aber Supervisionstermine ihres Teams wegen der mehr als schwierigen Bedingungen vor Ort ersatzlos aus. Frust und Ärger können es unmöglich machen, in den anberaumten Sitzungen die Besprechung von Fällen anzugehen. Das Gefühl von Ungerechtigkeit macht die Beteiligten mitunter handlungsunfähig. Die Situation in den Einrichtungen scheint für Mitarbeitende und Bewohner vielfach aussichtslos zu sein. Dies alles kann auch Auswirkungen auf Themen von einzelnen Supervisandinnen oder Teams haben, die in diesen Bereichen arbeiten, und auf Stimmungen in Supervision und Coaching.

Methoden wie das Habitogramm können bestehende strukturelle Defizite nicht verändern. Das Konzept steht aber als Grundlage von Entscheidungen zur Verfügung, die die Unterstützung in akuten Notsituationen, die Suche nach Wohnung und Arbeitsplatz, Hilfe zur materiellen Absicherung, Beratung in rechtlichen und behördlichen Angelegenheiten, die Überwindung sprachlicher und kultureller Barrieren, aber auch die Unterstützung des Aufbaus von interkulturellen Kommunikationsmöglichkeiten (Broszinsky-Schwabe, 2011; Losche u. Püttker, 2009) – wie die Artikulation eigener Bedürfnisse und Anliegen – erleichtern.

Mitarbeitende im Bereich Migration können neben dem Aspekt, zielgerichteter Entscheidungen zu treffen, auch sicherer argumentieren bei Staatsbürgerschaftsangelegenheiten oder Rückkehrberatung sowie effektive Begegnungsmöglichkeiten schaffen. Auch zur Arbeit mit Geflüchteten und Asylberechtigten in der Konfliktprävention im Wohn-, Arbeits- und Freizeitbereich ist das Habitogramm einsetzbar. So können Beratende durch das Erkennen und Einbeziehen konkreter Unterschiede und der dadurch bedingten Möglichkeiten einen wertvollen Beitrag der Hilfe zur Selbsthilfe, zum wertschätzenden Umgang mit jedem Einzelnen, aber auch bei der individuellen Zuwendung und soziokulturellen Integration leisten.

Des Pudels Kern – der Habitus

Supervisor:innen haben sich ein Repertoire an Schemata angeeignet, das Spielregeln, mögliche Interaktionen mit anderen und auch ihr professionelles Selbstverständnis bestimmt. Ihre Haltung in Supervision und Coaching unterliegt dabei grundlegenden Werten. Der Beratungsprozess wird begleitet von unbewussten Bewegungen und Gesten, Floskeln und Redewendungen, aktiv sein oder passiv bleiben, eher reden oder eher schweigen – automatisch oder gezielt eingesetzt – und bestimmten Vorlieben von Aktionen wie Konfrontieren oder Verschonen. All das kann Supervisand:innen während des Beratungsprozesses irritieren. Umso wichtiger wird es bei zunehmender Diversität sein, »des Pudels Kern« zu kennen, also die typischen Eigenheiten und, wenn möglich, den Rahmen, in dem sie sich entwickeln konnten. Dies ist die Basis, um die eigene Haltung zu stabilisieren und störungsfrei mit Klient:innen zu arbeiten. Und so wird auch der Blick auf das Gegenüber und seinen Kern geschult.

Doch gehen wir zurück zum Anfang. Der Philosoph und Theologe Thomas von Aquin erwähnte erstmals im 13. Jahrhundert den Begriff »Habitus«. In der Gegenwart wird vom Habitus nicht nur in der Soziologie, sondern auch in Biologie, Medizin und Alltag gesprochen (Krais u. Gebauer, 2017).

In der Literatur ist der Begriff »Habitus« untrennbar mit dem französischen Soziologen Pierre Bourdieu (1930–2002) verbunden. Für ihn ist der Habitus ein »System dauerhafter und übertragbarer Dispositionen« (Bourdieu, 1987, S. 98) und das Ergebnis bestimmten Verhaltens, das sich über Wiederholung und Gewöhnung etabliert. Dies geschieht im Verlauf des Heranwachsens in einer bestimmten sozialen Gruppe durch Orientierung an wichtigen Bezugspersonen, die das Individuum als bedeutsam empfindet (Bourdieu, 2015).

In diesem Prozess werden objektive Strukturen im Außen – auch Gehörtes und Gesehenes sowie Gefühle von anderen – wahrgenommen, individuell interpretiert und unbewusst als subjektive Informationen im Inneren gespeichert. Der heranwachsende Mensch wird dabei von Traditionen, Meinungen, Perspektiven und Theorien, aber auch von Vorurteilen beeinflusst, die er als subjektive Wahrheit aufnimmt. Gewohnheiten, die typisch für eine bestimmte soziale Gruppe sind, umfassen Komponenten wie Eigenarten, Lebensstile, Ausdrucksweisen, Auftreten, Ansichten, Umgangsformen, Denk- und Verhaltensweisen sowie Haltungen sich und anderen Menschen oder Situationen gegenüber. Sie führen zu typischen Grundüberzeugungen, Deutungen, Bewertungen und Beurteilungen, aber auch zu emotionalen Reaktionsmustern und Wahrnehmungen. Grundlegende Ansichten und Sichtweisen über die Welt sind quasi als Fahrplan im Gehirn fest verankert, wenn der Mensch Kindheit und später Jugend hinter sich lässt. Am Ende dieser Zeit haben sich grundlegende Merkmale herausgebildet: der primäre Habitus innerhalb der Sozialisierung in den ersten sechs Lebensjahren im Herkunftssystem und der sekundäre Habitus im Rahmen des Bildungsweges.

Das Habituskonzept – Für und Wider

Das Habituskonzept hat Befürworter und Kritiker, die es als zu starr ansehen. Auch wird mitunter bemängelt, dass es Veränderungen zu wenig berücksichtigen würde (Schröer, 2002). Dabei weist Bourdieu auf zwei Aspekte hin, die es wiederum sinnvoll erscheinen lassen, das Habituskonzept für ein Verständnis sozialer Interaktionen heranzuziehen:

1. Grenzen und Trägheit des Habitus
   Bourdieu bescheinigt dem angeeigneten Habitus Grenzen und bezeichnet ihn als ausgesprochen träge. Er nennt diesen Effekt »Hysteresis« (Bourdieu, 1987). Erworbene Dispositionen bleiben nachhaltig konstant, auch dann noch, wenn sich Umwelt oder Feld, in dem sich der Mensch bewegt, schon längst modifiziert haben. Es braucht Zeit, bis es gelingt, Überzeugungen, Einstellungen und Werte zu verändern. Bis dahin schränken die in starren Mustern ursächlich begründeten vorübergehenden oder bleibenden Anpassungsschwierigkeiten die Handlungsmöglichkeiten einer Person längerfristig oder dauerhaft ein. Wenn primär angeeignete Überzeugungen suggerieren, dass das Gelernte – Sichtweise auf sich selbst und die Welt – die absolute Wahrheit ist, und (noch) kein Bewusstsein für die subjektive Konstruktion einer individuellen Wirklichkeit vorhanden ist, können sie ein Hindernis in Veränderungsprozessen darstellen. Generationenkonflikte sind ein Beispiel für eine nur langsame oder nicht gelingende Anpassung des Habitus an neue Strukturen.
2. Unbewusste Reiz-Reaktions-Muster
   Die Betrachtung des zweiten Aspekts, des Spiel-Sinns (Bourdieu, 1992), kann

für gelingende Beratungsprozesse ebenfalls hilfreich sein. Mit Spielen sind Aktionen gemeint, die Regeln folgen, derer sich der Mensch nicht bewusst ist, sodass er spontan auf habituell angelegte Muster zurückgreift. Mit »Spiel-Sinn« beschreibt Bourdieu das Zusammenspiel zwischen zwei Wirklichkeiten: der durch Handlungen in einem bestimmten Umfeld erworbenen habituellen Erfahrungen des Menschen und der Reaktion des Umfeldes, in dem er agiert. Auf Supervision übertragen, kommt ein Spiel zustande, weil Supervisorin und Supervisand unbewusst daran glauben, dass das, was im Supervisionsprozess passiert, richtig und begründet ist. Dieser Vertrauensvorschuss motiviert beide, zusammenzuarbeiten, sorgt aber auch dafür, dass sie Sinn und Regeln der Interaktionen – des Spiels – nicht hinterfragen.

Das Habituskonzept bzw. die Nutzung des Habitogramms als Selbsterfahrungsmodell oder Methode in Beratung und Begleitung von Menschen bietet die Möglichkeit, habituelle Hintergründe und unbewusste Abläufe in Form von Aktion und Reaktion bewusst zu reflektieren. Gleichzeitig können bei Veränderungen durch Habitusgrenzen begründete innere oder äußere Konflikte aufgedeckt werden. So lassen sich bestenfalls habituelle Muster auf beiden Seiten erweitern – bei Supervisandin und Supervisor.

Da sich im Rahmen spezifischer äußerer Strukturen verschiedene typische Habitusformen entwickeln können, sind diese die Basis, die tendenziell bestimmt, wer sich in unterschiedlichen sozialen Feldern wie positioniert. Diese Tendenzen habitueller Ausprägungen können typische Gewohnheiten und Eigenheiten mit sich bringen, weshalb diese äußeren Rahmenbedingungen ein wichtiger Betrachtungspunkt im Habitogramm sind.

Einfluss sozialer Felder

Jeder Mensch wird in ein spezifisches System hineingeboren, welches sich wiederum in einem sozialen Umfeld befindet. Dieses umgebende System mit seinen Teilbereichen, die maßgeblichen Einfluss auf die sich entwickelnden Eigenheiten eines Individuums haben können, nannte Bourdieu »sozialer Raum« (Bourdieu, 2012). Dieser ist, da er verschiedene Bereiche umfasst, von »sozialen Feldern« (Bourdieu, 1987) ausgefüllt, wobei jedes Feld über eine eigene Logik, eigene Spielregeln und Ziele verfügt. Andere teilten das soziale Umfeld in »soziale Klassen« (Marx u. Engels, 1848/2006) und »soziale Schichten« (Geiger, 1932) ein oder benutzten den Begriff »Kultur« (Cicero; siehe Klein, 2010), wenn es um das soziale Umfeld eines Menschen geht, in dem er aufwächst, lebt und arbeitet.

Zu diesem sozialen Umfeld, in dem sich Individuen entwickeln, gehören neben der Kernfamilie und anderen Herkunftssystemen weitere Felder, nämlich auch die Gesellschaft und das Milieu. Alle diese einen Menschen umgebenden Systeme sind miteinander verwoben und beeinflussen sich gegenseitig.

Die Gesellschaft als äußerster Rahmen für die Entwicklung des Habitus

Den äußersten Rahmen um das Herkunftssystem bildet die Gesellschaft mit ihrer spezifischen Staatsform und grundlegenden Merkmalen und Strukturen in Bezug auf ihre wirtschaftliche, politische, soziale sowie religiöse und ideologische Ausrichtung. Als Staatsformen sind Republik wie Volksrepublik oder föderale Republik sowie Monarchie in Form von Fürstentum oder Königreich anzutreffen. In Kriegs- und Krisenzeiten kann sich daraus eine Diktatur entwickeln. Auf der Internetseite der Bundeszentrale für politische Bildung können während der Habitogramm-Arbeit die jeweiligen Staaten gesucht und ihre Staatsform mit politischer oder religiöser Organisationsstruktur und weitere Details gefunden werden (bpb, o. D.). Detaillierte Informationen zu den weltweit existierenden Ländern lassen sich auch auf der Internetplattform »Länderdaten« finden (www.länderdaten.info). Unter dem jeweiligen Kontinent sind die einzelnen Länder aufgeführt. Dort unter der Rubrik »Politische Indikatoren« ist jeweils eine Skala angegeben, die die Ausprägung struktureller Besonderheiten des Landes wie politische Stabilität, Rechtsstaatlichkeit, wirtschaftliche Effektivität und Meinungsfreiheit zeigt.

Auf der Basis von strukturellen und kulturellen Entwicklungen bildet sich eine spezifische Gesellschaftsordnung mit individuellen Merkmalen heraus, in Deutschland nach dem Zweiten Weltkrieg beispielsweise eine kapitalistische (BRD) und eine sozialistische (DDR) Gesellschaft. Den Gesellschaftssystemen liegen jeweils als erstrebenswert angesehene Werte und Ideologien zugrunde. Zu den Grundwerten einer Gesellschaft, die mit Rechten und Pflichten einhergehen, zählen z. B. Freiheit und Frieden, Gleichheit oder Individualität, Rechtsstaatlichkeit, Konkurrenz oder Solidarität. Grundlegende Werte finden sich in der BRD seit 1949 im Grundgesetz, welches nach dem Einigungsvertrag angepasst wurde und nun für Gesamtdeutschland gilt. Neben der Verfassung gab es in der ehemaligen DDR »Zehn Gebote für den neuen sozialistischen Menschen« (BBB, 1958), die 1958 erlassen wurden und die angestrebten Werte und damit Ziele verdeutlichen. Grundwerte haben maßgeblichen Einfluss auf die Bedingungen, unter denen sich Menschen im jeweiligen System entwickeln, sowie darauf, ob und wie sie bestimmte Bedürfnisse befriedigen können. So unterschiedlich wie die Grundwerte einer Gesellschaft sind demnach die Möglichkeiten der individuellen Entwicklung ihrer Mitglieder. Dabei können sich gesellschaftliche Werte über einen längeren Zeitraum verändern. So wurden beispielsweise die in der Nachkriegszeit in Westdeutschland unter anderem angestrebten materiellen Werte als Antrieb und Folge des Wirtschaftswunders in den 1950er und 1960er Jahren in den nachfolgenden Jahrzehnten langsam von immateriellen Werten wie Individualität und Selbstverwirklichung abgelöst.

Bei den vorherrschenden Gesellschaftsformen sind zwei Grundstrukturen zu finden, die je nach Ideologie unterschiedlich ausgerichtet sein können: individualistisch und kollektivistisch. Auch gibt es verschiedene Wirtschaftssysteme mit kapitalistischer Marktwirtschaft, zentraler Verwaltungswirtschaft oder sozialistischer Marktwirtschaft. Drei Länderbeispiele sollen die Unterschiede wirtschaftlicher Strukturen verdeutlichen. In der Bundesrepublik mit individualistischer Gesellschaftsordnung herrscht freie Marktwirtschaft mit Privateigentum und Verteilung der Gewinne nach Leistung. Die Freiheit des Einzelnen und Privatinteressen stehen im Vordergrund. Der Staat setzt dafür die Rahmenbedingungen. In kollektivistisch ausgerichteten Staaten wie Kuba oder der DDR sind bzw. waren dagegen Zentralverwaltungswirtschaft und staatliches (Volks-)Eigentum anzutreffen. Neben staatlich fixierten Preisen, Planwirtschaft und Gruppeninteressen haben staatliche Initiativen in solchen Ländern Vorrang. Die dominierende Rolle des Staates ist in ihnen gesellschaftsprägend. China als ebenfalls kollektivistisch geprägtes Land unterscheidet sich von Kuba und der DDR durch Strukturen mit staatlichen Unternehmen und Privateigentum, sodass neben Gruppeninteressen und staatlichen Initiativen auch Privatinteressen Bedeutung haben. Die dominierende Rolle des Staates ist in China dennoch überall sichtbar (Bontrup, 2004).

Für die Arbeit mit dem Habitogramm ist es hilfreich zu wissen, dass es im 20. Jahrhundert viele Staaten mit sozialistischer Gesellschaftsform gab. Dies waren die Sowjetunion (UdSSR), heute Armenien, Aserbaidschan, Belarus, Estland, Georgien, Kasachstan, Kirgisistan, Lettland, Litauen, Moldawien, Russland, Tadschikistan, Turkmenistan, Ukraine und Usbekistan; Polen; ČSSR (Tschechoslowakei), heute Slowakei und Tschechien; Ungarn; Bulgarien; Rumänien; die Deutsche Demokratische Republik (DDR) und die Mongolische Volksrepublik. Heute gelten noch folgende Länder als Systeme mit Realsozialismus: Volksrepublik China (seit 1949), Vietnam (seit 1975), Laos (seit 1975), Kuba (seit 1959) und Nordkorea (seit 1948; Wikipedia, o. D.).

Ganz anders sind die gesellschaftlichen Strukturen in einer Monarchie. Hier fungiert eine Person, der Monarch, als Staatsoberhaupt auf Lebenszeit oder bis zu seiner Abdankung. Monarchien bestehen aktuell (Stand 2022) in Europa in

Belgien, Dänemark, den Niederlanden, Norwegen, Schweden, Spanien und dem Vereinigten Königreich Großbritannien und Nordirland.

Eine Möglichkeit, die Strukturen einer Gesellschaft näher zu betrachten, ist, sie in soziale Klassen einzuteilen. Verschiedene soziale Klassen haben jeweils unterschiedliche soziale und wirtschaftliche Interessen. Das bekannteste Modell ist das Klassenmodell von Karl Marx, der seiner Zeit entsprechend in kapitalistischen Gesellschaftsordnungen zwei Klassen einander gegenüberstellte: erstens Bourgeoisie und Großgrundbesitzer und zweitens Proletarier mit Arbeitern, Bauern, Kaufleuten, Handwerkern, aber auch Beamten, Rechtsanwälten, Journalisten und Intellektuellen (Marx u. Engels, 1848/2006).

Eine weitere Herangehensweise zur Betrachtung innergesellschaftlicher Unterschiede ist die Differenzierung in mehrere gesellschaftliche Schichten, in denen die Bevölkerung eines Landes lebt. Menschen, die in der Oberschicht aufwachsen, können unter anderem einen legitimen Lebensstil entwickeln. Das bedeutet, dass sich bei ihnen aufgrund ihrer sozialen und wirtschaftlichen Situation eine Haltung im Sinn »Das steht mir zu« einstellen kann. Menschen aus der Mittelschicht entwickeln möglicherweise ein Streben und Verlangen nach mehr, sie wollen ihren ökonomischen und gesellschaftlichen Status verbessern. Mitglieder der Unterschicht haben oft gelernt, mit dem Notwendigen auszukommen, was jedoch nicht bedeuten muss, dass sie mit dem Notwendigen zufrieden sind (Bourdieu, 2012).

Bourdieu verweist darauf, dass sich Menschen einer bestimmten Schicht nicht nur auszeichnen können durch Unterschiede beim Erwerb von materiellem Vermögen, bei den Möglichkeiten der Bildung und Wissensaneignung, beim Zugang zu elitären Einrichtungen und sozialen Kreisen, bei der Aneignung von akademischen Titeln, bei Erziehung und Betreuung der Kinder, bei der Nutzung von Büchern, beim Zugang zu Kunst und Kultur wie beispielsweise zu Museen und zu sozialen Kontakten sowie Netzwerken. Er betont, dass auch Aspekte wie Ruf, Prestige, Berühmtheit und Status, die eine Person nur durch die Anerkennung anderer Menschen erlangen kann, in den einzelnen Schichten jeweils unterschiedlich ausgeprägt werden (Bourdieu, 2012).

Gleichzeitig kann davon ausgegangen werden, dass Schichten heute nicht mehr strikt voneinander getrennt, sondern ebenso wie Milieus durchlässiger als früher sind und sich teilweise überlappen. So können schichttypische Aspekte wie ausgeprägtes politisches Engagement in höheren Schichten und schichtunspezifische Optionen wie Wahlbeteiligung als Möglichkeit politischer Teilhabe in einer Schicht parallel existieren (Geißler, 2014). Aus diesem Grund kommt der Betrachtung der Bedingungen in Milieus und sozialen Lagen für individuelle habituelle Entwicklungen eine besondere Bedeutung zu.

Die Milieus als soziale Lebensräume

Das spezifische Milieu bildet den zweiten äußeren Rahmen, den das Herkunftssystem umgibt. Der Begriff »Milieu« wurde vor allem durch den französischen Soziologen Émile Durkheim Ende des 19. Jahrhunderts geprägt (König, 1984).

Nicht nur wirtschaftliche Strukturen oder ideologische Ausrichtungen bestimmen die Möglichkeiten, unter denen sich die Angehörigen einer Gesellschaft entwickeln können, auch die sozialen Strukturen einer Gesellschaft sind entscheidend. Diese trennen unterschiedliche Milieus je nach Staatsform und anderen bedeutsamen Einflüssen, wie Traditionen und Kultur, voneinander ab. Milieus unterscheiden sich in ihrer Konstellation, das heißt nicht nur in ihrer Struktur, sondern auch in ihrem prozentualen Anteil an der Gesamtbevölkerung. Während Klassen- und Schichtenmodelle Unterschiede vertikal – zwischen oben und unten – betrachten, werden bei sozialen Milieus und sozialen Lagen die Ungleichheiten auch horizontal beleuchtet (Vester, von Oertzen, Geiling, Hermann u. Müller, 2001).

In den verschiedenen Milieus können soziale Ungleichheiten typische Habitusformen erzeugen. Diese wiederum sind durch charakteristische Denk- und Handlungsmuster gekennzeichnet, die sich in einem bestimmten Habitat, also in einem spezifischen sozialen Raum, in einer bestimmten sozialen Position entwickeln. Da die individuelle Entfaltung eines Menschen von vielen verschiedenen äußeren, aber auch inneren Konstellationen abhängt, sind Milieubeschreibungen in Bezug auf einen bestimmten Habitus immer als tendenzielle Möglichkeit zu sehen, in welche Richtung die Entwicklung gehen kann. Die Zugehörigkeit zu einem bestimmten sozialen Milieu wird durch die Merkmale der Schicht, in der sich das Milieu entwickelt hat, bestimmt. So gibt es typische Unterschicht-, Mittelschicht- und Oberschichtmilieus. Außerdem spielen weitere Faktoren eine Rolle, unter anderem wie Menschen in einem besonderen sozialen Umfeld leben, wohnen und arbeiten, wie sie diese Gegebenheiten, Bedingungen und Möglichkeiten deuten und bewerten und wie sie dadurch ihre Lebenswelt sehen und kreieren. Dieses Erleben äußert sich in Alltagseinstellungen und milieuspezifischen Wertorientierungen zu Arbeit, Familie, Freizeit und in kulturellen Vorlieben, ästhetischen Neigungen, ähnlichen Arbeitserfahrungen, Einkommen, Vermögen und Besitz sowie Bildung und erworbenen Bildungstiteln, in ihrem ausgebildeten Geschmack und Benehmen sowie der Art und des Umfangs von Konsum sowie in ähnlichen Lebensperspektiven.

Bourdieu beschreibt in »Die feinen Unterschiede« (Bourdieu, 2012), wie unterschiedlich Menschen über einzelne habituelle Teilbereiche verfügen und wie diese Bereiche, die Bourdieu Kapitalsorten nennt, sich gegenseitig beeinflussen. Er differenziert dabei zwischen ökonomischem, kulturellem, sozialem und symbolischem Vermögen. Letzteres umfasst Ansehen, Prestige und Position innerhalb von Familie, Milieu und Gesellschaft, die Macht verleihen können, was sich wiederum im Habitus eines Menschen widerspiegelt. Mit den Möglichkeiten, sich diese Komponenten anzueignen, dem Ausmaß und der Qualität dieser Erfahrungen können sich bestimmte Lebensstile sowie typische Gewohnheiten herausbilden (Bourdieu, 2012). Diese wiederum lassen sich auch bestimmten Kreisen – sozialen Milieus – zuschreiben. Menschen im gleichen Milieu können also unter anderem als eher arm oder als eher reich gelten. Sie haben damit tendenziell ähnliche Möglichkeiten, Bildungs- und Kulturangebote zu nutzen, typische Gewohnheiten zu entwickeln, Beziehungen zu gestalten und ein ähnliches Ansehen in der Gesellschaft zu erlangen. Das Gewohnte kann verbinden, und in gleichen sozialen Milieus kann sich eine gemeinsame Haltung herausbilden. Die Menschen, die in einem bestimmten Milieu leben, tragen dazu bei, dass dieser soziale Raum immer wieder erzeugt wird. Gleichzeitig hat dieses spezifische Milieu Einfluss auf die in ihm lebenden und gegebenenfalls arbeitenden Menschen und ihren Habitus (Bohnsack, Krüger u. Pfaff, 2013).

Der unbewusst angeeignete Habitus macht es uns Menschen möglich, uns in unserem Milieu im Alltag zu orientieren und unbewusst zu wissen, wann welches Verhalten angebracht ist bzw. wie Situationen zu deuten sind. Gleichzeitig sind wir dadurch in der Lage, andere Milieumitglieder durch ihre Gesten, Bewegungen und Akzentuierungen in der (Aus-)Sprache zu »verstehen«.

Jeder Mensch durchläuft verschiedene Stadien der Habitualisierung, wobei dem primären, im Herkunftsmilieu während des Heranwachsens erworbenen Habitus eine grundlegende Rolle zukommt. Die Ausbildung subjektiver Wahrnehmung in einem sozialen Milieu spiegelt sich unter anderem in ethischen Vorschriften wieder, die wiederum Ansichten und Einstellungen wie »Das ist nichts für mich«, »Das ist vernünftig«, »Das ist verrückt« hervorbringen können.

Dahrendorf, der sich in seinem Buch »Gesellschaft und Demokratie in (West-)Deutschland« (Dahrendorf, 1971) mit den Strukturen der wesentlichen gesellschaftlichen Grundmuster zu jener Zeit beschäftigte, wies seinerzeit auf bestehende Mobilitätsbarrieren hin. Damit beschrieb er eine gewisse Undurchlässigkeit sozialer Milieus und das Problem, nicht ohne Weiteres von einem Milieu in ein anderes wechseln zu können. Indes haben in den vergangenen Jahrzehnten gesellschaftliche Veränderungen und Modernisierungen der Sozialstruktur neben Arbeitslosigkeit und neuer Armut auch zur Zunahme von Mobilität geführt. Vor allem horizontale Bewegungen und Milieuwechsel infolge von Veränderungen in den Bereichen Beruf, Familienstand, Lebensstil, religiösen Bekenntnissen oder ideologischen Einstellungen führten dazu, dass Milieus mittlerweile ebenso durchlässig geworden sind wie soziale Schichten (Vester et al., 2001).

Vester zeigt anhand der Datenlage von 1991 für die deutschsprachige Wohnbevölkerung der BRD ab 14 Jahren fünf Traditionslinien sozialer Milieus, die sich nach der Art und den Strategien der Lebensführung unterscheiden. In ihnen werden grundlegende Einstellungen und Ansichten an die nächsten Generationen weitergegeben. Jede der Großgruppen hat dabei eine andere Strategie, mit der sie ihre Lage bewältigt. Die obere soziale Schicht strebt z. B. nach unterschiedlichen Stil- und Führungsansprüchen und damit nach Macht und Besitz. Der Mittelschicht der Arbeitnehmer:innen ist unter anderem der gesicherte soziale Status wichtig. Menschen in der Unterschicht, in der Bildung und soziale Sicherheit niedrig sind, orientieren sich, wenn sie nicht resigniert haben, an Privilegierteren oder entwickeln eine Haltung im Sinne von »nehmen, was kommt« (Vester, 2015).

Für die DDR erwähnt Hofmann (2020), dass sich die »Eigenarten ostdeutscher Sozialstruktur vor allem mit dem historischen Bruch nach dem 2. Weltkrieg erklären« lassen und dadurch, dass mit den Bildungsaufsteiger:innen der 1950er und 1960er Jahre aus unteren sozialen Rängen ein Milieu des sozialistischen Establishments herausgebildet wurde. Diese Menschen waren gegenüber der DDR – in manchen Fällen über deren Ende hinaus – oft loyal, staats- und parteitreu, weil sie dankbar für ihren sozialen Aufstieg waren (Hofmann, 2010).

Diese Auf- und Abstiege in andere Milieus verändern die Betroffenen. Die sozialen Milieus selbst wandeln sich ebenfalls permanent durch strukturelle, wirtschaftliche, politische und technologische Entwicklungen, sodass vor allem die Grenzen zwischen nah beieinanderliegenden Milieus aufweichen.

Forschende des 1978 in Heidelberg gegründeten Sinus-Instituts beschreiben in ihren Sinus-Milieus® Gesellschaftsmodelle und tendenzielle Habitusformen (Sinus-Institut, 2015; bpb, 2006). Indem sie Lebenswelten und Lebensstile von Menschen erfassen, schaffen sie formale demografische Kriterien für die Bereiche Wirtschaft, Bildung, Beruf und Einkommen. Sie fassen Menschen zu »Gruppen von Gleichgesinnten« zusammen, die sich in ihrer Lebensauffassung und Lebensweise ähneln (Sinus-Institut, 2021). Aktuell stellt das Sinus-Institut für die Bundesrepublik Deutschland zehn soziale Milieus in der sogenannten Kartoffelgrafik dar (Sinus-Institut, Deutschland, 2022a; siehe auch Anlage 7). Auch für derzeit weitere 37 Länder und die sogenannten Schwellenländer, die sich auf dem Weg von Entwicklungsländern zu etablierten Staaten befinden, lassen sich sogenannte Sinus-Meta-Milieus finden (Sinus-Institut, 2022b).

Im Milieu eignen sich Menschen einen spezifischen Lebensstandard an. Dieser ist bedingt durch persönliche Merkmale, der ihre Chancen und Möglichkeiten bestimmt, aber auch von den Gegebenheiten im jeweiligen Milieu. So bilden sich in jedem Milieu unterschiedliche soziale Lagen heraus, die durch Ungleichheiten zwischen Männern und Frauen, verschiedenen Generationen, Regionen, Verheirateten und Ledigen, Kinderreichen und Kinderlosen, Arbeitenden und Arbeitslosen bestimmt werden. Auch das unterschiedliche Ansehen von Parteimitgliedern und Parteilosen, Staatskonformen und Staatsgegnern – wie beispielsweise in der damaligen DDR – kann die Gewohnheiten von Menschen beeinflussen. Je nachdem, ob sie wegen ihrer Zugehörigkeit zu einer bestimmten Gruppe Ansehen erlangen und Privilegien genießen oder diskriminiert werden, haben Menschen als Mitglieder der Gesellschaft bzw. des Milieus einen bestimmten Status. Gruppen mit ähnlichem Status leben in einer gemeinsamen sozialen Lage. Für bestimmte soziale Lagen können wiederum spezifische Haltungen typisch sein, die auch die Möglichkeit der Bildung, Berufswahl und Aufstiegschancen beeinflussen und damit den beruflichen Werdegang begleiten können.

Bei der Arbeit mit dem Habitogramm sind für das Verständnis der Entwicklung eines bestimmten Habitus im jeweiligen Milieu außerdem zwei Tendenzen wichtig: Menschen können dazugehören – Inklusion (drinnen) – oder ausgeschlossen werden – Exklusion (draußen). Immer wieder kommt es im Laufe gesellschaftlicher Entwicklungen zu Brüchen und Spaltungen innerhalb der Gesellschaft oder zwischen Milieus, die Zugehörige und Ausgeschlossene erzeugen. Dabei kann die Diskriminierung durch gesellschaftliche Vorstellungen von Moral oder milieubedingte Normen und Regeln erfolgen, aber auch durch Ausgeschlossene selbst bewusst forciert werden. Exklusion umfasst verschiedene Ebenen wie beispielsweise Ausschluss vom Erwerbsleben aufgrund von Arbeitslosigkeit oder Ausschluss durch Wohnen und Leben in Armutsvierteln oder sozialen Brennpunkten infolge von Armut. Auch räumliche Ausgrenzung kann eine Rolle spielen. Das bleibt nicht ohne Folgen: Chancen und Perspektiven nehmen bei Exklusion ab, die Möglichkeiten zur politischen und kulturellen Teilhabe schwinden. Psyche und Selbstbild können Schaden nehmen (Bohn, 2006).

Bourdieu beschreibt mit dem Begriff »Prekariat« eine Gruppe von Menschen – häufig mit fehlender sozialer Absicherung und einem Leben in Armut oder an der Armutsgrenze –, deren bisherige Stabilität und Sicherheit ins Schwanken geraten ist und die meist nur geringe Aufstiegschancen hat. Die Aufrechterhaltung ihres Lebensstandards und die Zukunftschancen ihrer Kinder können gefährdet sein (Bourdieu, 1998). Auch das Sinus-Institut stellt in seiner Informationsbroschüre von 2015 (Sinus-Institut, 2015) zu den Sinus-Milieus ein »Prekäres Milieu« mit entsprechenden Hinweisen vor. Ein Zeitraum, in dem viele Menschen ins Prekäre Milieu abrutschten, war beispielsweise die Ölkrise 1973, in deren Folge es im Westteil Deutschlands zur Rezession kam und die Arbeitslosigkeit massiv anstieg.[6] Zu prekären Randgruppen zählten unter anderem auch Jüdinnen und Juden, politisch Verfolgte oder in der DDR Personen, die entweder einen Ausreiseantrag gestellt oder versucht hatten, den ostdeutschen Staat auf illegalem Weg zu verlassen.

Habituelle, in einem bestimmten Milieu angeeignete Erfahrungen sind unbewusst handlungsleitend. Dennoch bieten sie infolge des generellen subjektiven Charakters von Erfahrungen und auf Basis individueller kognitiver Fähigkeiten die Möglichkeit, für sich brauchbare und passende – und damit individuelle – Lösungen bewusst zu suchen und bestenfalls zu finden. Das bedeutet beispielsweise, dass nicht alle im prekären Milieu Sozialisierten arbeitslos sein müssen oder alle im traditionellen Milieu Aufgewachsenen Sicherheit und Ordnung brauchen, wie es die Milieubeschreibungen des Sinus-Instituts suggerieren könnten (Sinus-Institut, 2015). Für Bildungsmöglichkeiten kann es beispielsweise entscheidend sein, ob diese Erwachsenen als Kinder in einem Milieu aufwuchsen, in dem ihre Eltern Ansehen erlangt hatten, oder ob sie die gesamte Kindheit oder einen begrenzten Zeitraum über erlebten, wie ihre Eltern beispielsweise durch Arbeitslosigkeit abstiegen, Ansehen verloren und damit vielleicht an den Rand der Gesellschaft gedrängt wurden.

Neben Arbeitslosigkeit führen noch weitere Aspekte unter Umständen zur Ausgrenzung im Milieu und zur sozialen Benachteiligung. Je nach individuellen Möglichkeiten wachsen Menschen daran oder verbittern mehr und mehr. Für derartige Entwicklungen und ihre Auswirkungen auf die Möglichkeiten von Familien in ihrem Milieu soll das Habitogramm sensibilisieren. Denn persönliche Erfahrungen mit sozialen Auf- oder Abstiegen können auch auf Supervisand:innen bzw. Klient:innen Einfluss gehabt haben und ihre Entscheidungen oder ihr Denken und Fühlen heute noch unbewusst lenken.

---

6 Arabische Ölstaaten drosselten im Herbst 1973 die Ölförderung und verhängten ein Embargo, sodass die Ölpreise in der BRD um ein Vielfaches anstiegen.

Bezugspersonen und Herkunftssysteme

Den stärksten Einfluss auf die individuelle Entwicklung eines jeden von uns hat die Familie, die kleinste Zelle einer Gesellschaft. In diesem Herkunftssystem wachsen wir mit den für uns jeweils wichtigen Bezugspersonen auf. Neben den leiblichen Eltern können das auch Pflege-, Adoptiv- oder Stiefeltern sowie einzelne Personen wie Heimerzieher:innen, Tanten oder Großmütter sein. Habituelle Erfahrungen werden zunehmend auch in Ein-Eltern-Familien, Patchworkfamilien und Regenbogenfamilien mit lesbischen, schwulen, bisexuellen, transgeschlechtlichen und intergeschlechtlichen Eltern gesammelt. All diese Konstellationen sowie Ort und Art der Sozialisierung, vor allem aber die Einstellungen, Sichtweisen, Herangehensweisen an das Leben selbst, an Probleme und Konflikte im Herkunftssystem haben Einfluss auf die Entwicklung eines Kindes. Jeder Mensch, der die Stadien Fötus, Säugling, Kleinkind, Kind und Jugendlicher durchlaufen ist, hat die Welt nicht direkt kennengelernt, sondern immer vermittelt durch nahe Bezugspersonen, von denen er gelernt hat. Er hat Wichtiges an Körpersprache, Mimik und Gestik abgelesen, er hat gehört und gespürt sowie wahrgenommen, verarbeitet und verinnerlicht, was ihm an günstigen und eher ungünstigen Erfahrungen geboten wurde. Durch Ausprobieren und Scheitern haben wir als Kind gelernt und integriert, was für die Erwachsenen wichtig und wertvoll war.

In diesem Lebensraum, in dem ein Kind sozialisiert wird, werden alle Einflüsse von außen gebündelt, die durch gesellschaftliche, milieubedingte und andere außerfamiliäre Gegebenheiten mitbestimmt werden. Hier entscheidet sich, was und wie wir als Erwachsene später fühlen und denken, was wir wie wahrnehmen, welche Vorlieben und Abneigungen wir haben, welche Haltung wir zu uns, zu anderen und zur Welt einnehmen. Und der sich dadurch bildende habituelle Kern bestimmt mit, welche Chancen wir als erwachsener Mensch später ergreifen können und wollen und wie leicht oder schwer es uns fällt, uns persönlich weiterzuentwickeln.

Typische Gewohnheiten als habituelle Basis, die einen Menschen leiten, sollten allerdings nicht wie biografische Erfahrungen als eine Kette von Restrukturierungen verstanden werden, wo jede neue Erfahrung auf vorherigen aufbaut (Bourdieu, 1979). Der Habitus ist eher ein Konglomerat grundlegender unbewusster Muster der jeweiligen Denk-, Fühl und Handlungsbasis, die durch habitussensible Methoden wie das Habitogramm bewusst gemacht werden kann.

Gewohnheitsbildung und ihre Folgen

Gewohnheiten bilden sich auf Basis zugrunde liegender Werte, Regeln und Notwendigkeiten im Alltag eines Kindes heraus. Diese Werte und Normen haben ihren Ursprung in den das Kind umgebenden Strukturen, die durch Gesellschaft und Milieu beeinflusst werden. Hier werden sie zwangsläufig vom Herkunftssystem übernommen und an die Kinder weitergegeben. Indem das Kind die in diesen Systemen herrschenden Gepflogenheiten annimmt, bietet sich ihm die Möglichkeit, dazuzugehören. Es erfährt Orientierung und Halt. Typische Gewohnheiten, die nicht nur durch geistige Haltung, Sprache oder Handeln, sondern auch unbewusst durch Körperhaltung, Mimik und Gestik ausgedrückt werden, dienen als Handlungsbasis und unterstützen das Kind und später auch den Erwachsenen, um belastende Emotionen abzuwehren oder sich sicher und stabil fühlen zu können.

Ob das Kind sich bestimmte Erfahrungen aneignen kann, hängt aber auch von den äußeren Strukturen ab. Diese können die Möglichkeiten des Kindes infolge gesellschaftlicher Vorgaben, wie beispielsweise der staatlich vertretenen Ideologie, begrenzen. So können bestimmte Erfahrungen gefördert oder eingeschränkt bzw. ganz verhindert werden. Die daraus resultierenden hilfreichen Fähigkeiten lassen sich als Ressourcen ansehen. Fehlende Erfahrungen können bei Bedarf – mitunter auch erst bei entsprechendem Leidensdruck – nachgeholt werden und dienen damit als Lernfelder. Sie können aber auch eine natürliche Begrenzung der Möglichkeiten einer Einzelperson bleiben.

Ein Weg, um den Einfluss äußerer Strukturen auf spätere Verhaltensmuster zu zeigen, ist die Betrachtung von Wertekomplexen. Extrem einseitig ausgeprägte Wertedimensionen wie z. B. Autonomie und Abhängigkeit oder Autarkie und Versorgung können ein Hinweis darauf sein, wie äußere Bedingungen mit dazu beigetragen haben, dass eine Seite überbetont und die andere kaum oder gar nicht entwickelt werden konnte (siehe auch Anlage 6 und Tabelle 4 in Anlage 10). Das bedeutet, dass es einer Erwachsenen später möglicherweise schwerfällt, sich mit der anderen Seite zu arrangieren bzw. sie überhaupt als Möglichkeit ihres Wahrnehmens, Denkens, Fühlens und Handelns in Betracht ziehen zu können oder zu wollen.

Mit einem anderen komplexen Muster als Beispiel soll dies noch weiter verdeutlicht werden. Im Gehirn eines Menschen sind für den Verhaltenskomplex »Teamfähigkeit« im besten Fall »Unterordnung« und »Selbstständigkeit« ausgeprägt. Wurde aber beispielsweise durch bestimmte Umstände wie fehlende Geschwister oder fehlende Gruppenerfahrungen in der Kindheit die Seite »Unterordnung« nur defizitär ausgebildet, kann es für den Betroffenen schwer sein, Gruppensituationen wahrzunehmen, notwendige Gruppenanforderungen zu erkennen und ihnen nachzukommen. Ist dafür aber möglicherweise die andere Seite »Selbstständigkeit und selbstbestimmtes Entscheiden« gut entwickelt, kann er sich nun als Teammitglied bei gemeinsamen Entscheidungen schwertun, weil er selbst bestimmen möchte, was wie gemacht wird. Wenn komplexe Fähigkeiten wie Teamfähigkeit oder das Selbstbild – was gut und richtig ist, zu tun – eingeschränkt sind, kann sich dies durch den gesamten beruflichen Werdegang ziehen (Kern, 2016). Eine mögliche Lösung in diesem Beispiel wäre eine selbstständige Tätigkeit.

Durch Maßnahmen wie habitussensible Beratung in der Supervision oder die Arbeit mit dem Habitogramm werden derartige Konstellationen entdeckt und fehlende Seiten als mangelnde, aber notwendige Fähigkeit in Teams erkannt. Inwieweit diese dann entwickelt werden können, hängt natürlich von individuellen anderen vorhandenen oder fehlenden Erfahrungen ab.

Das unbewusste Spüren, dass eine Seite einer bestimmten Anforderung, die man selbst hat, bei einem anderen Menschen fehlt, kann ein Gefühl von Fremdheit auslösen. Eine selbst nicht erworbene Angewohnheit – die ein anderer aber hat – kann er bei mir als Gehabe oder Eigentümlichkeit wahrnehmen, weil er dieses Fehlen als Unfähigkeit bewertet und es sich von seinen als normal empfundenen Gepflogenheiten unterscheidet. Ist eine der beiden Seiten eines Verhaltenskomplexes im Repertoire möglicher Grunddynamiken nicht vorhanden, wird es für Betroffene in bestimmten, vor allem unvorhergesehenen, (Stress-)Situationen schwierig. Zum Beispiel kann es bei anderen zu Ablehnung oder Widerstand als unbewusster Abwehr gegen das Fremde kommen. Ist die Seite eines Gewohnheitskomplexes, die wir selbst kennen, bei einem anderen angelegt, fühlen wir uns mit ihm in der Regel unbewusst verbunden. Diese wahrgenommenen Feinheiten – Unterschiede zum oder Ähnlichkeiten mit dem eigenen Habitus – sind Grundlage von unbewusster Zuneigung oder Ablehnung. Welche Auswirkungen das Vorhandensein bzw. Fehlen einer Seite eines Verhaltenskomplexes im Berufsalltag haben kann, zeigt auch Falldarstellung 6 (S. 136 ff.).

Die zwei Seiten möglichen Verhaltens werden umgangssprachlich auch »gute« und »schlechte« (An-)Gewohnheiten genannt. Diese Bewertung ist nur möglich, wenn Gewohnheiten in einem bestimmten Rahmen gesehen werden. Was in einer Gesellschaft, einem Milieu oder einem Herkunftssystem als »richtig« betrachtet wird, wird in anderen möglicherweise als »falsch« bewertet. Dazu kommt, dass Gewohnheiten in ihrer jeweiligen Ausprägung übertrieben werden können, wie Tabelle 4 in Anlage 10 zeigt, sodass mögliche negative Auswirkungen sowohl für Betroffene in Alltag und Beruf als auch für ihr Umfeld spürbar werden. Früh erworbene habituelle Gewohnheiten können im Erwachsenenalter also behindern, obwohl sie einmal die Richtschnur des kindlichen Handelns waren.

Neueste wissenschaftliche Untersuchungen weisen darauf hin, dass zu frühen Erfahrungen auch bereits solche im Mutterleib gehören können.[7] In ihm werden erste neuronale Muster für Geschmackspräferenzen, olfaktorische Wahrnehmung (das Riechen) und emotionale Reaktionen angelegt (Bürger, Haselwarter u. Rieß, 2010).

Diese frühen, unbewusst verinnerlichten und im Gehirn verknüpften Muster aus der prä-, peri- und paranatalen Zeit sowie dem Zeitraum bis zur Einschulung können vor allem bei einschneidenden Erfahrungen zu Ankern im weiteren Verlauf des Lebens werden. Sie können den Menschen später unbewusst leiten, aber auch begrenzen, was er allerdings selbst (noch) nicht als Begrenzung empfinden muss, da ihm nur das bewusst ist, was er bereits erfahren hat.

Welchen Einfluss spätere Erfahrungen auf die weitere Entwicklung des Habitus haben bzw. welche Beschränkungen, Anpassungsleistungen und Veränderungen möglich sind – das heißt, inwieweit der Habitus also eine veränderbare Größe ist –, wird in der wissenschaftlichen Literatur divergent diskutiert. So scheinen sich die von Bourdieu geprägten Begrifflichkeiten »Habitus als System dauerhafter Dispositionen« und »Habitusirritation«, »Habitusveränderung«, »gespaltener Habitus« unvereinbar gegenüberzustehen.

Nestvogel (2008) beschreibt habituelle Schwierigkeiten, die im Bildungsbereich auftreten können. Sie betont, dass intellektuelle Fähigkeiten, Vorkenntnisse, kulturelle Gewohnheiten und finanzielle Möglichkeiten sowie Haltungen aufgrund der Herkunft – in Familie und im spezifischen Milieu – nicht derart modifiziert werden können, dass sich Bildungsferne und Bildungsnahe universitäres Wissen gleich gut aneignen können. Weitere individuelle Faktoren, wie sicheres oder unsicheres Auftreten, Umfang des Wortschatzes, Zugang zu Fremdsprachen und Allgemeinbildung im Elternhaus oder die Fähigkeit des

---

7 Renggli zieht aktuelle Erkenntnisse der pränatalen Psychologie und Psychotherapie heran, um zu zeigen, wie früh menschliches Erleben, Wahrnehmen und Verhalten geprägt werden. Er schildert, wie früheste Erfahrungen aus Schwangerschaft, Geburt und Säuglingszeit gespeichert werden. Auch verweist er darauf, wie diese ersten Erlebnisse im Mutterleib das beeinflussen, was später der Erwachsene als seine Umwelt wahrnimmt, was er später entscheidet und was zu Verhalten führt (Renggli, 2020).
Der Ungar Jenö Raffai hat zusammen mit seinem Kollegen György Hidas circa 4.350 Frauen psychologisch begleitet. Eine seiner Entdeckungen war das vorsprachliche Bewusstsein, auch »Zellgedächtnis« genannt, das aufgrund der Erfahrungen des Babys in der Gebärmutter entsteht. Dieses wird von der werdenden Mutter über chemische und biologische Prozesse an das Baby übermittelt (Balkenhohl u. Karnasch, 2017).

sprachlichen Ausdrucks in der Schulzeit, tragen dazu bei, wie leicht oder schwer Lernen fällt. Studierende aus nicht akademisch gebildeten Familien können in einen Konflikt mit der an Hochschulen vorherrschenden Kultur mit Kommiliton:innen aus akademischen Familien geraten. Dies führt bei ihnen unter anderem zu Unsicherheit, Angst und innerer Unruhe. Außerdem ist es möglich, dass Betroffene Anforderungen falsch einschätzen oder sich diesen nicht gewachsen fühlen (Nestvogel, 2008). Die gesellschaftlich bedingte Notwendigkeit, sich den im jeweiligen Bildungswesen geltenden Vorbildern, Regeln und Wertvorstellungen anpassen zu können oder zu wollen, ist ein weiterer von vielen anderen Faktoren, die ein Gefühl vermitteln, in Ausbildung, Studium oder Beruf richtig oder fehl am Platz zu sein (Bourdieu, 2015).

Anhand dieser Beschreibungen kann also davon ausgegangen werden, dass sowohl »dauerhafte Dispositionen« – als primärer Habitus erworben – als auch »Habitusveränderungen« in einem habituell bedingten und teilweise begrenzten Rahmen möglich sind. So bildet sich mit den entsprechenden Bildungsangeboten ab circa dem sechsten Lebensjahr der sekundäre Habitus heraus. Später mit Ausbildung oder Studium sowie Berufserfahrungen kommen weitere habituelle (An-)Gewohnheiten hinzu, die letztendlich auch einen typischen beruflichen Habitus entwickeln.

Habituserweiterung und Habitus-Struktur-Konflikte

Der primäre Habitus mit seinen Grundstrukturen beeinflusst unbewusst die später im Leben hinzukommenden Erfahrungen eines Menschen, beispielsweise wie er im privaten oder beruflichen Feld auftritt, wie er entscheidet oder wie er Beziehungen eingeht. Diese Grundstrukturen können entweder moderat erweitert oder durch äußere Einflüsse – wie plötzliche Veränderungen oder Mobilität – erschüttert werden. Dann kommt es zu einem Habitus-Struktur-Konflikt. Dabei begünstigen eher starre Muster das Auftreten von Habitus-Struktur-Konflikten, und es können Habitusirritationen oder Habitusspaltungen entstehen. Diese haben besonders bei, durch bestimmte äußere Ereignisse oder persönliche Krisen, erzwungener Migration das Potenzial, dass Integration scheitert. Gelingt hingegen langfristig eine langsame Anpassung an neue Verhältnisse, kann der Habitus erweitert werden. Diese Habituserweiterungen werden besonders durch Mobilität ermöglicht, die der Mensch selbst forciert hat.

Mobilität bedeutet nicht nur länderübergreifende Bewegungen, sondern beispielsweise auch von einem Milieu oder einem Gesellschaftssystem in ein anderes zu wechseln – wie 1990 in Deutschland. Auch Familien, die sich über

Jahrzehnte mit ihrer Arbeit wie beispielsweise im Bergbau (siehe das Beispiel der Folgen der Ölkrise 1973 im Kapitel »Die Milieus als soziale Lebensräume«) identifiziert hatten, verlieren mit ihrem Job nicht nur ihre Arbeit. Erzwungene Umsiedlungen, wie sie im Zuge des Zweiten Weltkrieges oder einst an der innerdeutschen Grenze auf der Ostseite stattfanden und auch vor der Klimawende beispielsweise im rheinischen Braunkohlenrevier möglich waren, hinterlassen bei Betroffenen tiefe Wunden, die eine solche Entwurzelung mit sich bringt. Derartige Brüche innerhalb von Familien und Milieus können großen Einfluss auf den Selbstwert betroffener Eltern haben und auch einen Selbstwertverlust der Kinder nach sich ziehen.

Da aus habituellen Einzelerfahrungen stabile Grundmuster im Gehirn werden können, ist es zum Verständnis von Habitus-Struktur-Konflikten sinnvoll, sich kurz dem menschlichen Gehirn zu widmen. Dieses neigt wegen seiner Funktionsweise und seiner Aufgabe, mit wenig Energieaufwand für das Überleben des Menschen zu sorgen, dazu, auf bereits abgespeicherte Erfahrungen zurückzugreifen. Sich Neues anzueignen und umzusetzen verschlingt viel Energie, weil dafür neue Neuronen miteinander verknüpft werden müssen. Zudem wird es dadurch erschwert, dass unangenehme Gefühle ins Bewusstsein des Menschen geschickt werden. Diese Gegebenheiten führen zur Trägheit bereits bestehender habitueller Erfahrungen, da Grundmuster Halt und Orientierung geben und deshalb nicht bedenkenlos verändert werden sollen. Jene im Gehirn verankerten, dem Menschen vertrauten Automatismen sind Ursache dafür, dass er dazu neigt, in altbewährten Routinen verharren zu »wollen«, wenn sich äußere Bedingungen plötzlich verändern. Es kommt zu einem mehr oder weniger ausgeprägten Habitus-Struktur-Konflikt.

Soziale Mobilität stellt betroffene Menschen vor die Aufgabe, sich umzuorientieren, anzupassen und sich möglicherweise neue Denk- und Handlungsweisen anzueignen. Dieses Bemühen kann gelingen oder scheitern. Die räumlichen und/oder horizontalen Bewegungen führen oft entweder zu einem Aufstieg z. B. in ein höheres Milieu oder zu einem Abstieg, beispielsweise zum Zwang, einen niederen Job annehmen zu müssen. Der an bestimmte Bedingungen angepasste primäre Habitus neigt bei Veränderung deshalb zu Irritation, weil das bisher Vertraute im neuen Milieu beispielsweise durch Heirat, Umzug, Flucht oder beruflichen Quereinstieg nun nicht mehr existiert. Aber auch äußere Bedingungen können Habituserweiterungen verhindern. Wenn angeeignete Erfahrungen mit den neuen (Existenz-)Bedingungen nicht übereinstimmen, hat das mitunter zur Folge, dass Handlungsmöglichkeiten, die im neuen sozialen Raum nun gegeben wären, zumindest vorübergehend nicht wahrgenommen werden können. Ein Beispiel soll dies zeigen: Ein Mann war in seiner Heimat als Deutsch-Lehrkraft tätig. Nach der Migration wird sein Studium aber nicht anerkannt. Mit seinem Bildungsstand und seinen Sprachkenntnissen als habituellen Teilbereichen hätte er also zwar die Voraussetzungen, Kinder in Deutschland zu unterrichten, aber wegen der Gegebenheiten vor Ort ist dies nun nicht möglich. Dies kann Unterforderung und Frust auslösen.

Die neuen Strukturen können aber auch derart fremd sein, dass die dafür notwendige Haltung, Verhaltensmuster oder Wissen und damit persönliche Eignung im bisher ausgebildeten Habitus fehlen. Auch dafür ein Beispiel: Eine Frau hat bisher als Diplom-Kauffrau in einem Team gearbeitet, weil das ihrer Ausbildung entspricht, es ihrem habituellen Grundmuster gemäß gefällt und sie sich dabei sicher und kompetent fühlt. Nach dem Tod des immer selbstständig gewesenen Onkels – dem Bruder ihres Vaters, der im Gegensatz zu seinem Bruder immer im Angestelltenverhältnis gearbeitet hat – fühlt sie sich durch sein Testament verpflichtet, den Familienbetrieb des kinderlosen Onkels als Geschäftsführerin zu übernehmen. Sie merkt nicht sofort, weshalb sie sich in dieser neuen Rolle und Position trotz entsprechendem Bildungsstand entweder ständig gereizt und missmutig oder inkompetent und minderwertig fühlt. Solche Überforderungen können nicht nur zu Abwehr und späterem Rückzug, sondern ebenso wie Unterforderung eine psychische oder physische Erkrankung hervorrufen.

Die Grenzen des Habitus werden in neuen Situationen sichtbar. Je nach Flexibilität und Offenheit, Risikobereitschaft und der Fähigkeit, Eigenverantwortung zu entwickeln, können Veränderungen – vor allem ungewollte – zu Habitus-Struktur-Konflikten in Form von Habitusirritation oder Habitusspaltung führen, die eine Erweiterung des Habitus, die Spiegler (2015) »Habitusmodifizierung« nennt, erschweren oder unmöglich machen.

Die Anpassungsleistung an einen sich veränderten Rahmen, etwa durch fremde gesellschaftliche Bedingungen sowie neue Milieu- oder Familiensystembedingungen, kann mithilfe der angelegten Gewohnheiten gelingen, sich verzögern, stagnieren oder misslingen. Wenn sich Betroffene neue Verhaltens- und Denkmuster aneignen können, gehen sie gestärkt aus diesen Veränderungen hervor. Bewältigte Lernfelder werden zu neuen Ressourcen für zukünftige Herausforderungen. Scheitern Anpassungsversuche hingegen, können Frust, Aggressivität, Ablehnung des Fremden oder Unlust entstehen. Eine Auswahl möglicher Herausforderungen, die Habitus-Struktur-Konflikte auslösen und als Lernfelder auf Migrant:innen in einem für sie fremden Feld, aber auch auf alle anderen Menschen in neuen Lebensabschnitten, zukommen können, ist in Tabelle 1 zu finden.

Tabelle 1: Auswahl möglicher Situationen, die Habitus-Struktur-Konflikte begünstigen

Vertraute Bedingungen	Fremde Bedingungen	Herausforderung/Lernfelder
Frieden	Krieg Verfolgung Vertreibung Flucht	Bedrohung, Traumatisierung, Angst und andere psychische Störungen, körperliche Strapazen, Heimatverlust
Diktatur Einseitige Macht Autorität Hierarchie	Demokratie	Muster wie Unterordnen und Anpassen und andere mit Selbstbestimmung und Selbstwirksamkeit erweitern
Ausgeschlossen sein Außenseiter Minderheit	Dazugehören	Gefühl, Teil einer Gemeinschaft zu sein, lernen
Meinungseinschränkung	Meinungsfreiheit	eigene Meinung bilden können
Entscheidungseinschränkung	Entscheidungsfreiheit	sich entscheiden können
Bildungseinschränkung	Bildungsfreiheit	sich mit (Weiter-)Bildung nicht überfordern
Mangelwirtschaft	Marktwirtschaft	Reizüberflutung verarbeiten und finanzielle Überforderung vermeiden
Armut Prekäres Milieu	finanzielle Sicherheit	Balance zwischen Sicherheit und Risikobereitschaft finden
Lernbeschränkung (z. B. nur auswendig lernen)	Lernfreiheit	freie Referate und Selbstpräsentation
Vollzeitbeschäftigung	Teilzeitbeschäftigung	Freizeit genießen können
Beschäftigungsverhältnis	Arbeitslosigkeit	neue Struktur und Perspektive finden
Reiseeinschränkung	Reisefreiheit	finanzielle und zeitliche Überforderung vermeiden, Fernweh ausbalancieren
Sesshaftigkeit	ständige Mobilität	mit ständig wechselnden Gegebenheiten (Instabilität) klarkommen
Einzelkind	Geschwister	anpassen, teilen, streiten, diskutieren, helfen, helfen lassen, Balance zwischen Nähe und Distanz finden
Single	Familie	Balance finden zwischen Autonomie und Abhängigkeit versus Selbstfürsorge und Familienorganisation

Vertraute Bedingungen	Fremde Bedingungen	Herausforderung/Lernfelder
Alleinerziehende/Familie	Alleinerziehende/Familie und Beruf	Work-Life-Balance
Kind in der Familie	externe Kinderbetreuung	Kind abgeben können
Wertlosigkeit von Geld Idealismus	hoher Geldwert Materialismus	Umgang mit Geld, Krediten und Schulden
Kollektivismus	Individualismus	an eigene Bedürfnisse denken sowie Selbstdarstellung und Konkurrenz

Die in der Tabelle als »vertraut« und »fremd« deklarierten Bedingungen wie beispielsweise vom »Ausgeschlossensein« zum »Dazugehören« können auch ausgetauscht werden. Durch den Tausch der vertrauten und fremden Bedingungen, also vom »Dazugehören« zum »Ausgeschlossensein«, spielen gegebenenfalls gegenteilige und andere Herausforderungen eine Rolle.

Das Ende des Zweiten Weltkrieges oder der DDR waren in Deutschland Momente, in denen gesellschaftliche und soziale Strukturen plötzlich zusammenbrachen. Die Veränderungen waren mit neuen, unvertrauten Vorgaben, Einstellungen und Werten verknüpft. Die Wahrscheinlichkeit von Habitus-Struktur-Konflikten kann bei einschneidenden Umbrüchen – besonders solchen, die zusätzlich Gewalt und Bedrohung auslösen und zu Flucht und Vertreibung führen – erhöht sein (Schmitt, 2010).

Die gesellschaftlichen Veränderungen 1989/1990 in Deutschland können bei manchen Menschen dazu geführt haben, dass sie die neuen Verhältnisse aufgrund ihrer habituellen Überzeugungen nicht mittragen bzw. akzeptieren konnten: Die Veränderungen ab 1989 haben zahlreiche Menschen mit ostdeutschem Habitus irritiert. Es ist denkbar, dass sich viele an die neue Freiheit beispielsweise in Bezug auf Selbstorganisation oder autonome Entscheidungen erst gewöhnen mussten. Auch die Möglichkeit und damit Fähigkeit, eine eigene Meinung vertreten und äußern zu können, war für viele neu. Für Themen wie z. B. Überstunden oder die Zurückhaltung beim Offenlegen der Höhe des Gehalts oder einem bestimmten räumlichen Abstand gegenüber Kolleg:innen mussten viele in einem neuen Umfeld – wie dem Arbeitsplatz in Köln nach einem Umzug von Dresden – erst eine neue Haltung und Einstellung finden. Die Weitergabe grundlegender Muster von Generation zu Generation in Fallbeispiel 4 zeigt, dass diese Themen auch heute noch eine Rolle spielen.

Bei Berater:innen oder Klient:innen erhöhen unbewusste ungelöste innerpsychische habituelle Irritationen die Wahrscheinlichkeit von Übertragungen und Gegenübertragungen in Supervision und Coaching, denn abgewehrte

Affekte bei Supervisand:innen können im aktuellen Geschehen in der Supervision als Übertragung reaktiviert werden. Diese Übertragungen können in Supervisor:innen eine Resonanz auslösen, die eine unbewusste Antwort provozieren: eine Gegenübertragung. Aus diesem Grund kommt dem Aufdecken von Habitus-Struktur-Konflikten in Form emotionaler oder mentaler Blockaden beispielsweise durch Abstiege im Milieu oder im Herkunftssystem sowohl bei der Beraterin selbst als auch beim Klienten eine besondere Bedeutung zu. Das Habitogramm ist eine Methode, solchen Mechanismen auf die Spur zu kommen.

Menschen in Kulturen wie Deutschland nehmen Habitus-Struktur-Konflikte zwischen oben und unten wahr, indem sie die Gesellschaft und ihre Milieus der Oberschicht mit Vorteilen und die der Unterschicht mit Nachteilen verbinden. Menschen aus anderen Kulturen, beispielsweise Personen mit türkischem Hintergrund, empfinden dagegen Unterschiede zwischen innen und außen. Die Orientierung an Familie, Verwandten und der ethnischen Gemeinschaft wird als wichtiger empfunden und mit mehr Vorteilen verbunden als der Fokus auf die Gesellschaft mit ihren Institutionen (El-Mafaalani, 2012). Das Fallbeispiel 13 zeigt, wie ein Fallmanager dies in der Arbeit mit dem Habitogramm entdeckte.

Derartige von gesellschaftlichen und kulturellen Unterschieden erzeugten habituellen Prägungen im Beratungsprozess zu beachten, kann Begleitung und Beratung positiv beeinflussen. Denn die im Habitus verinnerlichte Kultur ist für uns alle ein wichtiges Orientierungssystem, das uns Identität gibt. Habituelle Sichtweisen in einer bestimmten Kultur sind Maßstäbe für uns Individuen, was wir als »normal« und »unnormal«, »richtig« und »falsch«, »gut« und »böse«, »schön« und »hässlich« erachten.

Stangl (o. D.) weist unter Bezugnahme auf Bourdieu darauf hin, dass beispielsweise bei Generationskonflikten keineswegs das Alter der Konfliktparteien ausschlaggebend sein muss, sondern die jeweilige Habitusform, die sich unter bestimmten Bedingungen entwickelt hat. Das kann bedeuten, dass die Jüngeren bestimmte Praktiken oder Bestrebungen als selbstverständlich oder sinnvoll erleben, welche die Älteren als undenkbar und skandalös verübeln, oder umgekehrt. Solche Konstellationen können Widerstand und Aggression als Zeichen des trägen Habitus und eines vielleicht schon länger bestehenden Habitus-Struktur-Konfliktes sein. Einen solchen inneren Konflikt, der sich nur langsam lösen kann, stelle ich in Fallbeispiel 12 vor.

Auch der (geplante) berufliche Aufstieg eines Menschen kann durch verschiedene innere Konflikte, Ambivalenzen und Unsicherheit als Ausdruck von Habitus-Struktur-Konflikten überschattet werden, wie Westphal und Kämpfe (2017) sowie Spiegler (2015) zeigen, wenn

1. Eltern über den Bildungsweg ihres Kindes entschieden haben und dieses die elterliche Entscheidung ablehnt, aber nicht ändern kann.
2. Kinder sich für einen beruflichen Weg entscheiden dürfen, Eltern der Entscheidung bzw. dem Weg aber skeptisch bis ablehnend gegenüberstehen.
3. der berufliche Aufstieg eine hohe Mobilität mit sich gebracht hat. Diese kann der eher starren Unbeweglichkeit der Eltern gegenüberstehen.
4. die Karriere zu einer Entfremdung von Freunden und Familie führt und der Aufsteiger ihnen gegenüber unbewusst Gewissensbisse bekommt.
5. der Aufsteiger von Freunden, Eltern oder anderen Verwandten und Bekannten laute oder leise Vorwürfe bekommt, etwas Besseres sein zu wollen.

Auch bei Menschen wie Berater:innen oder Führungskräften, die nicht selten als Quereinsteiger:innen auch Bildungsaufsteiger:innen sein können, sind Habitus-Struktur-Konflikte mit Ängsten und Zweifeln möglich, weil Vertrautes wie Orte, Rituale, Redewendungen, Verhaltensmuster oder der vertraute Habitus des Gegenübers fehlen.

Spiegler (2015) weist darauf hin, dass die innere Suche nach dem Bekannten häufig durch Fleiß und Anpassung ausgeglichen wird. Selbstfürsorge, das Denken an sich, bleibt dabei oft auf der Strecke. Bestehende Unterschiede minimieren Aufsteiger schnell durch den Blick nach außen und die Orientierung an anderen. Dies kann bei Betroffenen – mitunter erst nach Jahrzehnten – zu einem Burnout-Syndrom führen, da sie an ihre Grenzen gehen und ihre Bedürfnisse vernachlässigen. Selbstmitgefühl und Selbstfürsorge (wieder) zu entdecken, ist deshalb bei innerdeutschen und internationalen Migrant:innen ein häufiger Beweggrund, aus dem sie Beratung und Supervision in Anspruch nehmen möchten.

Steht die Position eines Menschen im neuen sozialen Feld in starkem Widerspruch zu seinem bisher angeeigneten Habitus, kann dieser Konflikt Betroffenen das Gefühl geben, zwischen zwei Stühlen zu sitzen. Sie können unbewusst dem ständigen Bemühen unterliegen, beiden Seiten gerecht werden zu wollen oder zu müssen – den ursprünglichen Prägungen und der neuen Rolle, dem alten und dem neuen System, der bescheidenen Herkunft bzw. den einfachen Eltern und dem eigenen, anspruchsvollen oder grandiosen aktuellen Weg. Sie müssen sich möglicherweise ständig bewusst machen, was von ihnen verlangt und erwartet wird. Was für andere selbstverständlich ist, erfordert von ihnen eine bewusste Entscheidung: bestimmte Worte vermeiden, Floskeln benutzen oder Gesten in Interaktionen einbauen, weil sie typisch für das neue Milieu sind. Sie können in permanenter Anspannung sein, um vertraute Muster zu unterdrücken und neue Erwartungen zu erfüllen, weil sie befürchten, durch unangemessene oder deplatzierte Verhaltensweisen als Nicht-Dazugehörende im neuen System aufzufallen. Um den inneren Konflikt nicht regelmäßig zu befeuern und ihn erträglich zu halten, entscheiden sich Menschen aufgrund dieser Herkunftsscham mitunter dazu, ihren sozialen Hintergrund zu verschweigen, wenn sie nicht durch spezifische Merkmale wie Hautfarbe, Kleidung oder Dialekt unmittelbar Aufmerksamkeit auf sich ziehen und wenn explizites, sensibles Nachfragen Herkunft und Konflikt nicht aufdecken. Manchmal fehlt es Supervisand:innen, zum Beispiel Erzieherinnen oder Lehrerinnen, um Eltern nicht zu beschämen, an Mut, Probleme, verursacht durch die wahrgenommene Herkunft und ihre Folgen wie Armut, offen anzusprechen. Habitus-Struktur-Konflikte werden durch Nicht-Thematisierung nicht gelöst, sondern zu dauerhaften Begleitern. In der Literatur sind immer wieder Beispiele zu finden, die Hinweise auf Habitus-Struktur-Konflikte wie einen irritierten Habitus geben: Der Schriftsteller Heinrich Mann, dessen Mutter Kind eines deutschen Vaters und einer Brasilianerin war, schildert, wie seine Mutter einmal in ihrer Kindheit in Deutschland in einen Streit zwischen Pubertierenden geriet. Eine Gleichaltrige warf ihr vor, dass sie keine Brasilianerin sei und schon gar nicht eine Deutsche. Das Verhalten seiner Mutter später als Erwachsene beschreibt Mann als »überangepasst«, was durchaus den in der Kindheit erfahrenen habituellen Irritationen geschuldet sein kann (Eickhölter, 2022).

Wenn Menschen sich mit eigenen unflexiblen Mustern selbst im Weg stehen, wenn Introvertiertheit Offenheit verhindert oder ein Systemwechsel dazu führt, dass Menschen konträr gegenüberstehenden Bedingungen ausgesetzt sind, kann eine Adaption an neue Verhältnisse erschwert oder verzögert sein. Solche Ereignisse können durch sozialen Aufstieg zu Doppelzwängen führen: Das Alte und das Neue, das Vertraute und das Fremde stehen sich unvereinbar gegenüber.

Mit derart verunsichernden Ambivalenzen hatte teilweise auch Bourdieu selbst zu kämpfen. Er stammte aus einfachen Verhältnissen und konnte dennoch eine herausragende Ausbildung genießen und eine außergewöhnliche akademische Karriere beginnen. Er beschreibt sein Empfinden beim zeitlichen Zusammenfallen seiner Professur mit der Nachricht vom Tod seines Vaters als eine Mischung von Anmaßung und Verrat (Bourdieu, 2002). In »Das Elend der Welt« beschreibt Bourdieu, wie sein Vater ihn mit »Sei wie ich, mache es wie ich« und gleichzeitig einem »Sei anders, geh fort« so irritiert, dass er sich nicht nur zerrissen, sondern in ständiger Negation seiner selbst fühlt. Er bezeichnet derartige Habitus-Struktur-Konflikte als »gespaltenen Habitus« (Bourdieu, 2017).

Der Autor Didier Eribon beschreibt in seinem autobiografisch geprägten Roman »Die Rückkehr nach Reims« die Empfindungen eines gespaltenen Habitus als andauernden inneren Konflikt so: Die Spuren dessen, wie ein Mensch sozialisiert wurde, wirken im Erwachsenenalter fort, selbst dann, wenn die

Lebensumstände mittlerweile ganz andere sind und er glaubt, mit der Vergangenheit abgeschlossen zu haben. Das Unbehagen, zwei verschiedenen Welten anzugehören, die schier unvereinbar weit auseinanderliegen und doch in allem, was man ist, koexistieren, drängt genau dann an die Oberfläche, wenn man glaubt, es hinter sich gelassen oder zumindest neutralisiert zu haben. Eribon entdeckt wieder, wie der primäre Habitus, tief in ihm verborgen, in ihm arbeitet und auf ihn wirkt (Eribon, 2016).

Weitere Autoren (El-Mafaalani, 2012) sprechen in ihren Arbeiten von Habitusspaltungen, hier von Aufsteiger:innen mit türkischem Migrationshintergrund. Die Falldarstellung 5 (S. 125 ff.) im Kapitel »Habitogramm-Baustein Habitus-Blüte« zeigt eine Form, wie in der Beratung auf mögliche Habitusirritationen bzw. Habitusspaltungen hingewiesen werden kann und wie diese visuell veranschaulicht werden können. Denn nicht immer ist es möglich, notwendig oder sinnvoll, eine der Habitogramm-Varianten 1, 2 oder 3 einzusetzen. Mitunter ist es ausreichend, mögliche Auswirkungen von Veränderungen durch Mobilität und Migration, Auf- oder Abstiege aufzuzeigen, ohne weiter nach Ursachen und Zusammenhängen zu forschen.

Anders als Habitusirritation und Habitusspaltung ermöglicht eine Habitusmodifizierung im besten Fall zukünftig, zwischen der alten und der neuen Welt zu wechseln. Dies wird beispielsweise bei Telefonaten mit der Familie in der Heimat deutlich, wenn Betroffene problemlos und guten Gewissens in ihre Muttersprache oder ihren Mutterdialekt verfallen. Ein derart flexibler Habitus ist eine entscheidende Ressource, die innerdeutsche und internationale Migrant:innen, soziale Aufsteiger:innen, aber auch Bildungs- und Berufsaufsteiger:innen mit Habitusmodifizierung mitbringen.

Dieses habituelle Verständnis mit möglichen Verstrickungen, Irritationen, Spaltungen, Erweiterungen und Modifizierungen zu beleuchten, hat sich das Habitogramm zur Aufgabe gemacht. Methoden wie diese sollten deshalb Bestandteil der eigenen Reflexion als Supervisor:in, Input für die Beraterhaltung und Werkzeug in der Arbeit mit Kund:innen sein.

Ich sehe was, was du nicht siehst – Wahrnehmung und Haltung

Berater:innen sind grundsätzlich darauf angewiesen, ihr Umfeld – hier die Supervisand:innen – über ihre Sinne, aber auch über die in sich auf die emotionalen Schwingungen des Gegenübers aufsteigende Resonanzantwort wahrzunehmen. Diese Informationen und daraufhin einsetzende kognitive Prozesse machen es möglich, die Reize zu interpretieren.

Aufgrund meiner Erfahrungen vermute ich, dass Berufsgruppen, die mit Menschen arbeiten, in Ausbildung, Studium oder Fort- und Weiterbildung nicht immer angemessen darin geschult werden, sich ihre eigenen überdauernden Dispositionen und später im Beruf die des Gegenübers ausreichend bewusst zu machen. Die habituelle Gewohnheitsbildung kann nicht nur Klient:innen selbst behindern, sondern auch verhindern, dass unwillkürlich gewählte Interventionen, Fragen und unbewusste Reaktionen von Supervisor:innen bzw. Coaches den Aufbau einer vertrauensvollen Arbeitsbeziehung stören oder verhindern. Unreflektiert kann dies zum Dilemma führen.

Guter Wille und bewusstes Bemühen um eine offene und einladende Haltung anderen Menschen gegenüber werden regelmäßig unbewusst konterkariert, weil durch vertraute oder fremde habituelle Dispositionen des Gegenübers emotionale Schwingungen ausgelöst werden. Diese haben Mikrobewegungen in Gestik, Mimik und Körperhaltung zur Folge, welche der andere wiederum infolge seiner habituellen Erfahrungen unbewusst deutet und bewertet. Dies führt mitunter zu Fehleinschätzungen und beeinträchtigt auch Intervention, Beratungsverlauf und Beratungserfolg.

Eine Grundhaltung, ohne die Supervision und Coaching undenkbar sind, ist die der Haltung um das Verständnis von Subjektivität und subjektiver Wahrnehmung. Für den Einzelnen ist das wahrgenommene Umfeld objektive Realität. Wegen seiner begrenzten subjektiven Erfahrungen bleibt diese Objektivität für den Menschen aber beschränkt. Dennoch ist es nicht auszuschließen, dass selbst erfahrene Berater:innen – besonders in Stresssituationen – unbewusst auf einer bestimmten, habituell angeeigneten Einstellung einem Thema gegenüber, beispielsweise unter Kolleg:innen, beharren. Umso wichtiger ist es, sich die Zusammenhänge der Konstruktion der eigenen Wirklichkeit immer wieder bewusst zu machen und zu erkennen. Für Supervisor:innen, aber auch Supervisand:innen gilt gleichermaßen: »Ich sehe was, was du nicht siehst«, das heißt, dass alles, was eine Person sieht, hört, empfindet und denkt, ihren individuellen Erfahrungen entspricht, die auch ihre Wahrnehmung so verändern, dass sie als ureigene Art und Weise, die Außenwelt zu erfassen, angesehen werden können.

Müller und Gelbrich (2013, 2021) beschreiben ausführlich, wie und weshalb gesellschaftliche Verhältnisse und damit die Kultur eines Landes die Wahrnehmung und Motivation, Einstellungen und Emotionen sowie das Verhalten und den Habitus von Menschen – und damit unter anderem ihre Art zu kommunizieren und zu konsumieren – beeinflussen können.

Ein tieferes Verständnis gelingt auch hier mit einem Blick auf das Gehirn und die zugrunde liegende Hirnaktivität, die auf das Zusammenspiel bewusster und unbewusster Prozesse ausgerichtet ist. Diese unterscheiden sich unter anderem durch ihre Leistungsfähigkeit – also die Geschwindigkeit und Präzision oder Qualität – und ihre Kapazität – also die Größe der Speicherfähigkeit oder Quantität.

Um Klient:innen an bisher möglicherweise unbewusste, überdauernde Muster und bewusste Prozesse heranzuführen, die von habituellen Automatismen beeinflusst werden, hat es sich bewährt, mit dem Habitogramm zu arbeiten und zusätzlich das bekannte Eisbergmodell heranzuziehen. Es wurde ab den 1970er Jahren von Floyd L. Ruch und Philip G. Zimbardo (1978) verbreitet. In der Literatur wird das Modell immer wieder aufgegriffen und von verschiedenen Autor:innen als Erklärungsmodell für unterschiedliche Themen genutzt, auch für die menschliche Kommunikation. Es eignet sich aber vor allem als Schema für die Vorstellung bewusster und unbewusster Abläufe im Gehirn und in welchem Maß, Bewusstheit von unbewussten Prozessen beeinflusst werden kann. Dabei lassen sich unterschiedliche Aussagen dazu finden, wie groß der Anteil des unter der Wasseroberfläche befindlichen Teils des Eisberges ist. Er wird mit 85, 90, 95 oder 98 Prozent unterschiedlich angegeben. Folgt man der Literatur, würde der Anteil der Bewusstheit – der Teil, der über der Wasseroberfläche liegt – demnach zwischen 2 und 15 Prozent umfassen.

Neurobiologen wie Gerhard Roth (2007) schätzen, dass dem Menschen nur etwa 0,1 Prozent dessen, was das Gehirn aktuell tut, bewusst wird. Studien haben ergeben, dass der Mensch bewusst mit seinem Verstand nur circa vierzig bis fünfzig Bits pro Sekunde aufnehmen oder verarbeiten kann, wobei ein Bit die Basiseinheit einer Information ist. Das heißt, das Bewusstsein kann nur wenige Informationseinheiten präzise bewältigen und ist dabei relativ langsam.

Das Unbewusste dagegen kann schnell mit etwa elf Millionen Bits an Sinneseindrücken pro Sekunde arbeiten. Es kann unbewusst Informationen aufnehmen, filtern, abgleichen und bewerten sowie Reaktionen auslösen bzw. beeinflussen. Lediglich ein Bruchteil davon dringt ins Bewusstsein (Roth, 2007). Dijksterhuis, ein niederländischer Sozialpsychologe und Bewusstseinsforscher, verweist darauf, dass nur die Impulse, die zu wahrnehmbaren Gedanken, Gefühlen oder Sinneseindrücken führen, dem Menschen bewusst werden können (Dijksterhuis, 2010).

Mithilfe der schematischen Darstellung des Eisbergmodells können Klient:innen einordnen, dass die unter der Wasseroberfläche liegenden Muster – gebildet aus individuellen Erfahrungen – dafür verantwortlich sind, was der jeweilige Mensch wahrnimmt, sieht, hört und spürt, aber auch, auf Basis welcher Regeln, Normen und Werte sowie Überzeugungen, Ansichten und Haltungen sich diese Automatismen entwickeln konnten. Auch die Formulierung »Wir sehen, hören und fühlen, was wir glauben wahrzunehmen« wird so verständlich. Denn das Gehirn kann bewusst nur einen kleinen Teilbereich der Außenwelt fokussieren, und zwar den Teil im Außen, der aufgrund bisheriger Erfahrungen spontan (unbewusst) von Gehirnstrukturen als wichtig erachtet wird. Vom Unbewussten wird dabei das »angeboten« und vorgeschoben, was sich bisher bewährt hat. Das Gehirn als menschliches Organ kann selbstverständlich nicht einschätzen, ob dieser Teilbereich das ist, was aktuell im Erwachsenenalter tatsächlich sinnvoll wäre, zu fokussieren und zu verfolgen.

Der großen Leistungsfähigkeit (Quantität) des Unbewussten steht eine größere Präzision (Qualität) des Bewusstseins gegenüber. Wenn der Mensch sich auf einen Aspekt konzentriert, kann er Aufgaben exakt lösen. Sind viele verschiedene Umstände zu berücksichtigen, verlässt sich das Gehirn auf die im Verlauf der Sozialisation und später unbewusst gebildeten Muster. Radfahren ist beispielsweise ein Automatismus, in dem unbewusste Abläufe und bewusste Reaktionen ineinandergreifen: Unbewusst ablaufende Prozesse, die durch Üben und Wiederholen als umfassende Muster im Gehirn abgespeichert wurden wie Treten, Lenken und Gleichgewicht halten, geradeaus, nach rechts und links fahren, können effektiv kombiniert werden mit bewussten Aktionen, wie Eingreifen durch plötzliches Bremsen vor einem Hindernis.

Das Gehirn speichert alles, was wahrgenommen, aufgenommen und durch wiederholte Situationen als relevant für den betreffenden Menschen befunden wurde. Dadurch legt es Automatismen an und schafft damit die Basis, um in schwierigen Situationen oder wichtigen Momenten blitzschnell unbewusst reagieren zu können. So kann der Mensch sich parallel zu ablaufenden unbewussten Prozessen auch unterhalten, Ideen und Pläne für die Zukunft entwickeln oder Bedürfnisse befriedigen, wobei derartige bewusste Aktionen stetig von unbewussten Impulsen beeinflusst werden.

Wie ich im Kapitel »Gewohnheitsbildung und ihre Folgen« geschildert habe, zählen zu diesen unbewussten Impulsen auch somatische und intuitive Erfahrungen, die in früher Kindheit – im vorsprachlichen Alter – erworben wurden und die das Wahrnehmen, Empfinden, Spüren und Fühlen betreffen. Auch gehören die damit später im Sprachalter verbundenen gedanklichen Bewertungen und Urteile dazu, die zu kognitiven Automatismen wurden. Darauf aufbauend haben sich Verhaltensweisen und Reaktionen auf andere Menschen und das Umfeld unbewusst gebildet. Dabei ist wichtig, sich vor Augen zu führen, dass Kinder von der Körpersprache ihrer nächsten Bezugspersonen unbewusst lernen, von deren emotionalen Schwingungen und Reaktionen, Haltungen und Meinungen über andere Menschen und die Welt. Diese gewissermaßen in Fleisch und Blut übergegangenen frühen unbewussten habituellen Dispositionen beeinflussen uns Menschen ein Leben lang, da sie für uns alle grundlegend sind. Später verführen sie dazu, unbewusst zu glauben, dass das, was man wahrnimmt, auch das ist, was andere sehen und hören und damit denken und fühlen. Das Gelernte ist vertraut und erzeugt in Beziehungen unbewusst Sympathie. Das, was einem an Erfahrungen fehlt oder was von Eltern abgelehnt wurde, wird als fremd wahrgenommen und löst unbewusst Antipathie aus. Supervisor:innen und Coaches sind deshalb gut beraten, wenn sie ihren Augen und Ohren nicht trauen, sondern diese Aspekte verinnerlichen und sich mögliche Folgen, wie ich sie später mit der Matrix BIFF vorstellen werde, vor Augen führen.

Beraterinnen sind z. B. beim ersten Zusammentreffen mit Klienten gefordert, unbewusste Muster abzurufen, um unwillkürlich zu prüfen, wie der andere einzuschätzen ist. Evolutionsbedingt können Supervisand:innen spontan unbewusst als vertraut oder fremd wahrgenommen werden. Feinste Signale beim Gegenüber halfen während der Evolution zu bewerten, ob Freund oder Feind vor einem stand, und dienten damit der eigenen Sicherheit. Diese Unterscheidung hat lange Zeit zuverlässig das Überleben der Menschen in der eigenen Sippe gesichert. Entsprechend den eigenen Erfahrungen entwickeln wir auch heute noch unbewusst Reaktionen, auch Sympathie oder Antipathie, ohne den anderen bisher bewusst kennengelernt zu haben. Durch die Auseinandersetzung mit habituellen Erfahrungen und ihren Ursachen, also gesellschaftlichen Hintergründen und familiären oder milieuspezifischen Zusammenhängen, können bisher unbewusst ablaufende Reaktionen aufgedeckt und bewusst verändert werden. Die Sensibilisierung für habituelle Unterschiede mit dem Habitogramm und für mögliche Folgen mit dem nachfolgend vorgestellten Methodenbaustein Matrix BIFF macht es im Prozessverlauf möglich, dass Supervisor:innen die

Wirkung eigener spezifischer Muster auf Supervisand:innen besser einschätzen können. Als Konsequenz daraus ist es für sie beispielsweise einfacher, anders als bisher Fragen zu formulieren sowie Antworten zu bewerten und gezielter zu hinterfragen.

Eine für den Habitus sensibilisierte Wahrnehmung kann neben den Kontakt zu Klientinnen auch jenen zu anderen Supervisoren verändern. Denn Gefühle von mangelnder Wertschätzung oder Diskriminierung entstehen bei anderen weniger durch bewusste, aktive Übergriffe, sondern eher durch Missverständnisse aufgrund verborgener Voreingenommenheit oder durch Unterlassung von etwas und damit durch unbewusste Bevorzugung derer, die zur eigenen Gruppe gehören, wie beispielsweise im Westteil oder Ostteil Deutschlands Sozialisierte. Missverständnisse und Vorurteile – im Elternhaus geprägt und nicht modifiziert – können sich dabei auf eine bestimmte Kultur oder auch auf Personengruppen wie Homosexuelle oder Menschen einer bestimmten Profession, auf Geschlecht oder Altersgruppe beziehen (Banaji u. Greenwald, 2015).

Haltung heißt Halt geben

Haltung ist also eine Form der Aufmerksamkeit und Wachheit in Verbindung mit einer Instanz im Hintergrund, die das eigene Tun wahrnimmt, beobachtet und überwacht. Mit der entsprechenden Haltung können sich Überzeugungen entwickeln, die einen authentischen Selbstbezug und eine angemessene Selbstkompetenz ermöglichen. Die professionelle Haltung von Berater:innen fungiert wie ein innerer Kompass und bewirkt Stabilität, Nachhaltigkeit und Kontextsensibilität im Urteilen und Handeln (Schwer u. Solzbacher, 2014).

Die Erweiterung des Selbstverständnisses durch bewusstes Reflektieren angeeigneter Norm- und Wertvorstellungen verhindert, dass fest verankerte Muster unbewusst und unbeabsichtigt in Interaktionen mit Supervisand:innen einfließen. Das Aufnehmen theoretischen Wissens, Aneignen von Methoden, Verinnerlichen ethischer Grundsätze und Verknüpfen mit Selbstreflexionserfahrungen macht es möglich, professionell zu agieren.

So geschulte Berater:innen, Supervisor:innen, Coaches und andere Personengruppen erlangen eine ausgeprägte professionelle Haltung und stärken ihren beruflichen Habitus. Oevermann (2001) ist überzeugt, dass es für die Ausübung von Berufen, die keine Standardisierbarkeit des beruflichen Handelns aufweisen, notwendig ist, sich einen spezifischen beruflichen Habitus zu erarbeiten. Nicht standardisierbaren professionellen Tätigkeiten gemeinsam ist, dass sie so individuell und unberechenbar sind, dass für konkrete Situationen keine spezifischen Handlungsmuster zur Verfügung stehen. Umso wichtiger ist es, unter anderem zu verhindern, dass Abhängigkeiten entstehen oder bestehende verstärkt werden (Becker-Lenz u. Müller, 2009). Das Habitogramm trägt dazu bei, Grundtendenzen wie Abhängigkeit rechtzeitig zu erkennen und gegensteuern zu können bzw. Klient:innen in ihrem Autonomiebestreben zu stärken. Die hier vorgestellte Methode gehört deshalb zum Rüstzeug für beratendes und supervisorisches Handeln und ermöglicht gleichzeitig authentisches Auftreten in Beruf und Alltag.

Mit jedem Arbeitsschritt im Habitogramm wird geschult, wie unterschiedlich die habituellen Erfahrungen von Beratern und Klientinnen sein können. Damit wird mehr und mehr klar, wie im Beratungsprozess nicht nur auf die Worte, sondern vielmehr auf Nonverbales reagiert wird. Mimik, Gestik, Blickkontakt, Körperhaltung und Ausnutzung des zur Verfügung stehenden Raums sind wertvolle Informationen, die das Gehirn aufnimmt und verarbeitet, um diese Signale einschätzen zu können. Selbst Gerüche, Kleidungsstil, Frisur, Schmuck oder Körperpflege beeinflussen Berater und Begleiterinnen, aber auch Kunden, Klientinnen und Patienten unbewusst. Deshalb ist es unerlässlich, sich der eigenen Prägungen, die zu Vorlieben, Abneigungen, Sympathien und Antipathien führen, bewusst zu werden.

Das Aneignen einer professionellen Haltung ist ein stetiger Lernprozess, da von der habituellen Disposition ausgelöste unbewusste Impulse des Supervisors bzw. der Supervisorin vermeintlich von ihnen bewusst getroffene Entscheidungen, Reaktionen und Interventionen immer wieder beeinflussen können. Nicht wahrgenommene und nicht reflektierte eigene Schwingungen oder die des anderen können unter anderem zu unangemessener Verbrüderung, übertriebenem Misstrauen, automatisierten Urteilen, Klischees und Stereotypen infolge einer bestimmten unbewusst wahrgenommenen oder vermuteten Gruppenzugehörigkeit führen. In solchen Situationen gibt die Haltung keinen Halt mehr. Deshalb sind als Lernfelder die Gewohnheiten zu identifizieren, die es durch die Habitualisierung erschweren oder verhindern, bestimmte Haltungen, Sichtweisen, Einstellungen annehmen und andere Denkmuster entwickeln zu können. Es lohnt sich, in Kontrollsupervision oder kollegialer Beratung zu fragen: »Was sehe ich nicht?« und »Was vermeide ich gern?«. So wird es möglich, sich habituelle Begrenzungen und sozial bedingte, unbewusste Barrieren bewusst zu machen. Auf dieser Basis kann sich in Verbindung mit der Aneignung bestimmter ethisch-moralischer Orientierungen ein professioneller Habitus von Supervisor:innen entwickeln. Dieser schließt ein, dass handlungsfeldübergreifende Werthaltungen im Beruf und im privaten Alltag gelebt werden können.

Habituell erworbene stereotype Vorstellungen können wie beschrieben zäh sein. Zu jeder dieser Vorstellungen besitzen alle Beteiligten Bilder im Kopf. Wenn lediglich ein Thema vom Klienten angeschnitten und keine näheren Details dazu erzählt oder von der Beraterin erfragt werden, die an der automatisch zur Verfügung gestellten Idee zu diesem Thema rütteln, kann die Vorstellung über etwas, was nicht förderlich ist, verfestigt und die stereotype Überzeugung vertieft werden.

Eine professionelle und damit auch habitussensible Haltung schließt ein, vorschnelle Bewertungen von vermeintlich Vertrautem und aufsteigende Empfindungen und Gedanken aufgrund der Wahrnehmung von Fremdem bewusst werden zu lassen, sodass sie nicht zur Basis unbewusst ablaufender Prozesse werden. Die reflektierte, habitussensible Haltung von Berater:innen beeinflusst Handlungen, Denken, Fühlen und Ziele so, dass es gelingt, ein Bild vom eigenen und dem Habitus der Klient:innen zu entwickeln, diese abzugleichen und daraufhin bewusst zu agieren (Sander, 2014).

Den eigenen Habitus und den des Gegenübers zu berücksichtigen, sollte in Aus- und Fortbildung von Supervisorinnen, Coaches und Beratern sowie bei weiteren Berufsgruppen, die Menschen begleiten und betreuen, eine wesentliche Rolle spielen. Von der Deutschen Gesellschaft für Supervision und Coaching (DGSv) zertifizierte Supervisor:innen beispielsweise richten sich nach den von der DGSv aufgestellten Kriterien für eine Grundhaltung in Supervision und Coaching (DGSv, o. D.). Zu diesen Kriterien gehören
- Wertschätzung der eigenen Person und anderer Menschen,
- Ressourcenorientierung,
- Eröffnung von Perspektiven,
- persönliches Engagement,
- kritische Distanz in Verbindung mit Einfühlung,
- das Aushalten von Widersprüchen und Spannungen
- sowie das Interesse an Unterschiedlichkeiten und gesellschaftspolitisches Interesse.

Diese Grundhaltung kann mit dem Habitogramm explizit geschult werden.

Als weiterer Aspekt für eine professionelle Haltung von Supervisor:innen setzt der Berufsverband DGSv Überparteilichkeit voraus. Diese umfasst, sich nicht nur in an einem Konflikt beteiligte Anwesende einfühlen und hineindenken zu können, sondern auch Nichtbeteiligte wie die organisationale Ebene im Blick zu haben. Von Schlippe und Schweitzer definieren Allparteilichkeit als Fähigkeit, für alle Mitglieder – beispielsweise eines Teams – gleichermaßen Partei ergreifen zu können, und die Fähigkeit, die Verdienste jedes Mitgliedes anzuerkennen (von Schlippe u. Schweitzer, 2007).

Überparteilichkeit bzw. Allparteilichkeit bezieht sich damit auf alle internen und externen Personengruppen, die von der Beratung gegenwärtig oder in Zukunft direkt oder indirekt betroffen sind. Häufig wird in Beratung auch von Neutralität gesprochen. Da Berater:innen im Prozess Beteiligte sind und auf vom Gegenüber Wahrgenommenes reagieren, kann ihre Haltung nicht neutral und wertfrei sein. Sie müssen blitzschnell – und deshalb eher unbewusst – deuten, um für die Wahrnehmung angemessene Fragen und Interventionen zu finden. Je genauer die Informationen sind, die zum Gegenüber vorliegen, umso hilfreicher können Reaktionen und Interventionen sein.

Berater:innen sind dann neutral im Sinne von systemübergreifender Loyalität oder Allparteilichkeit, wenn Klient:innen im Setting nicht wahrnehmen, dass eine Person bevorzugt wird, welche Haltung der Berater zur vorgetragenen Problematik hat und welche Ideen er zur Lösungsfindung bevorzugt. Bei der Nutzung von Hypothesen muss deshalb diesem Aspekt Rechnung getragen werden, indem explizit darauf hingewiesen wird, dass sie lediglich als Denkanstoß dienen und zum Nachdenken anregen sollen, aber keinem Wahrheitsanspruch unterliegen.

Mit Habitussensibilität können von Unterschiedlichkeit und gegensätzlichen Haltungen einzelner Teilnehmender ausgelöste eigene Impulse genutzt werden, um Hintergründe von Konflikten aufzudecken, Zusammenhänge zu erkennen und Veränderungen individuell anzuregen. Wenn bisher Unbewusstes ins Bewusstsein integriert ist, kann die professionelle Haltung Klientinnen und Supervisanden gegenüber ausgebaut werden. Diese Haltung respektiert, nimmt wahr und beachtet, welcher Verwundbarkeit, Empfänglichkeit und Empfindlichkeit Berater und Klientin wechselseitig ausgesetzt sind (Horak, 2011).

Was ich übersehen kann

In jedem Setting, in dem Menschen miteinander arbeiten, besteht die Gefahr, Wichtiges zu übersehen. Mit dem Habitogramm dagegen kann für beide Seiten, Supervisor:in und Supervisand:in, die Wahrscheinlichkeit erhöht werden, habituelle Gewohnheiten aufzudecken und durch neue Erfahrungen zu erweitern. Nachfolgend stelle ich zwei Themen exemplarisch vor, um mit ihnen zu zeigen, was nicht übersehen werden sollte.

Abwehrmuster

Die Methode des Habitogramms kann in Beratung von Einzelnen, Teams oder Gruppen dazu beitragen, Konflikte zu entschärfen, indem unterschiedliche Sozialisationsprozesse – die jeweils subjektive Wahrnehmungen und subjektive, von eigenen individuellen Erfahrungen gefärbte, Reaktionen auslösen – als eine mögliche Problemursache gesehen und gewürdigt werden. Als Werkzeug eingesetzt, kann das Habitogramm Bewusstheit fördern, die Haltung aller Beteiligten verändern und berücksichtigen, dass jeder seinen eigenen Entwicklungsstand, sein eigenes Tempo und ein unterschiedliches Maß an Grundbedürfnissen wie Sicherheit, Bindung, Selbstwerterhaltung oder Unlustvermeidung hat. Diese durch Selbstreflexion z. B. in Supervision oder Coaching erlangten Erfahrungen werden wiederholt und dadurch verinnerlicht, erweitern den Horizont aller Beteiligten. So wird nicht nur dem Ziel von Berater:innen – der Stärkung ihrer professionellen Haltung – Rechnung getragen, sondern auch dem Ziel von Supervision und Coaching, dass jeder Respekt sowie Schutz seiner Individualität und Integrität erhält.

In der Arbeit mit dem Habitogramm entscheiden Berater:innen unter anderem, wie mit von ihnen aufgedeckten inneren Widersprüchen bei Klient:innen sinnvollerweise im weiteren Prozessverlauf umzugehen ist, ob sie aufgelöst werden können oder als aktuell notwendige Abwehranteile zum Selbstschutz der Person gewertet und stehen gelassen werden sollten.

Ein Beispiel für Abwehrprozesse infolge habitueller Erfahrungen und ihnen widersprechender Bedingungen im beruflichen Alltag zeigt Möller (1998, S. 211–224) anschaulich für Mitarbeitende, die mit Mörder:innen arbeiten. Supervisorinnen, die im Maßregelvollzug tätig sind, werden auf den Umgang von Supervisanden mit möglichen inneren Konflikten und ihrem Gefühl der Machtlosigkeit aufmerksam gemacht. Diese können inneren Widersprüchen mit Einstellungen begegnen wie: »Es sind Mörder, ob ich mit ihnen arbeite oder nicht«, »Wenn ich es nicht mache, tun es andere«, »Einen Job zu haben, ist mir wichtiger, als auf meine Werte zu schauen«, »Es geht niemanden etwas an, was ich über die Menschen denke, mit denen ich arbeite«, »Ich habe wenigstens einen Job, alles andere ist nicht so wichtig«, »Mörder sind auch Menschen«, »Ich will mir keinen neuen Job suchen« oder »Jemand muss den Job ja machen«.

Nicht nur Supervisor:innen, die mit Angestellten der forensischen Psychiatrie oder des Maßregelvollzugs arbeiten, sollten beim Gegenüber mögliche habituelle Konflikte in Betracht ziehen. Denn von gelernten, verinnerlichten Haltungen und auf bestimmten Werten basierenden Überzeugungen ausgelöste Dissonanzen können ohne bewusste Reflexion mitunter nur durch unbewusste kognitive Abwehr gelöst werden. Dieses Abwehren von unlösbaren inneren Konflikten erzeugt unter Umständen auch im Supervisor selbst Widerstand und stört den Beratungsprozess.

Mit dem Habitogramm lassen sich Übertragungs- und Gegenübertragungsprozesse reduzieren, indem innere Konflikte und der unbewusste Umgang mit ihnen aufgedeckt werden. Die vorgestellte Möglichkeit innerer Zerrissenheit bei Menschen, die mit Mördern arbeiten, könnte mit bewusster Auseinandersetzung bei Betroffenen ans Licht bringen: »Ich habe ein Problem, mit Mördern zu arbeiten.« Aufgabe von Supervision ist es unter anderem auch, das Bewusstsein für Ambivalenzen zu fördern und Supervisand:innen zu unterstützen, Lösungen zu finden, wie sie trotz des inneren Konfliktes ihre Handlungsfähigkeit und das Gefühl von Kompetenz erhalten oder (wieder)herstellen können (Möller, 1998).

Die Arbeit mit dem Habitogramm kann nicht nur das Bewusstsein für derartige komplexe Zusammenhänge bezüglich habitueller Dispositionen beim Gegenüber wecken, sondern auch Supervisor:innen selbst helfen, indem sie mit der Methode eigenen Wahrnehmungen, wie z. B. einem Zustand innerer Zerrissenheit, und deren Ursachen auf die Spur kommen. Durch Selbstreflexion bietet das Habitogramm Supervisoren:innen die Möglichkeit, nachträglich zu bewerten, was Auslöser ihrer Wahrnehmung war, und gezielt zu entscheiden, wie sie mit ihr umgehen. Sie können ihre Reaktion als Folge eigener Erfahrungen oder als Resonanz auf das Gegenüber identifizieren und bewusst stehenlassen oder den Eindruck, etwa einer inneren Zerrissenheit, der Supervisandin als Hypothese zu ihrer Befindlichkeit zur Verfügung stellen. Durch diesen bewussten Akt verhindern Supervisoren, dass in ihnen selbst von Dissonanzen ausgelöst innere Abwehr entsteht, die wiederum zu Gegenübertragung führt.

Habituelle Wahrnehmungs-, Deutungs- und Denkmuster sind gelernte Bewältigungsstrategien, um Konflikte zu lösen. Diese Schemata dienen der Anpassung an bestimmte Erfordernisse des aktuellen sozialen Feldes. Sie wurden im Rahmen der Sozialisierung unter bestimmten gesellschaftlichen, milieubedingten und familiären Verhältnissen gelernt und beruhen auf diesen kollektiven unbewussten Vorgaben. Der angeeignete habituelle Kern gibt dem Geist, der Psyche und dem Körper eines Menschen unbewusst Halt und Struktur. Ohne bewusste Reflexion und ohne explizite Erklärung von Zusammenhängen sind diese Strukturen dem Bewusstsein nicht zugänglich. In solchen Fällen können die Strukturen spontane Reaktionen wie die beschriebenen Abwehrmuster auslösen, die unreflektiert zu belastenden inneren Konflikten werden können.

Es stärkt die professionelle Haltung als Supervisorin, im Blick zu haben, wie habituelle Grundstrukturen den Beratungsprozess möglicherweise beeinflussen. Ein solches Wissen ist eine gute Voraussetzung, um mögliche Irritationen beim Supervisanden vorausschauend zu verhindern. Beispielsweise sollten die in der Habitualisierung begründeten Vorlieben und eigenen Ansprüche von Berater:innen immer wieder mit den tatsächlichen Gegebenheiten und Erwartungen von Klient:innen abgeglichen werden. Das Habitogramm bietet dafür die Möglichkeit.

Unterschiedliche kulturelle Erfahrungen

Ein weiteres Thema, um aufzuzeigen, was nicht übersehen werden sollte, ist die Berücksichtigung der Auswirkungen von Flucht, Vertreibung, Auswanderung und Umzug nach Deutschland sowie sozialer Mobilität innerhalb Deutschlands, wie im Kapitel »Habituserweiterung und Habitus-Struktur-Konflikte« (S. 47 ff.) beschrieben. Es ist allgemein bekannt, dass sich Kulturen unter anderem auch durch unterschiedliche Denk- und Verhaltensweisen auszeichnen. Solche durch verschiedene Habitualisierungen ausgelöste Eigenheiten können für Konflikte in Supervision und Beratung verantwortlich sein.

Im Kontext von Beratung und Supervision ist es deshalb wichtig zu berücksichtigen, dass bei der Begegnung von Menschen aus dem gleichen Kulturkreis Vertrautes als normal, richtig und gut bewertet wird. So können Haltungen entstehen, dass nur dies oder jenes möglich ist. Begegnen sich Menschen aus einer anderen Kultur, führt das Fremde mitunter dazu, dass es als falsch und unverständlich empfunden wird (Wagner, 1999). Ein Sowohl-als-auch fällt besonders direkt nach einem Zuzug schwer. Derartige Entwicklungen können Integrationsprozesse verzögern.

Der durch internationale Migration in deutsche Regionen Eingereiste setzt sich notwendigerweise mit Normen und Gegebenheiten in der jeweils neuen Kultur auseinander und versucht diese zu verinnerlichen. Seine typischen unbewussten Gewohnheiten legt er dabei nicht völlig ab, sie können allerdings durch neue Muster ergänzt werden. Bei Migranten stoßen Supervisorinnen in Einzelfällen unbewusst auf ihnen unbekannte, mitunter unangenehme Eigenheiten, die sie nicht zuordnen können. Das Fremde birgt unreflektiert die Gefahr von Ablehnung, Antipathie und Fehlinterpretation mit Klischees und Vorurteilen auf beiden Seiten.

Muster im Denken, Fühlen und Handeln haben – nicht nur international – unterschiedliche Bedeutungen und damit Interpretationsmöglichkeiten. Emotionen können auf verschiedene Art und Weise ausgedrückt werden oder es kann ein Fauxpas sein, sie anzusprechen. Es ist sinnvoll, sich mit spezifischen Regeln, gesellschaftlichen, milieubedingten oder familiären Normen im Herkunftssystem der Klient:innen, in denen sie geboren und aufgewachsen sind, zu befassen. Denn einmal im bekannten Lebensraum erworbene habituelle Erfahrungen mit Menschen und ihren Körperhaltungen beeinflussen unbewusst auch aktuelle Wahrnehmungen im fremden Feld. Sie verleiten dazu, andere Personen entsprechend den bisherigen Erfahrungen zu bewerten und ihnen Kompetenz zu- oder abzusprechen. Doch nicht nur unbewusst kann das Fremde Ablehnung auslösen. Wie später ein Fall aus der Praxis zeigen wird, können selbst erfahrene Berater:innen ungewohntes Auftreten von Klient:innen als nicht echt oder unsicher bewerten und ihnen fehlende Kompetenz unterstellen (Kühl, 2008).

Unreflektierte Interpretationen fremder Kultur sind Folge fehlender Erfahrungen. Mit dem Habitogramm können derartige Zusammenhänge erkannt, Missverständnisse aufgeklärt und dadurch zukünftig reduziert werden. Es regt an, sich neben Hintergrundwissen zum Habitus auch mit konkreten Aspekten im Rahmen interkultureller Kompetenz zu beschäftigen. So ist es je nach Anliegen und Herkunft der Klient:innen sinnvoll, sich mit spezifischen milieubedingten und gesellschaftlichen Besonderheiten und daraus resultierenden habituellen Prägungen auseinanderzusetzen. Um sie einschätzen zu können, sollten Berater:innen ihre Fähigkeit, Gefühle zeigen, ansprechen und regulieren zu können, sowie ihre Körperhaltung, Gesten und deren Wirkung hinterfragen (Liu, 2007, 2022). Beispielsweise bedeutet in Deutschland ein Daumen nach oben: »Es ist alles okay.« International kann die Geste eine andere Bedeutung haben und als eine Beleidigung oder als Zeichen für Homosexualität interpretiert werden (Flüge.de, o. D.).

Auch spezifische Redewendungen, Möglichkeiten von Kompromissbereitschaft und Anpassungsfähigkeit, der Umgang mit Neugier, Offenheit und Selbstreflexion sowie ein zwar notwendiges, aber habituell nicht eingeräumtes Mitspracherecht können von besonderer Bedeutung sein. Ebenfalls eine Rolle spielen das Maß oder die Art, wie Toleranz, Mitgefühl, Respekt, Akzeptanz und Achtsamkeit gelebt oder gezeigt werden, sowie Kritikfähigkeit, die Art der Konfliktklärung und die Haltung sich selbst und anderen gegenüber. So lassen sich für Klientinnen beschämende und für Begleiter frustrierende Erfahrungen vermeiden.

Bei geflüchteten oder jungen Menschen, besonders wenn sie aus fremden Kulturkreisen stammen, ist kritisch abzuwägen, inwieweit und auf welche Art und Weise man sie im Einzelgespräch, vor allem aber in Gruppen auf ihre Herkunft anspricht. Hier ist viel Fingerspitzengefühl gefragt, da sich hinter ihren Geschichten möglicherweise Traumata verbergen, die Scham, Ängste und Trauer, aber auch Retraumatisierung auslösen können. Geflüchtete können Eltern und andere wichtige Personen auf der Flucht verloren haben oder mussten sie in der Heimat zurücklassen. Auch wenn es sich im Rahmen der Migration weder um Krieg oder Flucht handelt, lösen Fragen zur Herkunft mitunter biografie- oder kulturbedingt Widerstand aus. Dahinter können sich fehlende Kenntnisse über leibliche Elternteile, Kinderheimerfahrungen, Erfahrungen mit Stiefeltern oder Adoption verstecken. Aus diesem Grund sollten Berater:innen feinfühlig vorgehen und neben Intuition auch bewusst auf kulturelle Besonderheiten und mögliche scham- oder angstbesetzte Themen im Erstgespräch achten. Es ist oft hilfreich, Fragen zu Eltern und Vorgenerationen erst zu stellen, wenn eine gewisse Vertrauensbasis aufgebaut wurde.

Die Literatur weist darauf hin, dass Menschen mit einem bestimmten Habitus auf Personen mit einem anderen bzw. fremden Habitus (Fremdgruppe) unbewusst anders reagieren als auf Menschen aus den eigenen Reihen (Eigengruppe). Ihnen fühlen sie sich zugehörig, mit ihnen identifizieren sie sich. Deshalb ist es nicht nur bei der Arbeit mit Menschen, die aus ihrer außerhalb Deutschlands liegenden Heimat fliehen mussten oder aus anderen Gründen nach Deutschland kamen, hilfreich, den jeweiligen Habitus zu reflektieren.

Auch innerdeutsche Wanderbewegungen bergen unter Umständen Potenzial für Konflikte mit sich selbst, anderen oder der Welt. Aufgrund der besonderen Entwicklung zweier gegensätzlich agierender deutscher Staaten über mehr als vier Jahrzehnte und der nach dem Mauerfall einsetzenden innerdeutschen Migration können Menschen einschneidende Erfahrungen gemacht haben, die für sie noch heute von Bedeutung sind. So schreibt Wagner (1999), dass Menschen mit ostdeutscher Prägung nach 1989 mit einem Kulturschock konfrontiert gewesen sein könnten. Auch dass die in Ost und West sich in vierzig Jahren unterschiedlich entwickelten Kulturen für die Menschen in Deutschland, die in der zweiten Hälfte des 20. Jahrhunderts geboren und aufgewachsen sind, ebenso eine Bedeutung haben können wie für deren Nachkommen, findet in der Beratung noch wenig Beachtung. Das Aufdecken einer enormen Anpassungsleistung, die möglicherweise zu bewältigen war, Risikobereitschaft und Flexibilität sowie besondere Anstrengungen und Mobilität, die vielleicht in Kauf genommen werden mussten, können für eine Problemlösung ausschlaggebend sein. Ebenso arbeiten manche Beschäftigte heute in für sie bis 1989 unbekannten Sektoren wie Dienstleistungsbereich, öffentlicher Dienst oder Selbstständigkeit (Ahbe, 2004). Diese und andere Ost-West-Unterschiede zu reflektieren und zu würdigen, bereichert Supervision und Coaching.

Bei innerdeutscher Migration müssen in der jeweiligen Region Deutschlands lebende bzw. verbliebene heimische Supervisoren oder Beraterinnen sich nicht anpassen. Dadurch besteht die Gefahr, dass sie ihr ost- oder westdeutsches Gegenüber mit der Brille der ihnen vertrauten Muster mit unbewusstem Unverständnis oder Widerstand betrachten.

Eilert (2018) beschreibt in seinem Artikel, dass in Ostdeutschland Körperhaltungen unbewusst anders gedeutet werden können als im Westteil Deutschlands. Eine Körperhaltung, die im Westen im Zusammenhang mit Autonomie angeeignet wurde und durch einen geraden Rücken, einen festen Stand mit leicht geöffneten Beinen sowie raumgreifend gestikulierenden Armen und Händen gekennzeichnet ist, suggeriert im Westen Selbstbewusstsein und soll einer Aussage vielleicht Nachdruck verleihen. Ostdeutsch Geprägte kann eine solche Körperhaltung abschrecken und unter anderem Unmut oder Misstrauen auslösen:
- Unmut, da Autonomiebestrebungen der Bevölkerung in der DDR zu Verhaltensweisen gehörten, die durch gesellschaftliche Vorgaben unterdrückt und durch Personen des Machtapparates bis 1989 teilweise autoritär missbraucht wurden,
- Misstrauen als Erfahrung nach 1989, die ein solches Auftreten als blenderhafte Arroganz im Sinne von »Das ist mehr Schein als Sein, das ist nicht authentisch und möglicherweise macht der mir was vor« deutet (Eilert, 2018).

Deutungen der Körpersprache entfalten unbewusst verschiedene Wirkungen: Zum einen können sie auf die Person bezogen sein – unter anderem mit Authentizität und Sympathie oder Inszenierung und Antipathie – und zum anderen auf die Aufgabe. Aufgrund ihres Auftretens und der entsprechend wahrgenommenen Wirkung wird einer Person eine gewisse Kompetenz zugeschrieben oder abgesprochen. Diese sogenannte Kompetenzvermutung bestimmt, ob sich die Körpersprache eines Menschen mit den eigenen Erwartungen für eine bestimmte Position oder Rolle deckt. Der folgende Fall verdeutlicht dies:

> Aus der Praxis: Fallbeispiel 1 – Er ist nicht das, was wir suchen
> Inhalt: Fremder Habitus im Führungskräfte-Auswahlverfahren
> »Der Bewerber ist einfach nicht geeignet.«

Ein im Ostteil Deutschlands ansässiges Unternehmen mit westdeutscher Leitung möchte Führungspositionen mit firmeninternen Mitarbeitern neu besetzen. Dafür werden externe Berater aus den alten Bundesländern beauftragt, die Bewerber zu prüfen. Die Maßstäbe, die diese in den Gesprächen und Workshops ansetzen, haben die Berater in ihrem westdeutschen sozialen Umfeld erworben und als normal und richtig verinnerlicht.

Als Teilnehmerin des Beraterteams bei der Prüfung eines Kandidaten spüre ich, dass die feinen Unterschiede im Agieren des Bewerbers die westdeutschen Berater irritieren. Mir fallen kleine Gesten des Mitarbeiters auf: Er hält sich etwa des Öfteren die Hand vor den Mund und zögert bei Antworten. Ich erahne, dass im

Osten unbewusst verinnerlichte Motive hinter seinem Verhalten stecken wie »Es ist besser, mich in diesem (öffentlichen) Rahmen erst einmal zurückzunehmen, nicht zu viel preiszugeben, erst mal abzuwarten, nicht zu viel zu sagen.« In einer Pause erfahre ich, dass der Bewerber kurz vor dem Mauerfall in der Nähe des jetzigen Firmensitzes in der DDR geboren wurde und auch heute noch in der Region lebt.

Trotz Intervenierens in den Pausen von meiner Seite nehmen die westdeutschen Berater die verbalisierten, typisch ostdeutschen Motive und die Körpersignale des Bewerbers unbewusst als fremd wahr. Meinen Einwand, dass es in der DDR infolge der politisch und ideologisch verfolgten Ziele je nach persönlicher Einstellung zum Staat eine unterschiedliche Offenheit gab, Persönliches preiszugeben und frei zu kommunizieren, nehmen sie irritiert auf. Ich erläutere ihnen, dass der Bewerber möglicherweise durch habituelle Prägungen verinnerlicht hat, sich in der Öffentlichkeit mit freimütiger Kommunikation zurückzuhalten und sich erst bei einem Gefühl von Vertrauen zu öffnen. In der DDR konnte je nach Erfahrungen – auch der Eltern – freie Kommunikation sogar auf den privaten Bereich begrenzt gewesen sein. Entsprechend erworbene habituelle Muster treten besonders in Stresssituationen zutage, da sie unbewusst sind.

Trotz meiner Ausführungen unterstellen die Berater dem Bewerber ungeachtet seiner fachlichen Fähigkeiten und persönlichen Qualitäten, die er als Führungskraft hätte einsetzen und weiter ausbauen können, aufgrund ihres Gefühls fehlende Kompetenz. Der Kandidat wird aussortiert (Schenk, 2021).

Die Chancen für Unternehmen, im Wettbewerb mitzuhalten, steigen, wenn auch diejenigen am Arbeitsmarkt eine Perspektive erhalten, die zuvor bei Personalverantwortlichen unbewusst und subjektiv Abwehr und Abneigung auslösten. Wenn Personalverantwortliche diese Empfindungen als Gefühl wahrgenommener Fremdheit werten, als mögliches Missverständnis sehen und als Wirkung nicht bekannter Gewohnheiten und Haltungen erkennen, wird ihre Wahrnehmung sie nicht dazu verleiten, dass sie potenziellen Bewerber:innen fehlende Kompetenz unterstellen und deren Potenzial dadurch ungenutzt bleibt.

Habitogramm-Baustein Matrix BIFF

Wenn Berater:innen den Habitus ihres Gegenübers nicht beleuchten und Verhaltens- und andere Muster nicht aus ihrer eigenen Perspektive betrachten und beurteilen, können unbewusste Impulse zu Bewertungen führen, die zu Barrieren im Beratungsprozess werden – mit Konsequenzen für den Beratungserfolg. Die Erforschung der Auswirkungen auf Beratungsprozess und -erfolg führte mich zu der nachfolgenden Matrix als Habitogramm-Baustein. Mit ihr können kritische Situationen aufgedeckt und bestenfalls entschärft werden. Sie erlaubt Berufsgruppen, die mit Menschen arbeiten, bei der Arbeit in habituell vertrauten oder fremden Feldern unbewusste Impulse zu identifizieren und ihre Reaktionen anzupassen.

Die Matrix heißt »Begegnung *Im Fremd-Vertrauten Feld*«, abgekürzt *BIFF*. Hinter »Feld« verbirgt sich hierbei jeweils ein gesellschaftlicher Rahmen mit entweder ähnlichen oder divergierenden Dimensionen, wie sie aktuell vorzufinden sind oder in der (nahen) Vergangenheit anzutreffen waren. Diese wurden unter anderem von Hofstede (Hofstede, o. D.) beschrieben und werden in Anlage 5 näher erläutert. Das bedeutet für ein gemeinsames Setting, dass die Beteiligten ihre bisherigen Erfahrungen unter Umständen in ähnlichen oder völlig anderen Gesellschaftssystemen, Milieus und Regionen sowie Herkunftssystemen gemacht haben. Eine solche Konstellation und die Nutzung der Matrix in einem Führungskräftecoaching präsentiere ich in Fallbeispiel 14 (S. 161 ff.). Für die Beschreibung zur Nutzung und für das Verständnis der Matrix verwende ich der Einfachheit halber nachfolgend nur die Begriffe »Berater« und »Klient«. Die Ausführungen beziehen aber auch Supervisorinnen und Supervisanden, Begleiter oder Führungskräfte bzw. Mitarbeitende in einem Unternehmen oder andere Menschen in der Sozialen Arbeit ein.

Die Matrix BIFF unterstützt Berater darin, Situationen zu erkennen, die sie aufgrund bestimmter Konstellationen dazu verleiten könnten, den Fokus zu verlieren, weil sie sich von Vertrautem oder Fremdem beeinflussen und dadurch unbewusst leiten lassen. Die Matrix fördert, dass Menschen in sozialen Berufsgruppen sich bewusst werden, welche Auswirkungen vorhandene oder fehlende habituelle Erfahrungen auf die eigene Feldkompetenz haben und auf die Gestaltung von Beziehungen und Prozessen in Beratung, Betreuung oder Begleitung.

Ob Feldkompetenz, die in der Fachliteratur Branchenerfahrung im jeweiligen Beratungssetting meint, zur Beratungskompetenz gehört, wird in der Literatur kontrovers diskutiert. Feldkompetenz kann aber auch bezogen auf ein bestimmtes Habitat hier im Sinn des Lebensraums, in dem eine Person unter ganz spezifischen gesellschaftlichen und anderen Bedingungen aufgewachsen ist, ausgelegt werden. Dies ist meinen Erfahrungen nach für gelingende Settings unerlässlich, um Missverständnisse und Konflikte zu vermeiden.

Die in Abbildung 2 dargestellte Matrix BIFF zeigt ein Schema für verschiedene Settings in unterschiedlichen, mit Grün und Blau dargestellten sozialen Feldern. Diese Felder können Länder mit bestimmten gesellschaftlichen und sozialen Strukturen, aber auch Regionen und Lebensräumen sein, mit ihren jeweils ganz spezifischen Gegebenheiten bedingt durch Traditionen oder

Strukturen, die ihren Ursprung in der Vergangenheit haben. Feldbeispiele dafür wären die Länder Deutschland und China oder Deutschland und Amerika, aber auch die Regionen Bayern und Schleswig-Holstein oder der West- und der Ostteil Deutschlands. Letztere Territorien unterscheiden sich beispielsweise von Bayern und Schleswig-Holstein darin, dass hier über vierzig Jahre jeweils gänzlich andere gesellschaftliche und ideologische Strukturen vorherrschten und deshalb andere Bedingungen vorhanden waren, die den Entwicklungsrahmen vorgaben und eingrenzten. Wie im Kapitel »Innerdeutsche Bewegungen« (S. 24) erläutert, werden diese unterschiedlichen Entwicklungen aktuell und auch in Zukunft noch spürbar sein, sodass sie in Beratung Beachtung finden sollten.

In den in Abbildung 2 dargestellten Schemata wird aufgegriffen, dass in spezifischen Feldern unterschiedliche Habitusformen herausgebildet werden. Dies wird mit der Bezeichnung »HABITUS A1« symbolisiert und meint, dass in Feld A bestimmte Gewohnheiten typisch sein können. Dies beinhaltet – ohne es explizit darstellen zu können –, dass sich neben »HABITUS A1« auch weitere, für das Feld typische milieuabhängige Formen wie »HABITUS A2«, »HABITUS A3« und so weiter finden lassen. Der einzelne Habitus mit seinen individuellen Mustern müsste dann z. B. mit »HABITUS A2xox« angegeben werden. Dies würde allerdings den Rahmen des Anliegens sprengen. Wichtig ist aber anzumerken, dass Menschen in Feld A und mit »HABITUS A1« bezeichnet, keine Personen sind, die sich wie eineiige Zwillinge ähneln. Es wird damit lediglich dem Aspekt Rechnung getragen, dass sie in diesem Feld sozialisiert wurden und eine der möglichen, zumindest feldtypischen, Habitusformen entwickeln konnten. Damit ist ihnen Feld A, in dem sie arbeiten und beraten oder betreut und begleitet werden, eher vertraut. Feld B dagegen ist ihnen eher fremd. Gleiches gilt selbstverständlich für »HABITUS B1« und Feld B.

Der Begriff »fremd-vertraut«, der in Abbildung 2 ebenfalls auftaucht, wird unter dem Punkt »Abbildung 3, Ausschnitt II« näher beschrieben.

In Abbildung 3 und 4 sind jeweils Ausschnitte der Matrix BIFF zu sehen. In Abbildung 3 werden mögliche Beziehungskonstellationen zwischen Berater und Klient, in Abbildung 4 die sich daraus möglicherweise ergebenden Folgen dargestellt. Dazu werden nachfolgend frei gewählte Beispiele für das jeweilige Feld bzw. für die im Setting Beteiligten genutzt, die das Verstehen erleichtern sollen.

Die Ausführungen können mit der Matrix auf jedes Setting übertragen werden. Dabei sensibilisieren Hautfarbe, Akzent, Frisur oder Kleidung des Gegenübers, auf mögliche Unterschiede zu achten, und regen an, konkrete Daten abzufragen. In der Regel fehlt uns innerhalb Deutschlands bei der Arbeit mit Menschen, die uns äußerlich ähnlich sind und sich auch im Dialekt nicht von uns unterscheiden, diese Kultursensibilität. Aus diesem Grund und um auf feine Unterschiede innerhalb Deutschlands hinzuweisen, wurden als Felder, in denen die Settings angesetzt bzw. Berater und Klient aufgewachsen sind, Orte im Ostteil und Orte im Westteil Deutschlands gewählt.

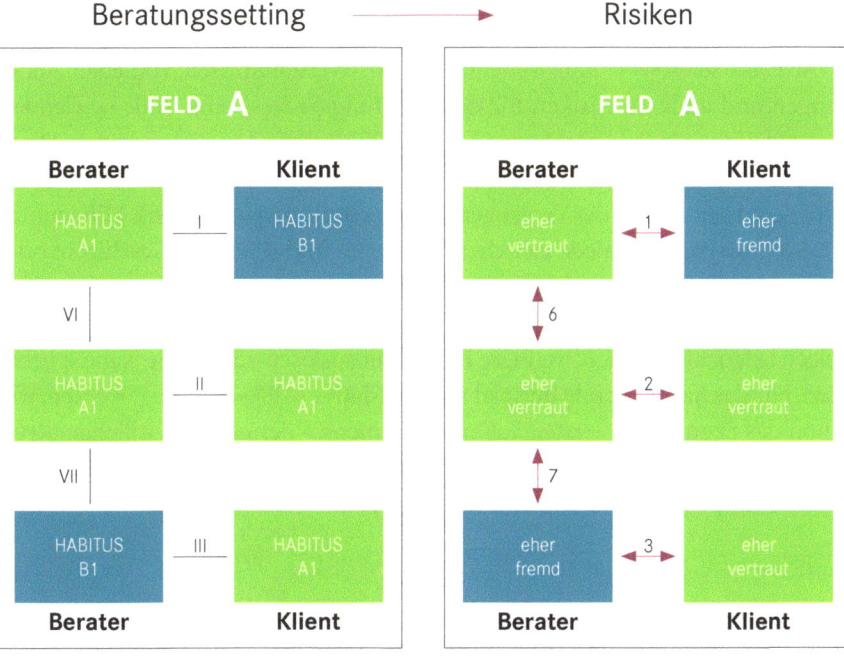
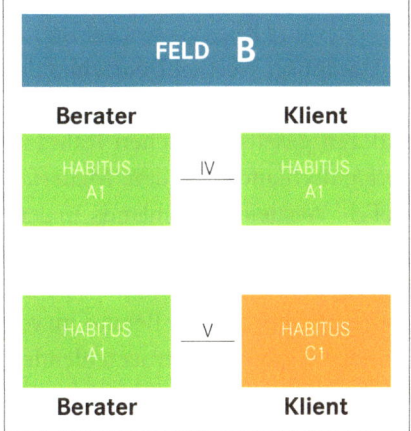
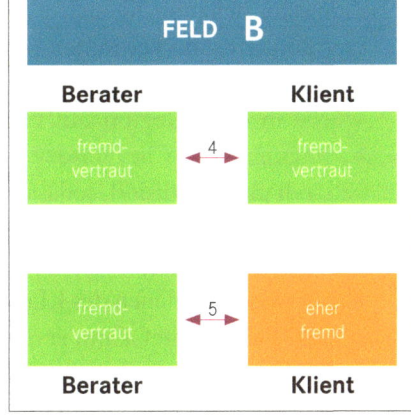

Abbildung 2: Matrix BIFF

In Abbildung 3 und 4 symbolisiert Grün den Westteil Deutschlands und Blau den Ostteil. Der Klient, der mit »HABITUS C1« gelb visualisiert wird, kommt in diesem Beispiel aus einem dritten Lebensraum – hier im Beispiel Utrecht in den Niederlanden – ins Setting. Im Beispiel wird nicht beachtet, dass sich die gesellschaftlichen Strukturen der Bundesrepublik Deutschland und der Niederlande vor 1989 näher waren als die zwischen West- und Ostdeutschland zu dieser Zeit.

Auch die selbstverständlich ebenfalls bei Missverständnissen, Vorlieben, Abneigungen und anderen Risiken für den Beratungsprozess eine Rolle spielenden Konstellationen sollen nachfolgend in den Hintergrund gerückt werden. Diese können sich auf regionale Unterschiede (ohne dass auch gesellschaftliche Unterschiede aktuell oder in der Vergangenheit eine Rolle gespielt haben), Milieuunterschiede, Altersunterschiede zwischen Berater:in und Klient:in, Geschlecht oder konkrete Bedingungen im Herkunftssystem während der Sozialisierung beziehen. Jeder einzelne dieser Aspekte kann allerdings ebenfalls zusammen mit möglichen Folgen beleuchtet werden, wenn sie Fremdheit auslösen oder große Nähe spürbar wird. Für das nachfolgende Beispiel mit der Matrix BIFF soll gezeigt werden, wie schon das Segment des ersten äußeren Rahmens – der gesellschaftlichen Strukturen und Bedingungen – während der eigenen Habitualisierung oder der wichtiger Bezugspersonen Setting und Akteure beeinflussen kann.

Abbildung 3, Ausschnitt I

Das grüne Feld stellt einen bestimmten sozialen Raum als Rahmen eines (Beratungs-)Settings dar, im Beispiel den Westteil Deutschlands. Die in diesem Ausschnitt zu findenden römischen Zahlen zeigen jeweils eine bestimmte Beziehungskonstellation, die sich zwischen Berater und Klient entwickeln kann:

I. Der Berater ist im vertrauten Feld – in Hamburg, Westteil Deutschlands – geboren und aufgewachsen und geht hier seiner Arbeit nach. Der Klient wurde in einer Region mit völlig anderen gesellschaftlichen Rahmenbedingungen, hier in Dresden, Ostteil Deutschlands, vor dem Mauerfall geboren und sozialisiert, sodass ihm im Feld Westteil Deutschlands, in dem er seit 2012 lebt, arbeitet bzw. Beratung sucht, bestimmte grundlegende habituelle Erfahrungen fehlen. Ebenso können sich typische Gewohnheiten des Beraters von denen des Klienten unterscheiden. Da der Berater im vertrauten Feld arbeitet, kann er den Klienten, beispielsweise trotz fehlenden Dialekts, unbewusst als fremd wahrnehmen. Die Beratung fühlt sich möglicherweise für beide merkwürdig an.

II. In dieser Konstellation agieren Berater und Klient in einem Feld, das ihrer Habitualisierung entspricht. Beide sind im Westteil Deutschlands geboren und aufgewachsen. Deshalb sind ihnen die gewachsenen gesellschaftlichen Strukturen und typischen Einstellungen unbewusst vertraut.
III. Hier ist der Berater in einem anderen Raum mit damals divergierenden gesellschaftlichen Gegebenheiten geboren und sozialisiert worden als der Klient, z. B. in Erfurt, Ostteil Deutschlands. Das soziale Feld – Hannover, Westteil Deutschlands –, in dem der Klient geboren und aufgewachsen ist, und das Feld A, in dem der Berater heute arbeitet, sind ihm habituell eher fremd. Ebenso wie möglicherweise typische Gewohnheiten, die sich der Klient während seiner Sozialisierung in Feld A angeeignet hat. Bestimmte Schilderungen des Klienten können dem Berater aus Erfurt deshalb seltsam vorkommen.

Auch unterschiedlich sozialisierte Berater können in Beziehung treten, beispielsweise während einer Fortbildung:

IV. Berater können sich beruflich im Westteil Deutschlands begegnen, wobei beide mit feldtypischem Habitus – in Hamburg bzw. in Köln geboren und aufgewachsen – im vertrauten Feld aufeinandertreffen.
V. Es ist auch möglich, dass sich unterschiedlich habitualisierte Berater – in Köln und in Erfurt sozialisiert – im Westteil Deutschlands begegnen, wobei der Berater aus Erfurt in einem ihm eher fremden Feld arbeitet, in einem anderen gesellschaftlichen Rahmen als während seiner Habitualisierung.

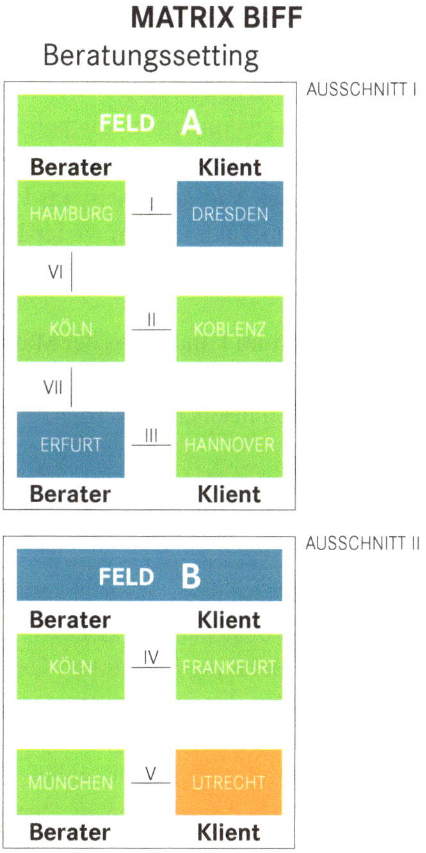

MATRIX BIFF
Beratungssetting

AUSSCHNITT I

FELD A

Berater	Klient
HAMBURG	DRESDEN

I

VI

KÖLN	KOBLENZ

II

VII

ERFURT	HANNOVER

III

Berater   Klient

AUSSCHNITT II

FELD B

Berater   Klient

KÖLN	FRANKFURT

IV

MÜNCHEN	UTRECHT

V

Berater   Klient

Abbildung 3: Unterschiedliche Settings

Abbildung 3, Ausschnitt II

Das blaue Feld stellt ebenfalls einen bestimmten sozialen Raum als Rahmen eines (Beratungs-)Settings dar – im Beispiel den Ostteil Deutschlands. Die in diesem Ausschnitt zu findenden römischen Zahlen zeigen jeweils wieder eine bestimmte Beziehungskonstellation, die sich zwischen Berater und Klient entwickeln kann:

VI. Im Ostteil Deutschlands treffen ein Berater aus Köln und ein Klient aus Frankfurt am Main aufeinander, beide gleichen oder aufgrund eines möglichen Altersunterschiedes ähnlichen gesellschaftlichen Strukturen während ihrer Sozialisierung ausgesetzt. Aktuell leben und arbeiten Berater und Klient allerdings in einem – ihrer habituellen Erfahrung entsprechend – für sie eher fremden Raum. Die gesellschaftlichen Strukturen wurden zwar den ihnen bekannten angepasst. Dennoch finden sich feine Unterschiede, die sie nicht immer zu benennen vermögen, aber spüren. Dadurch können sich bei beiden Wahrnehmungen und Reaktionen zeigen, die ich als »fremd-vertraut« bezeichne.

VII. Ein weiterer Background kann gegeben sein, wenn Berater und Klient mit jeweils unterschiedlichen habituellen Hintergründen in einen Beratungsprozess in einem ihnen eher fremden Feld gehen. Der Berater aus München und der Klient aus Utrecht (Niederlande) arbeiten zusammen in einem Feld, in dem weder Berater noch Klient die Strukturen habituell vertraut sind.

Nach Ausschnitt I und II aus der Matrix BIFF und den vorgestellten Beziehungskonstellationen sollen in Abbildung 4 mit Ausschnitt III und IV nun die möglichen Folgen beleuchtet werden.

Abbildung 4, Ausschnitt III

Das grüne Feld stellt wieder den bestimmten sozialen Raum als Rahmen des (Beratungs-)Settings dar – den Westteil Deutschlands. Die arabischen Ziffern zeigen dabei jeweils das mögliche Risiko, welches sich infolge der beschriebenen Beziehungskonstellation zwischen Berater und Klient entwickeln kann:

1. Bei der Beratung im Westteil Deutschlands können Äußerungen des Klienten aus Dresden beim Berater aus Hamburg unbewusst zu Ablehnung führen. Identifiziert der Berater die betreffenden Äußerungen nicht und fragt nicht nach oder nimmt eingebrachte Inhalte, Dialekt, Körpersprache oder spezifische Gewohnheiten des Klienten als Quellen seiner Abneigung auf das eher Fremde nicht bewusst wahr, kann der Beratungsprozess nachhaltig gestört werden. Der Klient wiederum kann sich missverstanden fühlen und die Abneigung spüren.

Auch auf seiner Seite kann sich Widerstand einstellen. Der Prozess wird möglicherweise zäh sein und vom Klienten vorzeitig abgebrochen werden.

2. Bedingt durch die fehlende kulturelle Distanz, da beide – Berater in Köln und Klient in Koblenz – im Feld mit gleichen gesellschaftlichen Bedingungen habitualisiert sind und jetzt zusammenarbeiten, kann beiden vieles als selbstverständlich erscheinen. Es besteht das Risiko, dass sie gegenseitig unbewusst davon ausgehen, der eine weiß, wovon der andere spricht und was er meint. Die Vertrautheit kann verführen, dass bestimmte notwendige Fragen nicht gestellt werden.

3. Der Berater aus Erfurt kann sich im fremden Feld und dem Klienten gegenüber unsicher fühlen, da er eventuell unbewusst wahrnimmt, dass die Fremdheit des Beraters beim Klienten Skepsis

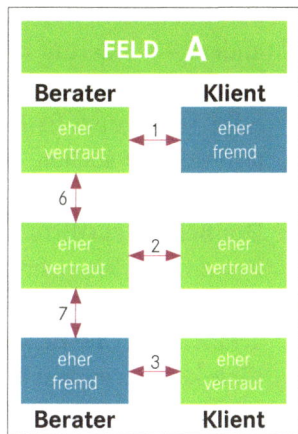

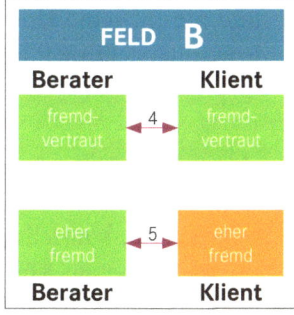

Abbildung 4: Mögliche Risiken aufgrund unbewusster Reaktionsmuster

und Misstrauen auslöst. Wegen seiner Unsicherheit fällt es dem Berater möglicherweise schwer, den Klienten mit Wahrnehmungen und für seine Entwicklung notwendigen Hypothesen zu konfrontieren. So bleiben wichtige Informationen unter Umständen unausgesprochen. Der Klient wiederum, sicher im vertrauten Feld, interpretiert seinerseits das Fremde am Berater möglicherweise als fehlende Kompetenz. Dadurch kann es zu Machtspielen kommen und sich der Prozess schwierig gestalten.

Treffen Berater, die während ihrer Habitualisierung mit unterschiedlichen gesellschaftlichen Hintergründen konfrontiert waren, aufeinander, können diese Umstände folgende unbewusste Reaktionen nach sich ziehen:

4. In gemeinsamen Fallbesprechungen oder ähnlichen Settings im Westteil Deutschlands kann es den Beratern aus Hamburg und Köln im vertrau-

ten Feld passieren, dass sie sich sofort verstehen und sich beide unbewusst gegenüber anderen anwesenden Beratern mit fremdem Habitus, der ihnen nicht bewusst ist, verbünden. Trotz Neugier und Interesse für andere – wiederum ohne Bewusstheit dafür, wieso – kommt es womöglich dem Fremden gegenüber zu pauschalen Zuschreibungen, Vorurteilen oder Abneigung. Es ist möglich, dass sie das Gespräch mit diesen Beratern weniger suchen, da sie diese unbewusst als merkwürdig oder uninteressant wahrnehmen.

5. Der Berater aus Erfurt, der in einem anderen gesellschaftlichen Rahmen heranwuchs, als er im Westteil Deutschlands vorzufinden ist, kann gegenüber dem Berater aus Köln, der im Feld habituell zu Hause ist, ein Machtgefälle, eine Unterlegenheit und Unsicherheit empfinden. Diese Defizitgefühle können es dem Berater aus Erfurt erschweren, sich in Besprechungen oder anderen Gelegenheiten gleichberechtigt einzubringen. Der Berater im vertrauten Feld wiederum spürt möglicherweise das Fremde am Kollegen und nimmt seine Unsicherheit unbewusst als fehlende Kompetenz wahr bzw. unterstellt sie ihm.

Abbildung 4, Ausschnitt IV
Das blaue Feld stellt wieder den Rahmen des (Beratungs-)Settings im Ostteil Deutschlands dar. Die arabischen Ziffern zeigen das Risiko, das durch mögliche Beziehungskonstellationen zwischen Berater und Klient entstehen kann:

6. Da der Berater aus Köln und der Klient aus Frankfurt am Main gleiche oder ähnliche gesellschaftliche Strukturen während ihres Heranwachsens hatten, kann sich das Setting vertraut anfühlen. Durch die Vertrautheit im fremden Feld in Leipzig kann es spontan zu gegenseitiger Sympathie und verdeckter Koalition kommen – ähnlich der beschriebenen Konstellation unter Punkt 6. Übertragungen und Gegenübertragungen können so vermehrt auftreten. Es besteht die Gefahr, dass sich Interventionen mehr an den gemeinsamen habituellen Erfahrungen orientieren als an den Notwendigkeiten im für beide eher fremden Feld im Ostteil Deutschlands.

7. Eine fehlende habituelle Felderfahrung des Beraters aus München führt eventuell dazu, dass wichtige Aspekte, die für den Klienten aus Utrecht im für ihn ebenfalls fremden Feld im Ostteil Deutschlands bedeutsam wären, nicht beleuchtet werden. Durch die doppelte Fremdheit tappen beide quasi im Dunkeln. Der Berater kann sich aber auch verführen lassen, unbewusst anzunehmen, dass der Klient ähnliche Erfahrungen im fremden Feld gemacht hat oder machen wird wie er selbst. Er sollte sich nicht unbewusst durch diese Annahme leiten lassen.

Bei der Arbeit mit dem Habitogramm-Baustein BIFF geht es wie gesehen um Annahmen, zu denen wir infolge von Vertrautheit oder Fremdheit verführt werden. Diese zu identifizieren, sie und ihre Folgen sich bewusst zu machen, erweitert den Handlungsspielraum. Mit jeder neuen Erfahrung zu einem fremden Feld kann die eigene vorhandene Feldkompetenz – bezogen auf das Erkennen möglicher Unterschiede und ihrer Folgen aufgrund divergierender gesellschaftlicher Strukturen als Basis für individuelle Möglichkeiten, sich zu entwickeln – erweitert werden. Damit wird die Beraterkompetenz zu fremden Feldern ausgebaut. Die Reflexion unterstützt nicht nur dabei, bisher unbewusste Impulse wahrzunehmen und einzuordnen, sondern auch gewohnheitsgemäß herangezogene Bewertungen zu prüfen und gegebenenfalls fallenzulassen bzw. zu verändern (Ebert, 2008). So kann die Beraterin bewusst gegensteuern und negative Folgen für Arbeitsbündnis und Beratungsprozess reduzieren.

Diese möglichen Irritationen und Differenzen – die zum Teil schon Stefan Busse als ostdeutsch sozialisiertem Supervisor und Jörg Fellermann als westdeutsch sozialisiertem Supervisor im Rahmen von Supervision im Osten Deutschlands vor und nach der Wende auffielen und ausführlich reflektierten (Busse u. Fellermann, 1998) – können das Setting erschweren sowie Beratungserfolge und kollegiales Miteinander langfristig stören. Auch können sich Vorurteile verfestigen, die – nicht beleuchtet – zu stabilen Haltungen gegenüber Klient:innen oder Berater:innen werden, welche in einer anderen, zumindest vermuteten, habituellen Kultur sozialisiert wurden. Nachfolgender Fall zeigt dafür ein Beispiel.

> Aus der Praxis: Fallbeispiel 2 – Das ist nicht das, was wir uns vorgestellt haben
> Inhalt: Inkompetenzvermutung
> »Ich als Bremer ...«

Ein Beraterkollege – 1972 in Bremen geboren und aufgewachsen, 1994 mit 22 Jahren aus beruflichen Gründen nach Leipzig und 2012 nach Mecklenburg-Vorpommern umgezogen – kommt in die Supervision und beschreibt während des Prozesses (zu einem anderen Thema) auch folgende Szene:

Ein Workshop 2013 in Lübeck gestaltet sich von Anfang an sehr zäh. Er hat eingangs mitgeteilt, dass er seit 2012 in Mecklenburg lebt und arbeitet und zuvor 18 Jahre beruflich in Leipzig ansässig gewesen ist. Er empfindet, dass von den Teilnehmenden Skepsis ausgeht. Sie kritisieren heftig, was er als Inhalt des Workshops im Vergleich zur Ausschreibung vorstellt. Er wird unsicher und hat keine Ahnung, wie er weiter vorgehen soll. Eine derart kritische Haltung ist ihm beruflich so noch nicht begegnet. Spontan entschließt er sich, seine Irritation offen zu beschreiben. Er benutzt dabei die Formulierung: »... mir als Bremer ...« Auch daraufhin folgt sichtliche Irritation der Anwesenden, wie der Berater feststellt. Jedoch fällt ihm auf, dass sich nach dieser Offenbarung – wie ihm später erst bewusst wird – die Teilnehmenden plötzlich kompromissbereit zeigen und auf eine gemeinsame Lösung bezüglich des Workshopablaufs einlassen können.

Mit dem Kollegen erarbeite ich zu der Szene vier mögliche Phänomene:
1. In Leipzig ist dem Berater in 18 Berufsjahren am Anfang ähnlicher »Gegenwind, allerdings eher als Flaute«, wie er es bezeichnet, begegnet – wie er sich jetzt erst erinnert. So wurde er vom Widerstand der Teilnehmenden in Lübeck wiederholt »kalt erwischt« (seine Formulierung). Es ist möglich, dass er in Leipzig vor allem Erfahrungen mit Klient:innen gesammelt hat, die in Leipzig oder Umgebung sozialisiert waren. Hier war notgedrungen bis 1989 aufgrund der gesellschaftlichen Entwicklung in vierzig Jahren vordergründig eine Kultur mit kollektivistischer und daher in vielen Fällen eher einer angepassten Haltung zu finden, die bei den Menschen, mit denen er als Berater zu tun hatte, offensichtlich (noch) verinnerlicht war. So war anfängliche Skepsis vielleicht lediglich als vage Distanzierung spürbar.
2. Die Teilnehmenden in Lübeck – wegen der konträren gesellschaftlichen Entwicklung vordergründig eher individualistisch und autonom sozialisiert – äußern dagegen umgehend und heftig ihren Unmut nach der Vorstellung des Workshopablaufs.
3. Entweder hat die Vorstellung des Beraters als zuvor in Leipzig Tätigem und in Mecklenburg Wohnendem bei den Teilnehmenden zu der Vermutung »fremd« geführt, die ihn damit unbewusst als weniger kompetent einstuften. Auch ist denkbar, dass er sich in 18 Berufsjahren in Leipzig einen entsprechend gefärbten beruflichen Habitus aneignete, sodass er von den Teilnehmenden in Lübeck anfänglich als »Fremder« wahrgenommen wurde.
4. Nachdem der Berater sich als »Bremer« beschrieben hat, wird er von den Teilnehmenden offensichtlich als »einer von uns« anerkannt und akzeptiert. Die Wogen glätten sich.

Zum Thema beruflicher und feldspezifischer Habitus betont Ebert (2012), dass der Habituserwerb als langer Weg mit kleineren und größeren Umwegen angesehen werden kann und nur auf der Basis anschlussfähiger früherer Dispositionen erfolgt. Dies vor allem, da professionelles Handeln auch immer bewertet wird und ethisch fundiert ist.

Bei Begegnungen in Beratungssituationen habitussensible Wahrnehmung gezielt einzusetzen, kann ein Bewusstwerden fremdartiger Vorstellungen und

Überzeugungen fördern und abweichende Überzeugungen von eigenen habituellen Sichtweisen aufdecken. Dadurch lässt sich nicht nur das Selbst- und Weltbild von Klient:innen, sondern auch das eigene Bild modifizieren und die Haltung als Teil des professionellen Habitus von Supervisor:innen und Coaches erweitern.

Inside – outside: das Habitogramm

Das Habitogramm ist ein systemisch-psychodynamisches Modell für die Beratungspraxis zum Erforschen typischer, überdauernder Dispositionen, die heute noch den (Berufs-)Alltag beeinflussen. Die Methode kann zur Selbstreflexion und in der Arbeit mit einzelnen Klient:innen oder Supervisand:innen, aber auch mit Führungskräften, Berater:innen, Teams und Gruppen in Organisationen eingesetzt werden. Auch in der Beratung von Paaren, bei denen es immer wieder an dem einen oder anderen Thema »hakt« oder förmlich explodiert und das nicht nur, weil vielleicht die Partner verschiedene kulturelle Hintergründe haben, hat sich der Einsatz des Habitogramms bewährt. Ebenso ist die Methode für Unternehmen ein hilfreiches Instrument in der Organisations- und Personalentwicklung. Missverständnisse und unbewusste Abneigungen oder Widerstand aufzudecken, sind dabei nur wenige der möglichen Themen, mit denen sich beschäftigt werden kann.

Egal ob man mit Paaren, Gruppen oder Teams arbeitet, im Habitogramm erforscht jeder Einzelne für sich die Daten seiner Sozialisierung. Je nach Anliegen können in einem späteren Schritt Erfahrungen gegenseitig ausgetauscht, abgeglichen und gegebenenfalls mit Hinweisen von anderen – aus der Gruppe oder dem Team – erweitert werden. Die Innenbetrachtung lässt sich also auch durch Fremdeinschätzung von außen ergänzen im Sinne des Findens eines blinden Flecks.

Ein neuer Blick und Entwicklung der Methode

Bereits im 5. Jahrhundert v. Chr. gaben Gelehrte wie Herodot von Halikarnassos sowie Platon und Aristoteles ausführliche und empirisch gestützte ethnische Darstellungen zu den damals auf der Erde lebenden Völkern und deren Sitten ab (Krais u. Gebauer, 2017). Auch später haben es sich verschiedene anthropologische Wissenschaftler:innen und Autor:innen zur Aufgabe gemacht, Kulturen oder bestimmte Gruppen von Menschen zu erforschen, um sie selbst und die Auswirkungen ihres Handelns auf ihren Lebensraum und ihren Alltag zu verstehen. Dafür begaben sie sich häufig in deren Lebenswelt und beobachteten sie. Immer mehr wurde den Feldforscher:innen dabei bewusst, dass das Wissen um die eigenen Wurzeln und kulturellen Vorurteile Voraussetzung für Ergebnisse ist, die näher an der Realität sind, weil die individuelle Konstruktion der eigenen Wirklichkeit bei ihnen berücksichtigt wird. Sie notierten im fremden Feld nicht nur ihre Beobachtungen, sondern auch Gedanken, Gefühle und Probleme sowie typische Sprachausdrücke der Menschen (Krais u. Gebauer, 2017).

Eine Feldstudie will ich zur Verdeutlichung herausgreifen, sie wurde erstmals 1933 veröffentlicht. Zeisel, Jahoda und Lazarsfeld schildern darin ihre Ergebnisse zu Untersuchungen in einem kleinen Dorf in Niederösterreich mit wirtschaftlichen, psychischen und sozialen Folgen nach Schließung einer Textilfabrik und der damit im Zusammenhang stehenden massiven Arbeitslosigkeit. Sie vereinten Methoden der Sozialforschung wie Beobachtung, strukturierte Protokolle, Haushaltserhebungen, Fragebögen, Zeitverwendungsbögen, Interviews sowie Gespräche und boten den Menschen gleichzeitig Hilfestellungen an. Die Ergebnisse der Studie sind auch heute noch wertvoll. Sie zeigen, dass Langzeitarbeitslosigkeit zu passiver Resignation führen kann (Zeisel, Jahoda u. Lazarsfeld, 2021).

Es gibt weitere Herangehensweisen. So untersuchte Bourdieu in einer Vier-Felder-Matrix als Ergebnis einer groß angelegten empirischen Studie in Frankreich in den 1960er Jahren die materiellen Auseinandersetzungen im Raum sozialer Positionen, die mit dem Kampf um symbolisches Kapital im Raum der Lebensstile einhergehen (Bourdieu, 2012).

Bremer und Teiwes-Kügler (2013) setzen in ihrer Habitusanalyse spezifische Fragen in Interviews als Habitushermeneutik ein. Ihr Artikel regte mich an, 2018 eine systemische Methode für Bereiche der Sozialen Arbeit zu entwickeln. Bei der Recherche zum vorliegenden Buch vier Jahre später entdeckte ich einen Artikel von Regina Heimann (2016), die ebenfalls mit einer »Habitusanalyse als Diagnoseinstrument in Supervision und Beratung« arbeitet.

Frankhauser und Kaspar (2019) stellen ein Weiterbildungsprogramm für Lehrpersonen vor, das für habituelle Verhaltens-, Denk- und Wahrnehmungsschemata sensibilisieren soll. Dabei setzen sich die Teilnehmenden im Tanz mit ihrem Körper und körpergebundenen Handlungsmustern auseinander, welche in Schule und Unterricht als Gesten, Haltungen, Bewegungen und Positionierungen im Raum vollzogen werden.

2018 konzipierte ich den gesetzlich geschützten Begriff und die dahinterliegende Methode Habitogramm®. Als Werkzeug wurde sie in der Praxis weiterentwickelt und wird seitdem regelmäßig in der Arbeit mit Einzelnen, Teams und Gruppen angewandt. Inside – outside: Der systemische Blick von der Ebene innen zu den Ebenen außen und von den Ebenen außen zur Ebene innen ist die Grundlage, um zum Habitus von Menschen vorzudringen. Die Methode entstand durch meine Erfahrungen in Supervision und Coaching, die sich aufgrund der Verlegung meines Lebens- und Arbeitsmittelpunktes an die ehemalige innerdeutsche Grenze veränderte und mich für »Die feinen (habituellen) Unterschiede« (Bourdieu, 2012) sensibilisierte.

Die Beratungstätigkeit im Raum Lübeck unterschied sich insofern von meiner Arbeit zuvor im Raum Münster, als die Beratung aufgrund der territorialen Lage regelmäßig mit Menschen stattfand, die entweder östlich oder westlich der ehemaligen innerdeutschen Mauer geprägt wurden. Nur ein Teil der Klient:innen wies auf diesen Umstand hin. Inwieweit diese habituellen Unterschiede bei Kund:innen bereits im Rahmen meiner selbstständigen Tätigkeit als ostdeutsch sozialisierter Beraterin im Münsterland bestanden, kann ich heute nicht mehr eindeutig beantworten, da ich damals noch nicht explizit für das Thema der Beachtung habitueller Gewohnheiten sensibilisiert war. Im Coaching beleuchtete ich die Sozialisierung der Bezugspersonen oder zurückliegender Generationen damals nur vertikal mithilfe der Methode Genogramm.[8] Dabei konnte unter anderem auch für biografische Auswirkungen der zwei Weltkriege Raum gefunden werden. Der Fokus auf damals herrschende ideologische, gesellschaftspolitische und soziale Bedingungen in Deutschland und ihre Folgen, die bestimmten, wie sich die Menschen entfalten konnten bzw. wie sie dadurch eingeschränkt wurden, stand aber nicht im Vordergrund. Dieser entwickelte sich erst in der Habitogramm-Arbeit mit der horizontalen Sicht auf die äußeren Rahmenbedingungen, die Betroffene während ihres Habitualisierungsprozesses beeinflussen.

In meiner Beratungstätigkeit in Lübeck bildete sich mein Bewusstsein dafür, dass die unwillkürlichen inneren Impulse und Reaktionen unterschiedlich waren bei den Antworten auf die Frage »Wo wurden Sie geboren und wo sind Sie aufgewachsen?«. Es ist nicht nur zu vermuten, sondern es kann mit großer Wahrscheinlichkeit angenommen werden, dass die Beratungsprozesse durch den eigenen Habitus unbewusst beeinflusst werden, wenn dieser Aspekt

---

8   Das Genogramm ist ein systemisches Werkzeug zum Aufstellen der Generationen inklusive des eigenen Herkunftssystems getrennt nach mütterlicher und väterlicher Seite mit Symbolen und den dazugehörigen persönlichen Daten. Ziel dieser Methode ist das Beleuchten von charakterlichen Eigenschaften, beruflichen Laufbahnen, chronischen Krankheiten und Sterbeursachen, bestehenden, fehlenden, abgebrochenen oder belastenden Beziehungen, aber vor allem auch von biografischen Ressourcen der aufgestellten Menschen.

nicht gezielt in Betracht gezogen wird. Zur Überprüfung habe ich einen ähnlich gelagerten Beratungsfall an meinem alten Praxissitz im Münsterland mit einer Klientin mit ähnlichem habituellem Hintergrund und ähnlichem Thema mit einem Fall sechs Jahre später in Lübeck verglichen. Besonders diese beiden Fälle habe ich intensiv analysiert und meine jeweiligen unbewussten Reaktionen, Haltungen und gewählten Interventionen gegenübergestellt. Ich gehe davon aus, dass der Beratungsverlauf bei der Klientin sechs Jahre zuvor ohne Beachtung ihrer habituellen Eigenheiten und ohne Einbeziehen meiner eigenen Sozialisierung trotz bewussten Bemühens weniger zielführend war und der Beratungserfolg als weniger gelungen angesehen werden kann, als es im Coaching in Lübeck mit bewusstem Einbeziehen und Beachten habitueller Besonderheiten der Fall war. Diese unterschiedliche Qualität der Arbeit ist nicht nur auf meine persönliche Weiterentwicklung und den Ausbau meiner beraterischen Fähigkeiten zurückzuführen, da ich weitere, ähnlich gelagerte Fälle verglichen und analysiert habe. Das Ergebnis war auch hier, dass ein möglicher Einfluss gesellschaftlicher Strukturen auf Denken, Fühlen und Handeln von Menschen und dadurch entwickelte unterschiedliche Wahrnehmungen, Werte und Bedürfnisse als möglicher Hintergrund für sich wiederholende Konflikte im privaten und beruflichen Kontext angenommen werden kann. Das Thema wurde auch intensiv mit Kollegen und Kolleginnen in einem Arbeitskreis diskutiert, so dass auch ihre Erfahrungen unter anderem in Workshops und Artikel (Schenk, 2020) einfließen konnten.

Durch das Bewusstsein für habituelle Dispositionen konnte ich daraufhin unter anderem in Teams die Haltung bei Konflikten verändern: Konfliktsituationen mit Widerständen und gegenseitiger Abwertung ließen sich in der Beratung nun als Folge von Missverständnissen und Vorurteilen entschärfen, fehlende Kompetenz, die unbewusst unterstellt wurde, als Folge wahrgenommener Fremdheit deuten und auf unterschiedliche gesellschaftliche Sozialisierung von Teammitgliedern zurückführen. Meine Haltung gegenüber Klient:innen und die Arbeitsweise in Coaching- und Supervisionsprozessen veränderte sich so Schritt für Schritt zu einer habitussensiblen Begleitung.

Diese Erfahrungen führten mich zur Erkenntnis, dass es für Supervisor:innen, Coaches und andere in Beratungs- oder Begleitungsberufen in ihrer Selbstreflexion sinnvoll ist, sich mit den primären und gegebenenfalls sekundären Erfahrungen auseinanderzusetzen, um zu erkennen, welche ihrer bevorzugten Denk- und Reaktionsmuster und Prozesse sie möglicherweise unbewusst leiten. Besonders das Aufdecken der Ursachen für Sympathien und Antipathien gegenüber Kund:innen, die Berater:innen unbewusst beeinflussen, ohne es selbst zu bemerken, stärkt ihre berufliche Professionalität.

Wieso, weshalb, warum? Einsatzgebiete und Ziele

Ziel der Arbeit mit dem Habitogramm ist es, unbewusste intersubjektive Anteile – auch unangenehme und abgewehrte Affekte und Widerstände –, zu erforschen, um dadurch unter anderem die professionelle Haltung im Arbeitsprozess als (zukünftiger) Mitarbeiter, Führungskraft oder Berater zu erweitern. Dies ist umso wichtiger, da sich im Verlauf der beruflichen Entwicklung und sich verändernder äußerer Bedingungen wie Globalisierung und Digitalisierung Sackgassen ergeben können, die verlangen, dass Selbstverständlichkeiten und bisherige Gewohnheiten überdacht und gegebenenfalls modifiziert werden müssen, um langfristig nicht nur professionell und authentisch, sondern auch leistungsfähig zu bleiben. Wichtig sind vor allem die typischen Gewohnheiten, die keine Bewusstheit brauchen und spontan beispielsweise als Aspekte der Selbstinszenierung auftauchen.

Da berufliche Beziehungen Übertragungen und Gegenübertragungen unterliegen, können gute Erfolge – wie Integration von Menschen in den Berufsalltag, aber auch in Führung und Beratung – nur erzielt werden, wenn unbewusste Konflikte, Wünsche und Fantasien sowie abgelehnte Persönlichkeitsanteile und Gefühle beleuchtet werden, da sie Einfluss auf Beziehungen, Beratungsverläufe und deren Erfolge haben. Im Beratungskontext bzw. Führungsalltag ist es wichtig, die eigenen Dispositionen mit denen des Gegenübers abzugleichen, um Fettnäpfchen, Missverständnisse, Fallstricke oder Risiken zu minimieren.

Erworbene habituelle Dispositionen werden auch im Erwachsenenalter noch unbewusst strategisch eingesetzt, z. B. um sich orientieren und entscheiden zu können. Ein bestimmter Habitus ermöglicht es, in einem entsprechenden Kreis, wie z. B. dem von Berater:innen, dazuzugehören und Erfolg zu haben. Fehlende habituelle Prägungen im beruflichen Kontext, beispielsweise bei Quereinsteiger:innen, können bei Betroffenen in bestimmten Situationen Unsicherheit erzeugen und stetig ein Gefühl vermitteln, sich besonders anstrengen und kämpfen zu müssen, um Erfolg im Beratungsgeschäft zu haben. Das Habitogramm soll dafür sensibilisieren, dass sich in der Gegenwart zeigende und Betroffene ungewollt beeinflussende Gewohnheiten ihren Ursprung möglicherweise in der Vergangenheit – z. B. aufgrund gesellschaftlicher Strukturen – haben und als habituell angelegte Muster ans Licht gebracht und gegebenenfalls verändert werden können.

Anders als in der Biografiearbeit (wie beispielsweise mit dem Genogramm) spielt es beim Modell des Habitogramms eine entscheidende Rolle, zu reflektieren, dass jeder Mensch ohne eigenes Zutun in eine bestimmte Gesellschaft mit einer spezifischen Ordnung, in eine bestimmte Schicht, ein bestimmtes Milieu, eine bestimmte Region, einen bestimmten Kulturkreis hineingeboren wird. Besonders Extrembedingungen, wie sie in den beiden Weltkriegen im 20. Jahrhundert herrschten, haben großen Einfluss auf die Möglichkeiten, wie Kinder aufwachsen. Eindrucksvoll, aber auch erschreckend ist, dass diese Erfahrungen bis in die Gegenwart reichen und Menschen, die heute leben – sogenannte Kriegsenkel (Lohre, 2016) – beeinflussen können. Für diese Zusammenhänge, Hintergründe und Auswirkungen bis in die Gegenwart kann das Habitogramm sensibilisieren bzw. Menschen dabei unterstützen, diese für sich selbst aufzudecken.

Diese Strukturen im Umfeld werden durch spezifische gesellschaftliche Gegebenheiten determiniert und sind für die Möglichkeiten des Heranwachsens im Herkunftssystem entscheidend. Das bedeutet, das Aufwachsen in einem festgelegten sozialen Raum ist nicht nur vom subjektiven Erinnern, dem individuellen Empfinden bestimmt, sondern auch von objektiven Fakten. Das, was in der Gesellschaft gefordert und gefördert wird, was anerkannt ist, was die Macht hat, bestimmt in entscheidendem Maß, wie sich Menschen in ihrem Milieu, in ihrer Familie einrichten, bewegen und entwickeln können. Die Fakten der gesellschaftlich vorgegebenen Normen und Regeln dessen, was moralisch akzeptiert und erstrebenswert ist bzw. war, sind deshalb Grundlagen in der Arbeit mit dem Habitogramm. Diese Basis bestimmte und begrenzte die Erfahrungen der Bezugspersonen und beeinflusste die eigene habituelle Entwicklung. Durch diese Erkenntnisse entsteht Verständnis, sodass Schuldzuweisungen an Eltern und emotionale Belastungen durch Groll und Frustration auf sie aufgegeben und gegebenenfalls neue Beziehungsqualitäten aufgebaut werden können. Diese Zusammenhänge sind für Supervisor:innen für das Reflektieren der eigenen habituellen Wurzeln, aber auch für ihre Arbeit mit einzelnen Supervisand:innen oder Teams von Bedeutung.

Da sich grundlegende Strukturen im Denken, Fühlen und Handeln in den unbewussten habituellen Strukturen wiederfinden, kann das Habitogramm immer dann herangezogen werden, wenn Klient:innen sich unter anderem fragen, weshalb Beziehungen gestört sind, wieso sie bestimmte Ziele nicht erreichen können, warum die Kommunikation nicht gelingt oder Konflikte entstanden sind. Die Antworten auf diese Fragen sind Ausgangspunkte, um Möglichkeiten der Veränderung zu finden und Problemstellungen dauerhaft aufzulösen.

Ziel der Habitogramm-Arbeit ist das Erkennen, welche neuronalen Muster im Gehirn in der Vergangenheit die Grundlage für notwendige Alltagskompetenzen waren und zu verstehen, dass diese bestimmen, wie sich Menschen heute in ihrem Umfeld einrichten, was sie wie wahrnehmen, bewerten, deuten, auslegen, nutzen, umsetzen, aufs Spiel setzen und weshalb sie so oder so leben und arbeiten. Diese Muster entlasteten damals, sie gaben Struktur und sicherten das Handeln und Erleben. Sie gaben Möglichkeiten, zu reagieren, sich im Alltag zu bewegen, zu behaupten oder zurückzunehmen, sich für sich selbst oder für andere einzusetzen. Heute, beim erwachsenen Menschen, finden auf dieser habituellen Basis im privaten und beruflichen Alltag ständig unbewusst Abgleiche statt, was persönlich sinnvoll ist oder was riskant sein könnte. Diese Muster aus der Vergangenheit können, unreflektiert, in der Gegenwart unbewusst blockieren und zu Fehlentscheidungen führen.

Das Habitogramm lädt Berater:innen deshalb auch dazu ein, sich unvereinbarer innerer Widersprüche – wie sie von Möller (1998) beschrieben und von mir im Kapitel »Was ich übersehen kann« (S. 63 ff.) aufgegriffen wurden – bewusst zu werden. Diese können aufgrund eigener habitueller Sichtweisen, Überzeugungen und Werte, aber auch als Reaktionen auf wahrgenommene Haltungen und Aussagen von Supervisand:innen entstanden sein. Denn Dissonanzen, die zu inneren Spannungszuständen führen, bewirken unter Umständen innere Blockaden, die die Begleitung und Betreuung von Menschen und das Beratungsverhältnis stören.

Wenn Klient:innen erkennen, welche ihrer psychischen Grundbedürfnisse gut ausgeprägt, welche verkümmert und welche überbetont sind, sind das gute Voraussetzungen, um gegebenenfalls die Notwendigkeit zu handeln zu sehen. Kontrolle und Orientierung haben, dazugehören und mit anderen in Kontakt gehen, den Selbstwert entfalten und sich in Freiheit autonom entwickeln, aber auch angenehme Gefühle forcieren und unangenehme Gefühle regulieren können, sind wesentliche Bausteine, um sich wertvoll zu fühlen und sich seiner eigenen Würde bewusst zu werden. Habituelle Gewohnheiten wie nutzbringende Fähigkeiten, Fertigkeiten, Wissen, Können, Einstellungen und Haltungen stellen somit in der Gegenwart ausgeprägte Ressourcen dar, wie unter anderem mit auftretenden Problemen umgegangen werden kann. Andere Aspekte, die infolge gesellschaftlicher, bis in das Herkunftssystem hineinreichender Bedingungen nicht oder nur gering entwickelt sind, können als Begrenzungen erkannt und als Lernfelder ausgemacht werden. So tragen diese Ergebnisse des Habitogramms nicht nur zur aktuellen Problemlösung bei, sondern auch zur langfristigen Persönlichkeitsentwicklung und Habituserweiterung.

Das Habitogramm ermöglicht eine habitussensible Beratung. Diese beinhaltet bei der Arbeit mit der Methode, mit dem Klienten mitzugehen, seine Sprache zu sprechen oder ihn durch Nachahmung seiner Körperhaltung zu spiegeln sowie sich tatsächlich an seinen habituellen mentalen, emotionalen und handlungsorientierten Gewohnheiten zu orientieren.

Bei den Fragen während der Arbeit mit dem Habitogramm geht es neben dem konkreten Inhalt auch um das Wie: Wie wird etwas erzählt, was wird wie bewertet, was wird weggelassen, was wie betont, was wird wie geleugnet. Auch Sprach- und Ausdrucksmuster, wie über etwas berichtet wird, weisen darauf hin, welche Haltungen, Einstellungen, Deutungen, Überzeugungen, Wahrnehmungsmuster und so weiter Bestand haben und den Menschen auch heute in Alltag und Beruf unbewusst leiten.

Je nach Ziel und Methodensicherheit kann ein Habitogramm mit Einzelnen in mehreren Sitzungen oder in nur einer längeren Einheit erstellt werden. Das Habitogramm kann Thema einer Tagesweiterbildung oder einer Teamsupervision sein und wird dann mit mehreren Teilnehmenden durchgeführt. Die Methode ist aber auch nutzbar in der im Hintergrund laufenden Habituserforschung, um sich ein Bild über den Habitus der Klient:innen bzw. über eigene abweichende habituelle Erfahrungen zu machen.

Für jeden Arbeitsansatz zeige ich später unterschiedliche Varianten und Gestaltungsmöglichkeiten, die in der Praxis erprobt sind. Für diese finden sich im Kapitel »Weitere Fälle aus der Praxis« (S. 136 ff.) zusätzlich Fallbeschreibungen aus dem Praxisalltag.

Was, wann, wie? Varianten und ihre Anwendung

Die Arbeit mit dem Habitus kann auf verschiedene Art und Weise erfolgen. Mit dem Habitogramm wird Wert auf die Beleuchtung der äußeren, den Prozess der Habitualisierung beeinflussenden Ebenen Gesellschaft, Milieu und Herkunftssystem gelegt, um am Ende ein Bild des eigenen Habitus zu erhalten. Aus diesem Grund bietet es sich an, diese vier Ebenen be-*greif*-bar zu machen. Dafür wird für jede Ebene entsprechend der Grundstruktur mindestens ein eigenes Blatt angelegt, mit dem gearbeitet wird. Diese Blätter können die Klient:innen in die Hand nehmen, beschreiben und verschieben. Da nicht jede Beraterin systemisch arbeitet und zeitliche Begrenzungen mitunter ein zügiges Vorgehen erfordern, ist auch das Arbeiten mit einer Kurzform des Habitogramms möglich. Diese Variante sollte allerdings erst eingesetzt werden, wenn die Methode im Interventionsrepertoire verinnerlicht ist. Die zur Verfügung stehende Zeit und die Ziele der Klient:innen oder des Arbeitsprozesses bestimmen die zu wählende Variante. Diese wiederum legt Auswahl und Umfang des Arbeitsmaterials und Gestaltungsmöglichkeiten fest.

Zur Selbstreflexion von Anwender:innen und zum Kennenlernen der Methode bietet es sich an, besonders in die Tiefe zu gehen und jede einzelne Ebene und die dazugehörenden Bereiche intensiv zu erforschen. Bei der Arbeit mit dem Habitogramm in Beratung und Begleitung anderer kann der Abgleich zwischen dem eigenen und dem Habitus des Gegenübers im Vordergrund stehen, um passgenaue Fragen stellen, zielgerichtet Wege einschlagen und effektive Lösungen finden zu können. Dabei kommt es letztlich auf einen Vergleich zwischen damals und heute an: Die im Habitogramm aufgedeckten damaligen äußeren Strukturen, welche die Herausbildung bestimmter habitueller Eigenheiten des Menschen möglicherweise forcierten, werden parallel oder am Ende der Arbeit ins Verhältnis zu den gegenwärtig vorherrschenden Bedingungen und Möglichkeiten gesetzt. Dabei wird unter anderem beleuchtet, welche Gegebenheiten aktuell in der Gesellschaft und im Milieu vorzufinden sind bzw. welche Fähigkeiten entwickelt wurden, um Beziehungen privat oder beruflich – oder auch in der Beratung – einzugehen und zu gestalten. So haben förderliche Strukturen unter Umständen zu habituellen Erfahrungen geführt, aus denen Ressourcen entstanden. Umgekehrt ist es auch denkbar, dass gesellschaftliche, milieubedingte und familiäre Gegebenheiten die persönlichen Möglichkeiten eingeschränkt haben können, wodurch bestimmte Erfahrungen bisher nicht gemacht wurden, was letztlich persönliche Begrenzungen in der Gegenwart zur Folge hat.

Während der ersten Entwicklungsphase des Habitogramms ab 2018 habe ich zur Darstellung des Einflusses äußerer, umgebender Strukturen auf innere Prozesse des Menschen im Rahmen der Habitualisierung und des Wechselspiels zwischen den Ebenen ein vierdimensionales systemisches Modell genutzt. Bei der Recherche zum vorliegenden Buch entdeckte ich das von Gardenswartz und Rowe (2003) entwickelte Schema, welches ich im Kapitel »Diversität und Diskriminierung« (S. 22 ff.) vorgestellt habe. Dieses dient der Darstellung der vielfältigen Aspekte von Diversität im Arbeitskontext und es bestätigte meine Idee des systemischen Ansatzes im Habitogramm.

Die vier Ebenen im Habitogramm, die sich auf den Kontext der Sozialisierung beziehen, umfassen von außen nach innen (Abbildung 5):
1. gesellschaftliche Bedingungen,
2. Schicht, Milieu und soziale Lage,
3. Herkunftssystem und
4. den Habitus als Kern.

Das Habitogramm regt damit an, den Blick horizontal schweifen zu lassen, links und rechts zu schauen, was Menschen während ihrer frühen Jahre und später umgeben hat.

Wie später das Praxisbeispiel mit der Anleitung zum Habitogramm zeigen wird, sind nicht selten mehr als nur ein Gesellschaftssystem oder Milieu im Rahmen der Sozialisierung von Klient:innen oder ihrer Bezugspersonen in Vorgenerationen von Bedeutung. Auch durch leibliche, Stief-, Adoptiv- und Pflegeeltern kann für eine Person die Betrachtung mehrerer Herkunftssysteme notwendig sein. Dies hängt immer von Arbeitsauftrag und individueller Konstellation im jeweiligen Kernsystem ab.

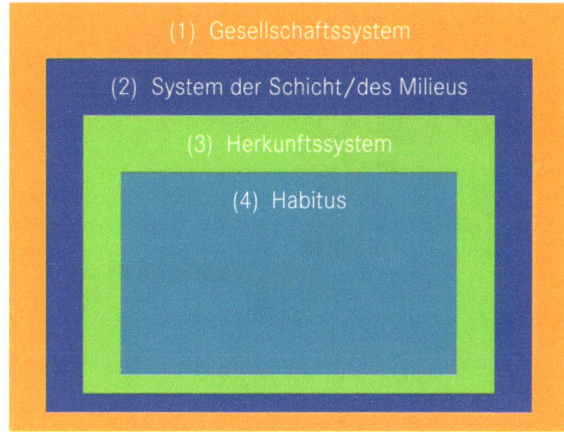

Abbildung 5: Vierdimensionales Grundmodell des Habitogramms

Umfang und Gestaltung

Je nach individuellen Gegebenheiten gestalten sich Setting und Arbeitsaufwand im Zusammenhang mit dem Habitogramm unterschiedlich. Einzelne Arbeitsschritte – nicht nur in der Arbeit mit Einzelnen, sondern auch mit Teams – können ausgelagert werden. Zu den Arbeitsmitteln, die vor allem am Anfang bei der Arbeit mit dem Habitogramm, bei geringen Vorkenntnissen zu biografischer Arbeit oder besonders umfangreichem Datenmaterial genutzt werden können, gehören Hilfstabellen, die in Anlage 12 zu finden sind. In diesen werden alle für den Betroffenen wichtigen Bezugspersonen zusammengetragen, um einen ersten Überblick zu erhalten. Diese Listen können auch im (Erst-)Gespräch von Berater:innen für die spätere Arbeit mit Klient:innen angelegt werden oder Supervisor:innen als Arbeitsgrundlage dienen. Ersatzweise oder ergänzend ist es möglich, ein Genogramm zu skizzieren oder ein bereits erstelltes Genogramm heranzuziehen.

Die flexible Gestaltung dieser ersten Datensammlung ermöglicht ein differenziertes Vorgehen. Entscheidend für die Gestaltung und Auswahl des zu betrachtenden Personenkreises ist, welche äußeren Bedingungen sich jeweils finden lassen und inwieweit diese möglicherweise Einfluss auf die habituelle Entwicklung des Betroffenen hatten.

Für das Kennenlernen der Methode, zur Selbstreflexion, zum systemischen Arbeiten und immer dann, wenn sich viele unterschiedliche Details zu den äußeren Einflussfaktoren finden lassen, ist die mehrschichtige Variante 1 des Habitogramms zu bevorzugen (Abbildung 6). Sie bietet die umfangreichste visuelle Darstellungsmöglichkeit. Auch können hier in jeder Ebene fehlende Erfahrungen aufgrund der Gegebenheiten in Gesellschaft, Milieu oder Herkunftssystem mit einem weißen Blatt hervorgehoben werden.

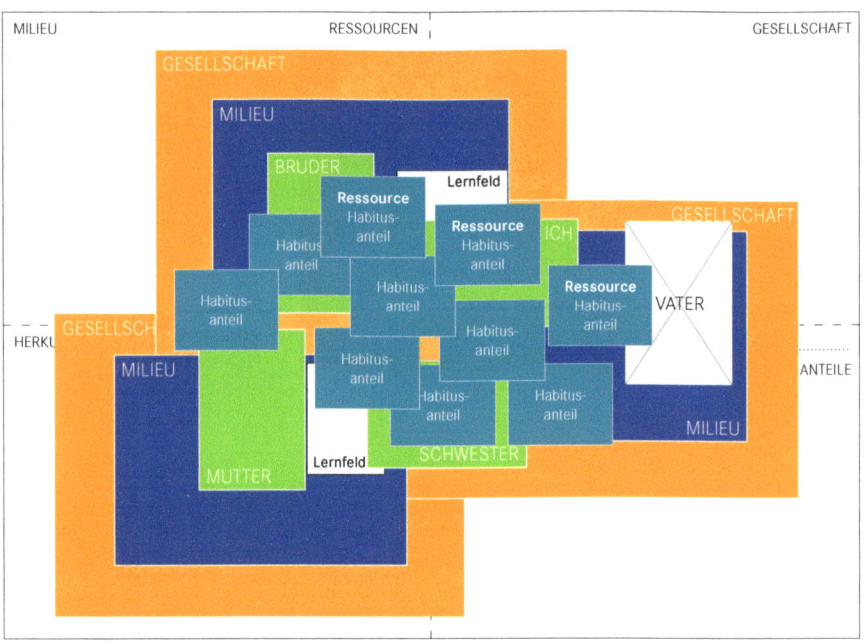

Abbildung 6: Beispiel einer Vorlage für die 1., mehrschichtige Variante des Habitogramms

Variante 1: mehrschichtige Variante

Bei der mehrschichtigen Variante können für jede Ebene entsprechend den festzuhaltenden Daten unterschiedlich viele Karten in gleicher Farbe genutzt werden. Für die Ebene der Habitusanteile, Ressourcen und Lernfelder sind bis zu 17 Karten[9] möglich.

Die mehrschichtige Variante bietet die optimale Übersicht, wenn Groß-

---

9 Um bei der mehrschichtigen Variante die Karten später übersichtlich auf der Vorlage fixieren zu können, sind maximal zehn Blätter für das Feld »Habitusanteile«, maximal sieben Karten für Ressourcen und Lernfelder vorgesehen. Dabei bleibt es dem Anwender überlassen, für Lernfelder weiße Kärtchen zu nutzen oder fehlende Erfahrungen auf den farbigen Kärtchen der Habitusanteile sichtbar zu machen.

eltern oder Eltern unter anderen gesellschaftlichen Bedingungen aufgewachsen sind als Klient:innen oder wenn bei Vorgenerationen Mobilität bzw. Migration eine Rolle spielten oder sich Auf- bzw. Abstiege finden lassen. Das Habitogramm einer spezifischen Person kann dann einen Umfang einnehmen, wie er in Abbildung 6 zu sehen ist. In dieser Abbildung sind beispielhaft folgende farbige Karten auf der Vorlage angeordnet:
– je eine gelbe Karte für die gesellschaftlichen Einflüsse auf die Sozialisierung und späteren Lebensbedingungen von Großeltern, Eltern und Klientin,
– je ein dunkelblaues Blatt für die Bedingungen im jeweiligen Milieu, unter denen Großeltern und Eltern aufwuchsen, lebten und arbeiteten und unter denen die Klientin heranwuchs und in denen sie heute lebt,
– je ein grünes Kartonpapier für die Menschen mit ihren typischen Gewohnheiten im Herkunftssystem – hier Mutter, Klientin, Bruder und Schwester,
– ein weißes Blatt für die fehlende Erfahrung mit einem Vater,
– zehn türkisfarbene Kärtchen für die typischen Gewohnheiten als Habitusanteile der Klientin, von denen hier drei als Ressourcen festgelegt wurden,
– zwei weiße Kärtchen als Lernfelder für fehlende Erfahrungen (mit möglichem Nachholbedarf).

Die Farben der Karten dürfen in der Praxis selbstverständlich von denen in Abbildung 6 abweichen. Es bleibt dem Anwender überlassen, wie er am Ende des Arbeitsprozesses das Habitogramm zusammenstellt und aufbewahrt. Dennoch der Hinweis: Die im Kapitel »Habitogramm-Erstellung von Selbstreflexion bis Teamentwicklung« (S. 102 ff.) vorgeschlagene Vorgehensweise, das empfohlene Arbeitsmaterial für die mehrschichtige Variante (Variante 1) sowie die Ablage auf der Vorlage entsprechend Anlage 13 ist in der Praxis erprobt und sehr effektiv. Die beidseitig zu verwendende Vorlage kann in DIN-A2-Format kopiert oder in dieser Größe nachgedruckt werden und als Basis für jedes Habitogramm dienen. Für alle Varianten kann alternativ zum Vordruck mit einem halben Flipchart-Papier, welches der Größe DIN A2 entspricht, gearbeitet werden. Ob mit oder ohne Vorlage, entscheidend für alle weiteren Betrachtungen ist, die persönlichen Daten für den Klienten wie Geburtsdatum und Geburtsort in der Vorlage an den vorgegebenen Stellen zu notieren. Auf der Innenseite der leeren Vorlage – wie sie Abbildung 9 zeigt (S. 97) – können zum Abschluss des Arbeitsprozesses alle Karten aus den einzelnen Schritten gesammelt und fixiert werden. Für Variante 1 und die folgende Variante gibt es auch eine digitale Version. Ihr Vorteil: Es kann ohne Materialaufwand gearbeitet werden. Den Zugang zum Online-Tool finden

Sie unter Eingabe des hinten im Buch abgedruckten Codes im Verlagswebshop beim Buchtitel im Downloadbereich.

Variante 2: einschichtige Variante

Eine zweite Möglichkeit der Habitogramm-Arbeit ist, die jeweiligen spezifischen Bedingungen für die zu betrachtenden Personen jeweils nur auf einem möglichst farbigen Kartonpapier je Ebene zu notieren. Wie Abbildung 7 als Beispiel für diese Variante 2 zeigt, werden die Blätter für jede Ebene in gleicher Größe ausgewählt, um genügend Raum für Notizen zu haben und sie später entsprechend den vorhandenen Platzmöglichkeiten auf der Vorlage platzieren zu können. Wird die Kopiervorlage in Anlage 13 zur übersichtlichen Ablage nicht genutzt (S. 222 f.), kann auch mit unterschiedlich großen Kartonpapieren, wie es Abbildung 5 zeigt, gearbeitet werden.

Diese 2., einschichtige Variante, die ich vor allem in der Entwicklungsphase immer wieder eingesetzt habe, um Ressourcen wie Zeit und Material zu sparen, bietet sich besonders an, wenn lediglich das Herkunftssystem betrachtet werden soll und sich keine bedeutsamen Unterschiede in Gesellschaftsform und Milieu während der Sozialisierung der Probanden selbst und ihrer Bezugspersonen im Sondierungsgespräch finden lassen.

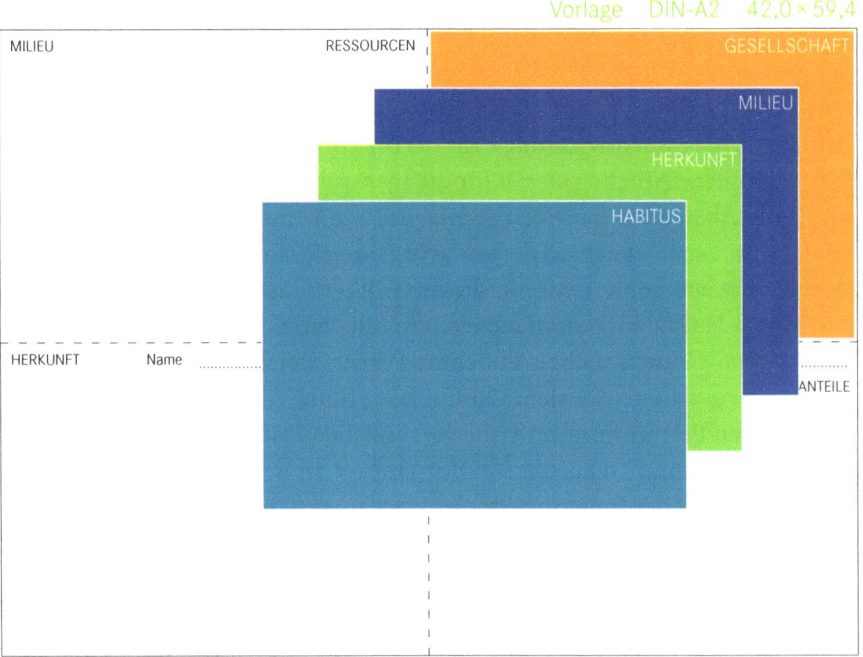

Abbildung 7: 2., einschichtige Variante des Habitogramms

Hauptanliegen auch bei dieser Variante 2 ist die systemische Darstellung des Einflusses von Gesellschaft und Milieu auf Herkunftssystem und die Herausbildung eines typischen Habitus durch entsprechendes Aufeinanderlegen der Kartonpapiere. Zusammenhänge, Abhängigkeiten und gegenseitige Beeinflussungen lassen sich allerdings nicht wie bei der mehrschichtigen Variante innerhalb einer Ebene oder über Ebenengrenzen hinaus durch Verschieben einzelner Karten darstellen. Auch können fehlende Erfahrungen in einzelnen Ebenen nicht mit weißen Karten farblich abgehoben visualisiert werden.

Aus diesem Grund werden mit Variante 2 fehlende Personen und verhinderte Erfahrungen notiert und durchgestrichen, wie es Abbildung 8 auch für die dritte Arbeitsvariante mit dem Habitogramm zeigt. Die Bögen können am Ende der Habitogramm-Arbeit ebenfalls auf einem Trägerpapier wie der Kopiervorlage im Buch fixiert werden.

Variante 3: eindimensionale Variante

Die dritte Möglichkeit des Arbeitens ist eine abgespeckte Variante, die nach dem intensiven Kennenlernen und Arbeiten mit der mehrschichtigen Variante 1 eingesetzt werden kann. Sie bietet sich unter anderem dann an, wenn das Habitogramm parallel zur Arbeit mit Klient:innen genutzt werden soll, um Hinweise

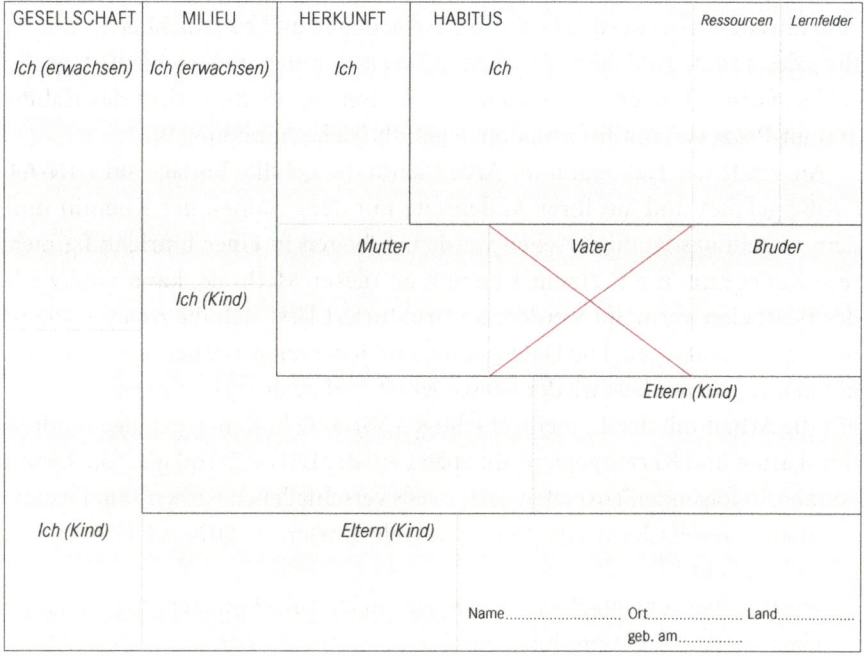

Abbildung 8: Beispiel einer Vorlage für die 3., eindimensionale Variante des Habitogramms

über den Habitus des Gegenübers zu erarbeiten. Diese Variante 3 lässt sich aber auch einsetzen, um eigene Habitusanteile mit denen von anderen abzugleichen, um inneren oder äußeren Konflikten auf die Spur zu kommen. Dazu wird ein entsprechend großes Blatt Papier so unterteilt, dass Grundstruktur und äußere Einflüsse auf den Habitus in ihrer Wirksamkeit sichtbar werden. Das Habitogramm in dieser Kurzform, eine Anleitung findet sich in Kapitel »Variante 3 – Anleitung für Fortgeschrittene« (S. 121 ff.), ist eine eindimensionale Variante, wie sie Abbildung 8 zeigt. Sie ist in ihrer visuellen Aussagekraft begrenzt und deshalb am Anfang des Kennenlernens der systemischen Methode in der Arbeit *mit* Klient:innen nicht zu empfehlen. Ergänzend können bei dieser Kurzform wie auch in den anderen Varianten einzelne wichtige Aspekte zusätzlich mit Farbstiften hervorgehoben werden. Wie in Variante 2 werden fehlende Erfahrungen in der eindimensionalen Variante zunächst notiert und anschließend durchgestrichen.

Bei allen Varianten können Einflüsse auf den Habitus und andere hervorzuhebende Besonderheiten zusätzlich mit Pfeilen, Klebepunkten und anderen Markierungen gekennzeichnet werden.

Arbeitsmaterial

Je nach genutzter Variante kommen unterschiedliche Formate und Materialien zum Einsatz. Dabei werden in der mehrschichtigen und einschichtigen Variante für jedes soziale Feld, also für jeden äußeren Rahmen, unterschiedlich große eckige, farbige Moderationskarten und Kartonpapiere im Verlauf des Habitogramm-Prozesses mit Informationen gefüllt (siehe Abbildung 9).

Am Ende der Habitogramm-Arbeit kann die gefüllte Vorlage auf DIN-A4-Größe gefaltet und auf ihrer Außenseite mit dem Namen der Klientin und dem Erstellungsdatum versehen werden. Arbeiten in einer Einrichtung mehrere Kolleg:innen mit einem Klienten an dieser Methode, kann zusätzlich der Bearbeiter vermerkt werden. So strukturiert lässt sich die Analyse wie in Abbildung 10 ablegen. Die Daten sind damit jederzeit geordnet verfügbar und können gegebenenfalls wieder hervorgeholt und auch ergänzt werden.
Für die Arbeit mit der 1., mehrschichtigen Variante kommen gängige Moderationskarten und Kartonpapiere, die später auf der DIN-A2-Vorlage Platz finden können, in folgenden Formaten und jeweils verschiedenen Farben zum Einsatz:
– Ebene Gesellschaft: entsprechend viele Karten in DIN-A4-Format mit 29,7 × 21 cm,
– Ebene Milieu: entsprechend viele Karten in DIN-A5-Format mit 21 × 14,8 cm,
– Ebene Herkunft: entsprechend viele Karten in DIN-A7-Format mit 10,5 × 7,4 cm,

- Ebene Habitus: bis zu 17 Karten für Habitusanteile inklusive Ressourcen und Lernfeldern in DIN-A8-Format mit 7,4 × 5,2 cm.

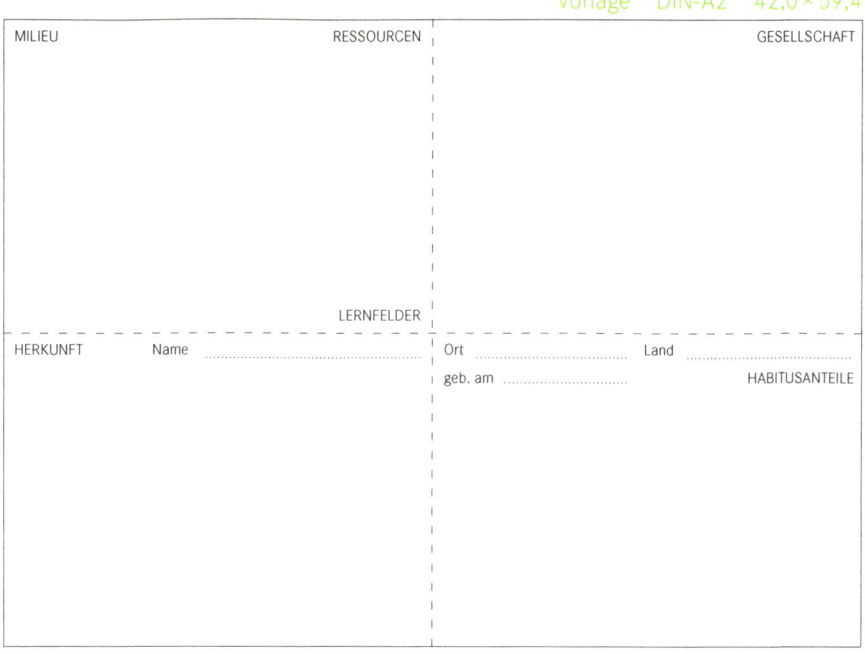

Abbildung 9: Vorlage in DIN-A2-Format

Abbildung 10: Vorlage Habitogramm fertig zur Ablage gefaltet

Mit den einzelnen Teilen kann während des Habitogramm-Prozesses systemisch gearbeitet werden, wie es Abbildung 6 zeigt (S. 91). Indem Karten verschoben oder ihre Positionen auf anderer Art verändert werden, lassen sich äußere und

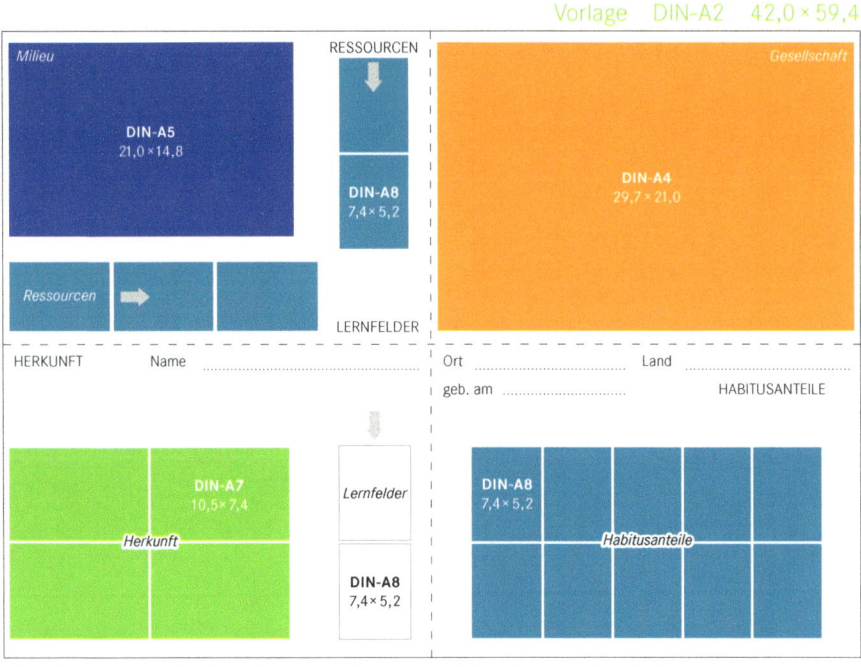

Abbildung 11: Vordruck und Formate des Materials bei der 1., mehrschichtigen Variante

innere Dynamiken darstellen. Bei dieser 1. Variante kann es zum Schluss – je nachdem, ob es der zur Verfügung stehende Raum erfordert – notwendig werden, die zusammengehörenden Ebenen-Karten so aufeinanderzulegen, dass sie an einer ihrer vier Seiten z. B. mit Kleber oder Tacker übereinanderliegend fixiert werden und nur der unterste Karton aufgeklebt wird. Dadurch können die aufeinanderliegenden Blätter später wie ein Buch aufgeschlagen und die Notizen gelesen werden. Die entsprechenden Größen des Arbeitsmaterials für die 1., mehrschichtige Variante und die spätere Platzierung der Karten auf dem Basispapier sind in Abbildung 11 zu sehen.

Bei der 2., einschichtigen Variante (siehe Abbildung 7, S. 94) wird ein einheitliches Format für alle Karten gewählt, um ausreichend Platz für sämtliche notwendigen Notizen zu haben. Für diese 2. Variante hat sich das Format DIN A4 mit 29,7 × 21 cm für jedes farbige Kartonpapier und jede Ebene in jeweils einer bestimmten Farbe bewährt. Die Karten überragen nach dem Falten das Ablagepapier, um die persönlichen Daten nicht zu überdecken, wie es Abbildung 12 zeigt. Bei der 3., eindimensionalen Variante, bei der nur ein Bogen in DIN A2 verwendet wird, kann die Gestaltung der Innenseite entsprechend Abbildung 8 erfolgen (S. 95).

Was, wann, wie? Varianten und ihre Anwendung

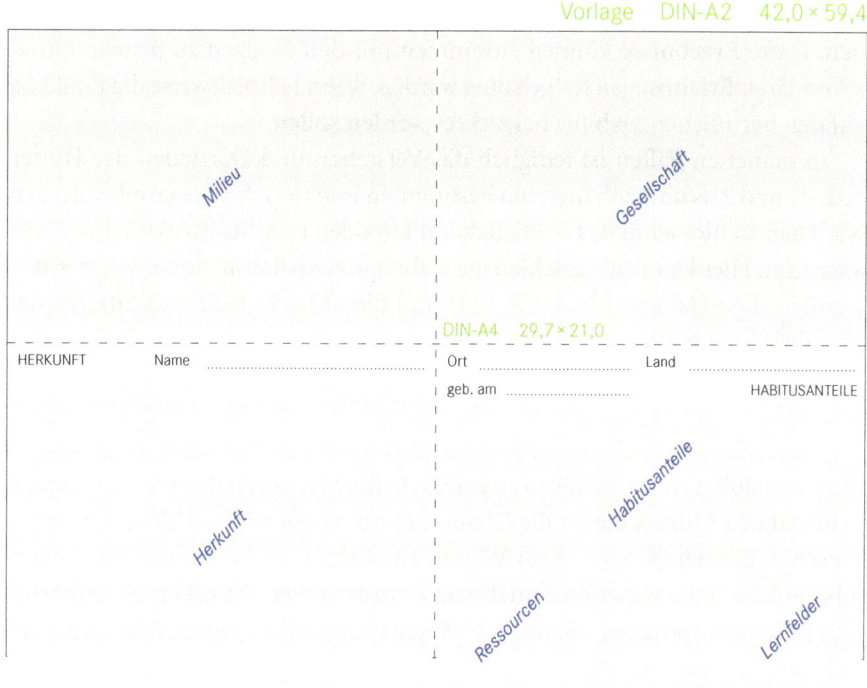

Abbildung 12: Vordruck und Formate bei der 2., einschichtigen Variante

Arbeitsaufträge

Der Arbeitsauftrag, der zu Beginn eines Habitogramm-Prozesses steht, kann unterschiedlich formuliert sein und ist mitentscheidend dafür, welche Variante des Habitogramms gewählt werden sollte. So ist ein im Hintergrund als Basis zur habitussensiblen Beratung angelegtes eindimensionales Kurz-Habitogramm weniger umfangreich als ein Habitogramm, bei dem von gegenwärtigen Problemstellungen Rückschlüsse auf mögliche habituelle Ursachen gezogen werden, um Lösungswege für die Zukunft zu finden.

Im ersten Schritt soll mit der Methode der Zeitraum früher habitueller Erfahrungen in den Blick genommen werden, in der Regel die Jahre von der Zeugung bis circa zum sechsten Lebensjahr. Um typischen Gewohnheiten auf die Spur zu kommen, wird in den meisten Fällen in einem zweiten Schritt geschaut, welche äußeren Einflüsse ab dem sechsten Lebensjahr ebenfalls eine Rolle gespielt haben können. Für umfassende Betrachtungen habitueller Räume, Positionen und Dispositionen können zusätzlich Ausbildung, Studium und beruflicher Werdegang und alle damit im Zusammenhang stehenden Aspekte wie Mobilität und Migration sowie soziale Auf- und Abstiege einbezogen werden. Diese Ergebnisse können zusammen mit den Notizen zu primären und sekundären Erfahrungen festgehalten werden, wenn beispielsweise die Einflüsse auf den beruflichen Habitus beleuchtet werden sollen.

In manchen Fällen ist lediglich das Verstehen und Darstellen der Hintergründe und Zusammenhänge von bestimmten innerpsychischen Ambivalenzen wie Unentschlossenheit, Loyalitätskonflikte oder Habitus-Struktur-Konflikte angezeigt. Hier kann auf verschiedene Habitogramm-Bausteine zurückgegriffen werden: die »Habitus-Blüte« (S. 124) und die »Matrix BIFF« (S. 70), die der Visualisierung solcher Zustände dienen.

Unterstützende Hilfsmittel

Allgemeingültige Informationen zu gesellschaftlichen Zuständen und ergänzende Schemata zu Milieus bieten die Chance, als unterstützendes Hilfsmittel Hypothesen aufzustellen, wo es kein Wissen zu wichtig erscheinenden Strukturen gibt. Solche unbewiesenen Annahmen einzubeziehen, ist oft ein Gewinn für den Erkenntnisprozess, solange die Möglichkeit einkalkuliert wird, dass man sich möglicherweise irrt.

Es kann sinnvoll sein, die Quellen und Informationen, die ich im Kapitel »Des Pudels Kern« (32 ff.) zu gesellschaftlichen Systemen, Schichten und Milieus, zu Aufstiegen und Abstiegen von Einzelnen und Familien oder zu Habitus-Struktur-Konflikten zusammengetragen habe, für die Habitogramm-Arbeit zu nutzen. Ebenso sind die Schemata in den Anlagen 7 und 8 als Ergänzung hilfreich. Auch die in den Anlagen 1 bis 4 zusammengestellten Fragen zu den einzelnen Ebenen bzw. Schritten unterstützen die Arbeit.

Viele Betroffene konnten seinerzeit über Kriegserlebnisse wie Verwundung, Tod von Kameraden, Freunden und Familienangehörigen, Hunger, Angst, Flucht oder Vergewaltigung nicht sprechen oder schweigen bis heute. Nachfolgende Quellen können hinzugezogen werden, wenn Familiengeschichten mit historischen gesellschaftlichen Gegebenheiten einhergehen, die nicht bekannt sind. Die erste Quelle, die im Verlauf der Habitogramm-Arbeit nützlich sein kann, ist die Internet-Unterseite des Deutschen Historischen Museums – Lebendiges Museum Online (LEMO, o. D.). Hier lassen sich für alle heute noch relevanten Epochen in Deutschland sowohl Jahreschroniken und Hintergrundinformationen als auch Zeitzeugenberichte finden. Denn Urgroßeltern, Großeltern und Eltern können in Deutschland unter jeweils völlig anderen gesellschaftlichen Bedingungen aufgewachsen sein als ihre Kinder. Zu diesem Zweck bietet sich auch das Buch »Das Erbe der Kriegsenkel« von Matthias Lohre (2016) an.

Auf einer weiteren Website, die für Kinder konzipiert ist, lassen sich zu jeder deutschen Epoche von 1890 bis 1989 Informationen zu Politik, Systemen, Alltag, Kultur und Wissenschaft nutzen (Zeitklicks, o. D.). Hier werden die Ereignisse in der BRD und der DDR zeitlich gegenübergestellt. Es wird unter anderem darüber informiert, wie Kinder im Osten aufwuchsen oder worin sich ihre Kindheit von der ihrer Altersgenossen im Westen unterschied.

Vor dem Start

Bestimmte in der Vergangenheit angelegte habituelle Eigenheiten können vor allem dann als mögliche Ursachen für Problemlagen in der Gegenwart vermutet werden, wenn es um Themen geht wie
- einander nicht verstehen oder nicht mögen,
- nicht nachgeben können oder Recht haben wollen,
- nicht entscheiden oder keine eigene Meinung bilden können oder
- sich in bestimmten Situationen ambivalent oder unsicher fühlen.

Das durch die Habitogramm-Arbeit aufgedeckte Wissen um bestimmte habituelle Erfahrungen kann dann genutzt werden, Veränderungen anzuregen und damit Lösungen für Gegenwart und Zukunft zu finden.

Habituelle Barrieren, die mit dem Habitogramm ebenfalls bearbeitet werden können, sind beispielsweise
- das Gefühl, immer kämpfen zu müssen,
- regelmäßiges Scheitern an einem bestimmten Punkt,
- seit Langem bestehende Angst, einen bestimmten Schritt zu unternehmen, oder das Gefühl, nicht dazuzugehören.

Dabei ist oberstes Gebot, behutsam vorzugehen. Es ist darauf zu achten, inwieweit Klient:innen Vorerfahrung mit Beratung haben. Die erste Möglichkeit, sich dem Habitus eines Menschen zu nähern, besteht bereits in der ersten Kontaktaufnahme. Schon hier können Berater:innen habitussensibel prüfen: Wie wird der Kontakt aufgenommen? Wie gestaltet sich die Begrüßung? Wie und wozu wird Small Talk geführt? Welche Worte werden gewählt? Auf welchen Wortschatz kann daraufhin geschlossen werden? Wie nah steht die Person bei der Begrüßung oder im Gespräch zu einem? Wie nah werden beispielsweise in der Arbeit mit Teams oder Gruppen später im Setting Stühle oder Sessel zueinander gestellt? Wer sitzt wo bzw. neben wem? Im Gespräch können dann eventuell ein Akzent oder regional begrenzte Ausdrücke, eine bestimmte Körperhaltung oder z. B. die Berührung eines anderen mit der Hand auffallen. Auch wie die

Reaktion auf bestimmte Fragen oder die Konfrontation mit schwierigen Themen oder mit Gefühlen ist und wie gut das Setzen klarer Grenzen gelingt, kann auf gesellschaftlich erworbene Normen hinweisen, die einem selbst vertraut oder fremd sein können.

Nach Schaffen einer vertrauensvollen Arbeitsbasis sollte geprüft werden, ob es entsprechend dem Arbeitsauftrag sinnvoll und notwendig ist, biografisch in die Tiefe zu gehen. Es sei nochmals angemerkt, dass diese Tiefe in der Habitogramm-Arbeit nicht (nur) den Blick zurück in vertikale Richtung meint, sondern vor allem in horizontale Richtung geschaut wird, also systemisch eher in die Breite.

Wichtig ist, Supervisand:innen darauf hinzuweisen, dass während der Arbeit aufgestellte Hypothesen Vermutungen bleiben, wenn keine Fakten zur Verfügung stehen. Der mögliche Gewinn von Hypothesen kann für Klient:innen im spezifischen Fall beispielsweise Verständnis, emotionale Entlastung, Gelingen von Verständigung oder verbesserte Beziehungsgestaltung bedeuten.

Habitogramm-Erstellung von Selbstreflexion bis Teamentwicklung

Das Habitogramm kann Einzelnen zur Selbstreflexion und Teams unter anderem zur Teamentwicklung dienen. Bei der Arbeit mit Gruppen und Teams gibt der Kontext in der Regel den Rahmen vor, sodass Zeitgründe in der Regel darüber entscheiden, mit welcher Variante gearbeitet werden soll oder kann.

Ansonsten bestimmen das von Klient:innen vorgetragene Anliegen, ihr Ziel und die ersten erhobenen Daten, wie zusammengearbeitet wird und ob bzw. wie das Habitogramm zum Einsatz kommt. Die Entscheidung, wann es sinnvoll erscheint, die Methode zu nutzen, hat häufig mit dem Bauchgefühl von uns Berater:innen zu tun und wird mit jedem Prozess einfacher.

Wenn zu Beratende (noch) nicht in der Lage oder nicht gewillt sind, zu reflektieren, dass habituelle Erfahrungen und ihre Umstände möglicherweise in Verbindung mit aktuellen Problemstellungen oder gescheiterten Lösungsversuchen stehen, bedeutet habitussensible Beratung auch, dass Supervisor:innen auf habituelle Hinweise achten. Diese – im Hinterkopf behaltend – können später in das vorbereitete Blatt für die eindimensionale Variante 3 übertragen werden. Derart lassen sich andere Fragen stellen, Interventionen entsprechend dem Habitus auswählen und der Prozess bewusst habitusorientiert lenken.

Mitunter ergeben sich auch erst nach erfolgten Beratungsterminen Anhaltspunkte dafür, dass es sinnvoll ist, das Habitogramm in Variante 1 oder 2 zusammen mit Klient:innen einzusetzen. Die Entscheidung für die 2., einschichtige oder 1., mehrschichtige Variante hängt dabei von mehreren Faktoren ab:

- Anliegen und Ziel: Was möchten Unterstützung Suchende wissen, lösen, finden, verändern?
- Datenumfang: Wie viele unterschiedliche Kulturen oder Gesellschaftssysteme bestimmten, wo und wie Klient:innen oder deren Bezugspersonen aufwuchsen?
- Methodenansatz: Soll mit den Karten im Prozess im Sinne einer Aufstellung systemisch gearbeitet werden?
- Material: Was soll eingesetzt werden und was ist in welchem Umfang vorhanden?
- Zeit: Wie viel Zeit steht für die Arbeit zur Verfügung?

Vor dem Einsatz des Habitogramms wird den Klient:innen der Sinn und Zweck der Methode erklärt. Das Habitogramm wird kurz vorgestellt und die Auswahl der Variante 1, 2 oder 3 getroffen. Unabhängig von der ausgewählten Variante besteht der nächste Schritt darin, zu überlegen, welche Personen beim Habitogramm einbezogen werden müssen, welche Daten vorliegen und welche eventuell recherchiert werden müssen. Häufig müssen zunächst nahe Verwandte oder andere Personen nach familien- und zeithistorischen Details befragt werden. Das Zusammentragen der ersten Daten lässt sich in der Einzelarbeit gut als Hausaufgabe delegieren. Die Datenerfassung kann aber auch von der Supervisorin oder gemeinsam erfolgen. Für einen ersten Überblick und zum Strukturieren der Daten eignen sich die Tabellen in Anlage 12. Soweit bekannt, werden alle relevanten Personen und bekannten Informationen bei der Datenerfassung zusammenzutragen. Als Unterstützung können Supervisand:innen Informationen aus den Anlagen 7 und 8 oder den Kapiteln »Die Gesellschaft als äußerster Rahmen für die Entwicklung des Habitus« (S. 35 ff.) und »Die Milieus als soziale Lebensräume« (38 ff.) zur Verfügung gestellt werden. Je nach Anliegen der Kund:innen sollte vorab darauf hingewiesen werden, auf welche Gesichtspunkte beim Zusammentragen der Daten diese achten sollen. Für das betreffende Milieu z. B. sind das unter anderem soziale Kontakte, Bildung, berufliche und familiäre Stellung, Kultur und finanzielle Situation, um nur einige zu nennen. Bereits an dieser Stelle kann es sinnvoll sein, den Klient:innen Hinweise zu Auf- und Abstiegen zu geben und auf deren mögliche Bedeutung hinzuweisen. Veränderungen wie Umzüge, Trennungen oder berufliche Wechsel sind ebenfalls häufig ausschlaggebend und sollten vermerkt werden. Die Arbeit mit dem Habitogramm verleitet mitunter dazu, sich in Details zu verlieren. Deshalb hat es sich bewährt, die Problemstellungen bzw. das Anliegen zu Beginn schriftlich festzuhalten, sodass sie während der Arbeitsschritte immer vor Augen sind.

Je nach Auftrag, Datenmenge und zur Verfügung stehendem Zeitkontingent muss entsprechend geplant werden. Die strukturierten Daten können bei Bedarf auch später jederzeit ergänzt werden. Ein bereits erstelltes Genogramm kann ersatzweise oder ergänzend sehr hilfreich sein – siehe Kapitel »Ein neuer Blick und Entwicklung der Methode« (S. 82 ff.). Am Ende soll die Datensammlung die Informationen zu den Personen enthalten, die für die Entwicklung des Habitus der Klient:innen zum jetzigen Zeitpunkt wichtig erscheinen. Findet diese Datensammlung im Gespräch statt, können die Ratsuchenden gegebenenfalls in ihrer Entscheidung unterstützt werden, welche Ereignisse von welchen Personen als für sie relevant zu bewerten sind und möglicherweise Einfluss auf ihre aktuelle Problemstellung gehabt haben.

Habitogramm-Variante 1: Schritt-für-Schritt-Anleitung

Die nachfolgende Anleitung wird für die Einzelarbeit vorgestellt. Sie kann auch auf die Arbeit mit Gruppen und Teams übertragen werden, wie ich im Fallbeispiel 11 im Kapitel »Weitere Fälle aus der Praxis« (S. 136 ff.) zeige. Um Ihnen den Praxistransfer so leicht wie möglich zu machen, erkläre ich den Einsatz der Methode Schritt für Schritt. Das im weiteren Verlauf beschriebene Vorgehen von außen nach innen – von der Ebene der Gesellschaft zum Herkunftssystem – kann je nach Situation und sich möglicherweise einstellender Vorliebe von Berater:innen auch von innen nach außen – von der Thematisierung des Herkunftssystems zu den Ebenen Milieu und Gesellschaft – erfolgen. Hat sich in der Arbeit mit dem Habitogramm in Variante 1 – also der mehrschichtigen Methode – Routine eingestellt, kann Variante 2 ohne Anleitung umgesetzt werden. Aus diesem Grund verzichte ich auf eine Anleitung für Variante 2.

Schritt 1 – Ebene Gesellschaft

Im ersten Schritt von Variante 1 des Habitogramms werden die gesammelten Daten dahingehend geprüft, für welche Personen es sinnvoll erscheint, je eine Gesellschafts-Karte anzulegen. In dieser Ebene gilt der Blick dem ersten äußeren Rahmen mit den jeweiligen gesellschaftspolitischen Strukturen, besonderen Merkmalen und Gegebenheiten für den Zeitraum des Heranwachsens des Klienten in den ersten sechs Lebensjahren. Diese Bedingungen werden aber auch herangezogen für die Personen, die mit dem Habitogramm betrachtet werden sollen bzw. für die es notwendig erscheint, also in der Regel Eltern oder andere Bezugspersonen und gegebenenfalls Großeltern. In seltenen Fällen kann es zusätzlich auch die Generation der Urgroßeltern sein. Grundlage dafür sind die jeweiligen Geburtsdaten, ihre Nationalität und Kultur, in der diese Menschen geboren und aufgewachsen sind. Anschließend wird geklärt, in welchem gesellschaftlichen Rahmen sie später gelebt haben oder heute leben und arbeiten.

Die ausgewählten Personen und die individuellen Informationen zu ihnen entscheiden darüber, wie viele Karten in der Größe DIN A4 für diese erste Ebene angelegt werden. Je unterschiedlicher die gesellschaftlichen Strukturen für Klient:innen, deren Eltern und gegebenenfalls Großeltern waren, in denen sie aufgewachsen sind, gelebt haben oder leben, umso differenzierter und wichtiger sind die Daten für das Ergebnis. In der Regel ist ein Blatt für das jeweilige Herkunftssystem in jeder Generation, die einbezogen werden soll, ausreichend, sodass für diese erste Ebene der Gesellschaft in der Praxis durchschnittlich ein bis drei Blätter angelegt werden. Wuchsen beispielsweise beide Partner einer Gemeinschaft – Ehepaare wie Eltern und Großeltern – und auch jede Generation unter gleichen gesellschaftlichen Bedingungen auf, kann ein Blatt für Ebene 1 ausreichend sein.

Der stichwortartige Inhalt, mit dem Klient:innen die Karten füllen, ergibt sich aus den Aufzeichnungen in den Hilfstabellen oder dem Genogramm und durch ihre Antworten auf ausgewählte Fragen aus Anlage 1. Hinweise aus dem Kapitel »Die Gesellschaft als äußerster Rahmen für die Entwicklung des Habitus« (S. 35) und die Nutzung des Kurzabrisses der unterschiedlichen gesellschaftlichen Situationen im 20. und 21. Jahrhundert (LEMO, o. D.) können die Daten ergänzen. Auch die persönliche Einschätzung von Klient:innen, was die gesellschaftlichen Bedingungen für die Betroffenen bedeutet haben, kann hilfreich sein.

Schritt 2 – Ebene Milieu

Im zweiten Schritt wird die nächste Ebene bearbeitet, sie umfasst die Milieus, aber auch die Schicht(en) und soziale Lage, in welcher Herkunftssystem und gegebenenfalls Vorfahren angesiedelt waren. Es ist in der Regel zusätzlich sinnvoll, die heutigen milieuspezifischen Bedingungen, in denen Klient:innen leben, für das jeweilige Anliegen anzusehen. Der Lebensraum, Wohnort, Ortsgröße, regionale Besonderheiten, nachbarschaftliches und berufliches Umfeld der Eltern hatten neben gesellschaftlichen Strukturen maßgeblichen Einfluss auf die habituelle Entwicklung des Kindes. Überlegungen in dieser Ebene können sein, ob die Eltern von Klient:innen als Kinder in gleichen, ähnlichen oder anderen sozialen Schichten wie sie später aufwuchsen. Auch die im Kapitel »Milieus« beschriebenen Aspekte zu Inklusion und Exklusion können nützlich sein (S. 38 ff.). Gleiches gilt für Mobilität und dadurch stattgefundene soziale Auf- oder Abstiege. Die Fragen zu Auf- und Abstiegen können jetzt bereits herangezogen werden (Anlage 4).

Weitere Kriterien, um typische Gewohnheiten, die einem bestimmten Milieu zugeordnet werden können, zu entdecken, sind Regeln und Normen, die Stellung der Bezugspersonen und ihr Ansehen im Milieu, aber auch die Möglichkeiten des Ausbaus und der Gestaltung von sozialen Netzwerken und Beziehungen, beispielsweise Freunde von Eltern oder von der Klientin als Kind.

Diese spezifischen Daten zu Bildungsmöglichkeiten, Religionszugehörigkeit, sozialer Lage sowie Migrationserfahrungen entscheiden, wie viele Karten in der Größe DIN A5 in dieser Ebene pro Person gewählt werden. Es ist z. B. möglich, dass auf einer Gesellschafts-Karte zwei Milieu-Karten platziert werden, weil Vater und Mutter in unterschiedlichen Milieus heranwuchsen und dies im Herkunftssystem spürbar war. Für die Stichpunkte auf den Karten der jeweiligen Milieus sind die Fragen in Anlage 2 hilfreich.

Schritt 3 – Ebene Herkunftssystem

Der dritte Schritt der Habitogramm-Arbeit widmet sich der dritten Ebene: dem Herkunftssystem. In dieser Ebene wird für jedes Mitglied des Herkunftssystems – klassisch Vater, Mutter, Geschwister – je eine farbige Karte im Format DIN A7 verwendet. Da es jetzt um Informationen zu nahen Bezugspersonen, Erziehungsberechtigten und Erziehungsausübenden geht, können auch Nachbarn, Kinderbetreuerinnen, Onkel oder Tante wichtig sein. Auch Großeltern oder in seltenen Fällen Urgroßeltern können dazuzählen, wenn ihr Einfluss auf die Klient:innen und deren habituelle Eigenheiten bedeutsam war. Ebenfalls lässt sich eine Karte anlegen für Betreuungskonstellationen wie Wochenkrippe, Kinderheim oder später Internat.

Gab es keine Geschwister, fehlen Erfahrungen oder Auskünfte zu einem oder beiden leiblichen Elternteil(-en) oder war ein (leiblicher) Elternteil nicht (regelmäßig) anwesend, wird – in der 1., mehrschichtigen Variante – dafür eine weiße Karte angelegt, um die fehlende Erfahrung bzw. besondere Konstellation zu visualisieren.

Je nach Anliegen können in der Ebene des Herkunftssystems neben Wohnsituation, Bildung, Einkommen, Verhältnis und Umgang mit Geld und Schulden, typischem Konfliktbewältigungs- und Kommunikationsverhalten in Beziehungen zu anderen ebenfalls geistige und körperliche Fähigkeiten, Auftreten und die Berufserfahrungen der Bezugspersonen, ihre Weltanschauung, ihr Freizeitverhalten und andere typische Gewohnheiten sowie Hinweise auf die Wichtigkeit von Status und Prestige beleuchtet und gegebenenfalls notiert werden. Wichtig auch in dieser Ebene sind die Fragen nach sozialen Auf- und Abstiegen und deren möglichen Folgen für die Betroffenen oder das gesamte System. Anhand der Fragen zum Herkunftssystem in Anlage 3 ergeben sich Habitusanteile der nahen Bezugspersonen wie bestimmte Denk- und Verhaltensmuster, Umgang mit Gefühlen, Vorlieben und Abneigungen. Die Stellung dieser Menschen im Milieu und im Herkunftssystem sowie ihre berufliche Position – wenn vorhanden – waren Vorbild für die heranwachsenden Supervisand:innen. Anhand der notierten Hinweise können Auf- oder Abstiege dahingehend geprüft werden, ob diese bei Einzelnen zu Habituserweiterung oder Habitus-Struktur-Konflikten (Habitusirritationen oder -spaltungen) geführt haben.

Schritt 4 – Ebene Habitusanteile

Im vierten Schritt wird die Ebene der Habitusanteile erstellt. In dieser Ebene bündeln sich die Ergebnisse aus den Eintragungen der drei umgebenden Systeme: Gesellschaft, Milieu und Herkunftssystem. Die dritte Ebene (Herkunftssystem) und vierte Ebene (Habitusanteile) greifen so ineinander, dass in Ebene 3 auf der Ich-Karte der Klient:innen die Bedingungen zu finden sind, denen sie im Herkunftssystem begegneten. In der Ebene Habitusanteile gehen wir nun in die Gegenwart. Auf den Habitus-Karten werden in Größe DIN A8 offensichtliche habituelle Gewohnheiten notiert, beispielsweise zu spezifischen Sichtweisen, Vorlieben und Abneigungen, Werten und Bedürfnissen, Floskeln, Macken sowie Mustern, zu denken und zu fühlen. Die in Schritt 1 bis 3 der Habitogramm-Arbeit für die Ebenen 1 bis 3 gesammelten Daten zu äußeren Gegebenheiten ermöglichen es Beratern, Klientinnen zu unterstützen, bisher nicht gesehene Eigenheiten zu entdecken. Anregungen, um sich diesen konkreten Dispositionen zu nähern, bieten die Informationen in Kapitel »Des Pudels Kern« (S. 32 ff.) und die in Anlage 4 zusammengestellten Fragen.

Nach der hypothetischen Auseinandersetzung werden die Details auf die Karten der Habitusanteile übertragen. Folgende Rubriken können dabei berücksichtigt werden:
1. verinnerlichte Bildung, Kompetenzen und kulturelle Interessen,
2. soziale Beziehungen und soziale Netzwerke,
3. Besitz, Eigentum, Umgang mit Geld und Schulden,
4. Ansehen und Anerkennung privat und im Beruf,
5. Grundüberzeugungen, Glaubenssätze und Werte,
6. emotionale Reaktionen, Kommunikation, Konfliktbewältigung,
7. Auftreten und Ausdrucksweisen,
8. Bedürfnisse, Vorlieben und Abneigungen,
9. Konsum- und Lebensstil.

Mit den gefüllten Karten kann in jeder Ebene in Form einer Aufstellung systemisch gearbeitet werden. Die Karten sind so leg- und verschiebbar, dass sich möglicherweise – falls noch nicht geschehen – ergibt, wer bzw. was welche Entwicklungen mit beeinflusst hat. Dadurch können bestimmte Angewohnheiten gefördert und andere Erfahrungen unterdrückt worden sein.

Schritt 5 – Ressourcen und Lernfelder

Ziel der Habitogramm-Arbeit ist häufig, habituelle Erfahrungen dahingehend zu überprüfen, ob und in welcher Form bestimmte Denk- oder Verhaltensmuster gefördert oder begrenzt wurden. In diesem fünften Schritt entscheiden Klient:innen, ob erstens forcierte und damit hilfreiche habituelle Gewohnheiten als Ressourcen wirken und zweitens eingeschränkte Erfahrungen oder Verbote als fehlende oder nicht hilfreiche Muster im Denken, Fühlen und Handeln und damit als Lernfelder zu werten sind.

Während dieses fünften Schrittes wird den Klient:innen Zeit gegeben, selbst einzuschätzen, was Ressourcen sind und welche fehlenden Erfahrungen für sie möglicherweise Lernfelder darstellen. Unterstützend sollte die Beraterin Aspekte aus den vier vorangegangenen Ebenen, die als potenziell relevant aufgefallen sind, aufgreifen und dazu Hypothesen bilden. Das Aufdecken von Ressourcen kann Selbstwert und Identität stärken. Aber auch Lernfelder zu erkunden, ist ausgesprochen hilfreich, stellen sie doch neue Aufgaben dar, wie beispielsweise die professionelle Rolle als Berater:in weiterzuentwickeln.

Wurde eine Gewohnheit gefunden, die, wie die Tabelle in Anlage 10 es für ausgewählte Verhaltensweisen zeigt, als eher übertrieben angesehen werden kann, stellt diese ein Lernfeld dar. In diesem Zusammenhang ist es angebracht, Klient:innen darauf hinzuweisen, dass beide Seiten eines Verhaltenskomplexes in ihrer angemessenen Ausprägung zusammengehören und je nach Kontext Sinn ergeben. So kann auch das Aneignen der bisher fehlenden Seite ein langfristiges Lernfeld sein.

Schritt 6 – Schlussfolgerungen

In Schritt 6 der Habitogramm-Arbeit wird überlegt, wie mit den festgestellten Lernfeldern weiter zu verfahren ist. Ist ein Lernfeld gefunden, sind verschiedene Wege möglich, damit umzugehen. Inwieweit sich fehlende Erfahrungen aneignen lassen, das heißt in der Gegenwart nicht mehr passende habituelle Muster verändert und erweitert werden können, zeigt sich oft erst langfristig. Wenn die Supervisandin es wünscht, kann sich ein Coaching- oder Supervisionsprozess anschließen, um am Lernfeld zu arbeiten. Oder Supervisand:innen nehmen den Impuls wahr, dass eine andere Form des Lernens, der Verarbeitung und Veränderung – beispielsweise in einer Psychotherapie – angezeigt ist. Manchmal ist die beste Lösung für den Klienten aber auch, aktuell seinem Habitus entsprechend zu leben und zu arbeiten, wie Falldarstellung 6 zeigt (S. 136 ff.). Denn es ist die Aufgabe des Klienten, zu entscheiden, was er verändern möchte und was nicht. Aufgabe von Beratung ist es hingegen, Klient:innen dahingehend zu unterstützen, das zu akzeptieren, was ist. Als Konsequenz bedeutet dies, dass es für manche Klient:innen sinnvoll ist, einen eingeschlagenen Weg zu verlassen oder ein angestrebtes Ziel aufzugeben. Da solche Erfahrungen Trauer nach sich ziehen, kann auch diese im Beratungsprozess aufgegriffen werden.

Schritt-für-Schritt-Anleitung mit Falldarstellung

Zum Vertiefen der Handhabung des Habitogramms in Variante 1 präsentiere ich einen Beispielfall, der die einzelnen Schritte inklusive der Ergebnisse der Arbeit zeigt. Zur Wahrung der Anonymität wurden spezifische Details verändert.

> **Aus der Praxis: Fallbeispiel 3 – Der Feind hört mit**
> Variante: Habitogramm mehrschichtig, Variante 1
> Inhalt: Korrigieren verinnerlichter fehlerhafter Überzeugungen, ergänzend Anlagen 7 und 8
> »Ich fühle mich auch nach zwanzig Jahren Selbstständigkeit oft unsicher und überfordert in der Arbeit mit Patienten.« (Psychologische Psychotherapeutin, 59)

Eine selbstständig tätige Psychotherapeutin – sie lebt und arbeitet seit 2003 in Schleswig-Holstein – möchte in einem Supervisionsprozess herausfinden, weshalb sie sich vor allem im Beruf häufig überfordert und unsicher fühlt. Anfangs habe sie gedacht, es liege an der mangelnden Berufserfahrung. Deshalb hat sie sehr viele Zusatzausbildungen absolviert. Aber auch jetzt, nach fast zwanzig Jahren Berufstätigkeit in diesem Bereich, ist dieses Überforderungsgefühl während der Arbeit mit Patient:innen häufig noch vorherrschend.

Nach der Klärung, was genau sie mit Überforderung meint und welchen Wunsch sie an die Supervision hat, entscheiden wir gemeinsam, mit dem Habitogramm zu arbeiten. Dies geschieht aus dem Grund, da sie im Gespräch unter anderem angibt, in der DDR sozialisiert worden zu sein. Dort habe sie nicht studieren können und sei vor dem Mauerfall geflüchtet, um ihre Kinder, die sie sich wünschte, später vor derartigen persönlichen Begrenzungen zu bewahren. Sie hat erst auf dem zweiten Bildungsweg studieren können.

Ich erläutere der Klientin die Habitogramm-Methode und deren Entstehung. Sie entscheidet sich dafür, die Datenerfassung als Hausaufgabe zu erledigen. Dafür nutzt sie die drei Tabellen aus Anlage 12 als Vorlage. Die zum nächsten Termin vorgestellten Ergebnisse dieser Vorarbeit sind in Ausschnitten in den Abbildungen 13, 14 und 15 zu finden.

Fragen, welche die Supervisandin aufgrund dieser ersten Auseinandersetzung mit ihren biografischen Daten und dem neuen Blick darauf beschäftigen, sind: Welche Bedeutung hat möglicherweise, dass ich als junge Erwachsene nicht studieren konnte – wobei ich bis heute nicht weiß, weswegen – und dass ich so oft umgezogen bin? Auch fragt sie sich, weshalb drei Menschen in ihrem Leben den Kontakt zu ihr abgebrochen haben.

Teil 1

GENERATION POSITION	NAME GEBURTSDATUM	HERKUNFT (LAND/REGION) WOHNORTE	VERHALTEN EREIGNISSE (wie Mobilität)
Väterliche Seite			
GROßELTERN			
Großvater	Walter 12.04.1873	Leipzig Kleinstadt DDR	cholerisch, alle mussten sich unterordnen hat Spielzeug von Felix zerstört
Großmutter	Betty gestorben Edith gestorben		1962 Kaffeesatz gegessen (Notarzt) – geizig/Angst vor Armut? 1967 verstorben
VATER	Felix 01.03.1909	Leipzig 1. Kleinstadt DDR Dorf. DDR 2. Kleinstadt DDR Kleinstadt BRD	hat viel gebastelt im Krieg – traumatisiert? ruhig – nur schweigen unterordnen aber auch cholerisch meckern Geschwister sehr wichtig Blick gen Westen 1961 Trennung 1993 BRD Umzug 2003 verstorben
Weitere wichtige Personen	Tante Liesl Tante Trude	DDR – BRD DDR – BRR	BRD 1954 Flucht BRD 1983 Umzug

Abbildung 13: Fallbeispiel 3, Schritt 1: Ausschnitt Datensammlung Teil 1

Teil 2

GENERATION POSITION	NAME GEBURTSDATUM	HERKUNFT (LAND/REGION) WOHNORTE	VERHALTEN EREIGNISSE (wie Mobilität)
Mütterliche Seite			
GROßELTERN			
Großvater	???	??? Arbeitermilieu	
Großmutter	Lene	Kleinstadt DDR	wollte dazugehören, Schwester Dorle war »etwas Besseres« 1945 v. Großvater verlassen worden – Schweigen dazu bis zu ihrem Tod aufgelebt – Reisen BRD 1987 verstorben
Mutter	Lina 31.10.1926	1. Kleinstadt DDR 2. Kleinstadt DDR Kleinstadt BRD	neben Cousine (Tochter v. Dorle) und Bruder Bernhard klein gefühlt Zähne neu – wichtig unsicher, ängstlich weinen, neidisch was Besseres sein wollen 1961 Trennung 1. Ehe 1993 BRD Umzug 2006 verstorben
Weitere wichtige Personen	Tante Dorle Onkel Bernhard 1932	Kleinstadt DDR Kleinstadt DDR Großstadt BRD 1. Kleinstadt BRD 2. Kleinstadt BRD 3. Kleinstadt BRD	geizig cholerisch geizig – reich 1955 BRD Flucht

Abbildung 14: Fallbeispiel 3, Schritt 1: Ausschnitt Datensammlung Teil 2

Teil 3

GENERATION POSITION	NAME GEBURTSDATUM	HERKUNFT (LAND/REGION) WOHNORTE	VERHALTEN EREIGNISSE (wie Mobilität)
Habitogramm für:			
ICH	20.06.1962	Kleinstadt DDR 1. Kleinstadt BRD 2. Kleinstadt BRD 3. Kleinstadt BRD 4. Kleinstadt BRD 5. Kleinstadt BRD 6. Kleinstadt BRD 7. Kleinstadt BRD Großstadt BRD	Abitur/Studium nicht möglich – weshalb? Einzelkind viel allein fleißig 07/1989 Flucht BRD Problemstellungen: überfordert, unsicher
WICHTIGE KONTAKTE	M. C. L.		Kontaktabbruch Kontaktabbruch Kontaktabbruch

Abbildung 15: Fallbeispiel 3, Schritt 1: Ausschnitt Datensammlung Teil 3

Für die Suche nach möglichen Antworten stelle ich ihr das Material für das Habitogramm bereit. Die Klientin wählt in Schritt 1 für die Ebene der Gesellschaft drei Karten, je eine für ihren Vater, ihre Mutter und sich selbst, und füllt anhand ihrer Tabellen die Karten mit Stichpunkten. Ich weise sie darauf hin, dass sie die Karten jeder Ebene auch später noch weiter ergänzen kann.

Diesen Schritt 1 begleite ich durch Fragen, wie sie in Anlage 1 zu finden sind, und durch Hinweise zu gesellschaftlichen Bedingungen und Strukturen. Das Ergebnis ist in Abbildung 16 zu sehen.

Nach diesem Teil der Arbeit fällt der Klientin auf, wie sehr die damals herrschenden gesellschaftlichen Bedingungen, mit ihrer Ideologie und Politik, ihre Eltern und sie selbst in ihren Überzeugungen und ihrer Entfaltung lenkten und teilweise begrenzten. Die Klientin bemerkt, dass ihre Mutter ihr gesamtes Leben überangepasst war und sie selbst es trotzdem geschafft hat, heute selbstbestimmt zu sein. Sie setzt nach: »Vielleicht gelang mir trotz des Vorlebens der Mutter, sich unterzuordnen, eine Veränderung aus Auflehnung gegen die persönlichen Einschränkungen in der DDR, weil einem viele Freiräume entzogen waren.«

Sie beschäftigt sich erstmals bewusst mit den Herausforderungen dieser Zeit und erkennt, wie schwierig es für alle Beteiligten gewesen sein muss, sich plötzlich unter völlig neuen gesellschaftlichen Gegebenheiten zurechtzufinden. Sie reflektiert, dass durch das Wort »Marktwirtschaft«, welches sie notiert hat, ein »mulmiges Gefühl« in ihr aufsteigt. Sie könne aktuell aber nicht benennen, weshalb. Diese Reaktion wird für die spätere Auswertung festgehalten.

In Schritt 2 werden nun die Karten für die Milieus in einer anderen Farbe hinzugezogen. Auch hier entscheidet sie sich für drei Karten. Sie nutzt ihre Notizen sowie die ihr zu Schichten, Milieus und sozialen Lagen zur Verfügung gestellten

MUTTER 1926 GESELLSCHAFT
Diktaturen
2. Weltkrieg 13.-19 Lj. Berufl. Weg?
Ideologie: Ausgrenzung und Abwertung
»minderwertiger« Menschen - für BdM
geschwärmt
SBZ/DDR 19.-63. Lj. - ihr »ganzes Leben« -
überangepasst, nicht auffallen
Demokratie
BRD 63.-80. Lj. - nicht zurechtgekommen,
dennoch BRD überidealisiert

Diktaturen VATER 1909 GESELLSCHAFT
1. Weltkrieg 5.-9. Lj. keine Schule
2. Weltkrieg 30.-36. Lj. »besten Jahre«
Ideologie: Ausgrenzung und Abwertung »minderwertiger« Menschen (Bedeutung für ihn?)/
Leben für Vaterland einsetzen
Fronteinsatz: schwere Verwundung, Angst, Trauma?
SBZ/DDR 36.-80. Lj. Gefühl, eingesperrt zu sein
(Geschwister alle i. d. BRD)
Demokratie
BRD 80.-94. Lj. noch genossen?

ICH 1962 GESELLSCHAFT
Diktaturen DDR 1.-27. Lj.
Ideologie: Marxism.-Leninism./Sozialism. Werte:
Solidarität/Land lieben/keine Ausbeutung/gute
Taten/Kameradschaft/Volkseigentum/sparsam
sein/nach Leistung streben/Frieden/soz. Bruderstaaten/Körperkultur/Recht auf Arbeit | Eingeschränkt: Reise-/Meinungsfreiheit/freie Entfaltung/
Briefgeheimnis/freie Berufswahl/Privateigentum
Demokratie BRD 1.-27. Lj.-heute
Würde/Menschenrechte/Freiheit/Gerechtigkeit/Selbstbestimm./Marktwirtschaft

Abbildung 16: Fallbeispiel 3, Schritt 1: Ebene Gesellschaft

Arbeitsblätter zur Unterstützung ihrer Erinnerungen. Dies sind die Schemata und Beschreibungen der Milieus aus den Anlagen 7 und 8 sowie Fragen aus Anlage 2, mit denen ich den Prozess begleite. Am Ende dieser Phase liegen die ausgefüllten Karten, wie in Abbildung 17 zu sehen ist, vor ihr.

Nach diesem 2. Schritt beschäftigt die Supervisandin, dass sie fast auf jeder Karte »viel Arbeit«, »wenige soziale Kontakte« und »Kontaktabbrüche« notiert hat. Nach der Trennung der Eltern von ihren ersten Partnern sei kein Kontakt zu ihren bisherigen sozialen Umfeldern möglich gewesen.

Sie fragt sich, wo bzw. wie sie als Einzelkind zwischen ihren Eltern stand, deren Arbeit und die Geschwisterfamilien in der BRD ihr gesamtes Denken einnahmen. Diese Frage notiere ich für die spätere Auswertung und weise die Supervisandin darauf hin, dass wir am Ende der Habitogramm-Arbeit den Blick auf mögliche Auswirkungen der Situation im Milieu ihrer Kindheit legen würden.

Habitogramm-Variante 1: Schritt-für-Schritt-Anleitung

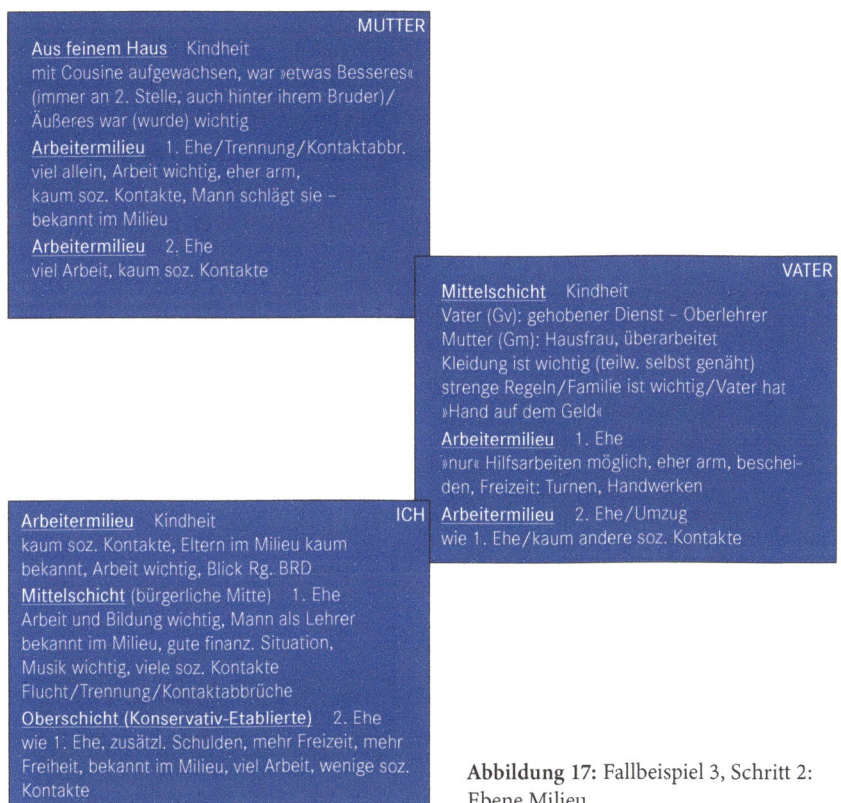

Abbildung 17: Fallbeispiel 3, Schritt 2: Ebene Milieu

Für Schritt 3, die Beschäftigung mit dem Herkunftssystem, werden der Klientin die entsprechenden Karten – wieder in einer anderen Farbe – hingelegt. Da dieser Teil der Arbeit mit vielen persönlichen Erinnerungen und Erfahrungen einhergehen kann und Klient:innen durch die Arbeit mit Ebene 1 und 2 gesehen haben, wie vorzugehen ist, kann auch dieser Teilschritt als Hausaufgabe ausgelagert werden. Die Supervisandin nimmt dazu die farbigen Karten, einige in weißer Farbe, sowie ihre Hilfstabellen, die sie zur Datensammlung gefüllt hat, und die Fragen aus Anlage 3 mit nach Hause. Bei diesem Schritt soll sie sich vor allem auf die Zeit zwischen ihrer Geburt und dem Schuleintritt konzentrieren. Da sie berichtet hat, dass lediglich noch ihr Onkel Bernhard mit über neunzig Jahren lebe – alle anderen Verwandten seien jünger als sie –, gebe ich ihr auch die Idee mit, Kontakt zu ihm aufzunehmen und seine Sicht auf die Familie zu hören. Im nächsten Termin präsentiert sie das Ergebnis, wie es in Abbildung 18 zu sehen ist.

Als die Klientin fünf Karten auf den Tisch legt, ist sie sichtlich aufgewühlt. Sie hat tatsächlich mit ihrem Onkel, dem Bruder ihrer Mutter, telefoniert. Dieser hat ihr über einen Fluchtversuch ihrer Eltern Anfang August 1961, ein Jahr vor ihrer Geburt, berichtet. Diese Information war neu für sie. Der Onkel war davon ausgegangen, dass sie als Tochter vom Scheitern des Versuchs, das Land zu verlassen, wusste. Ihre Eltern seien von der Staatssicherheit aufgegriffen worden, aber nicht im Gefängnis gewesen. Der Onkel hat erzählt, dass die Eltern im Westen neu anfangen und in der Nähe ihrer in den 1950er Jahren in die BRD geflüchteten, noch lebenden Geschwister wohnen wollten. Aufgrund dieses neuen Wissens haben sich der Klientin die Worte »Heimat« und »dazugehören« aufgedrängt, die sie sich gern näher ansehen will. Die Begriffe werden unter die bereits notierten Stichpunkte und Fragestellungen für die Auswertungssitzung geschrieben.

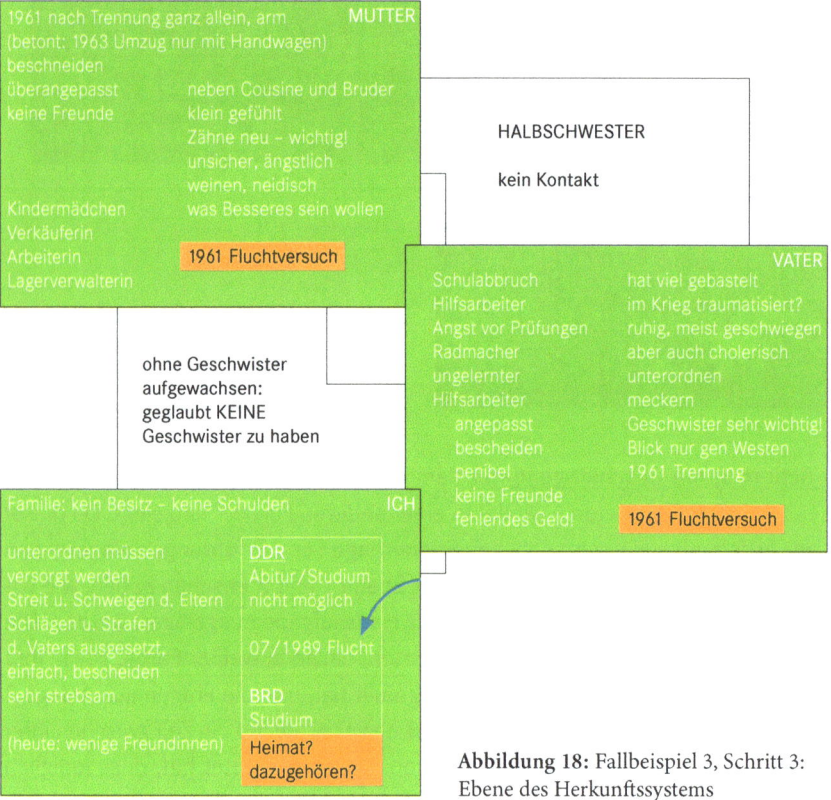

Abbildung 18: Fallbeispiel 3, Schritt 3: Ebene des Herkunftssystems

Auf die Frage nach den weißen Karten teilt die Supervisandin mit, dass die Eltern ihr in ihrer Kindheit erzählt hätten, dass sich bei der Trennung von ihren ersten Partnern ihr gesamtes soziales Umfeld von ihnen abgewandt habe. Was die Mutter nicht berichtet hatte, war, dass es von ihr eine erwachsene Tochter gab. Auch diese Information hat die Klientin von ihrem Onkel erhalten. Die Supervisandin ist überzeugt: Hätte sie nicht nach ihrer Familie gefragt, hätte ihr Onkel sein Wissen mit ins Grab genommen. Die Halbschwester wollte nach dem Fluchtversuch keinen Kontakt mehr zur Mutter, da ihr Vater, der ehemalige Partner der Mutter, in der SED war. So hat es zumindest der Onkel erzählt. Die Klientin bezweifelt, dass ihre Mutter vor ihrem Tod noch Kontakt zu ihrer erstgeborenen Tochter aufgenommen hat. Die Klientin ist sichtlich betroffen. Bis zum Gespräch mit ihrem Onkel war sie davon ausgegangen, nicht nur als Einzelkind aufgewachsen zu sein, sondern überhaupt keine Geschwister zu haben. Aktuell sei sie noch sehr ambivalent, ob, wann und wie sie Kontakt zu ihrer Halbschwester aufnehmen wollte. In einem Kästchen auf ihrer Karte im Herkunftssystem hat die Supervisandin zusätzliche Informationen zu ihrem beruflichen Weg notiert.

Im weiteren Verlauf dieses Termins soll es nun in Schritt 4 um das Erforschen typischer Habitusanteile gehen. Die in Anlage 4 zusammengefassten Informationen werden zu Fragen formuliert, die der Klientin helfen, die Details dazu zu finden. Da ihr Anliegen den beruflichen Bereich betrifft, ziehen wir auch die Fragen zur Entwicklung des beruflichen Habitus – in Anlage 4 zu finden – heran. Dabei entwirft sie die Idee, die Ausprägung ihrer Gewohnheiten mit »+« für viel oder zu viel und »–« für wenig oder zu wenig jeweils mit einer bestimmten Anzahl an Zeichen auszudrücken. Das Ergebnis aus Schritt 3 ist in Abbildung 19 zu sehen. Eine Schwierigkeit in dieser Ebene ist häufig, sich für maximal zehn Habitusanteile zu entscheiden, wenn sie später auf der Vorlage im vorgesehenen Feld platziert werden sollen. Die Klientin findet zwölf Punkte und klebt sie auf der Vorlage etwas überlappend auf.

eigene Meinung –	Suche nach Familie + +	ohne Fleiß kein Preis + +
bloß nicht lügen Ehrlichkeit + + +	Ich MUSS Leistung bringen	Geld ist (nicht) wichtig Eigentum UND Schulden
misstrauisch in Beziehungen Vorsicht + +	Lernen vs. frei reden	Konfrontation vermeiden
detailverliebt penibel + +	teamfähig?	kompetent?

Abbildung 19: Fallbeispiel 3, Schritt 4: Ebene der Habitusanteile

Um zu ergründen, welche äußeren Einflüsse bei der Entwicklung ihrer habituellen Grundmuster eine Rolle gespielt haben könnten, schlage ich ihr vor, die bisherigen Karten mit dem Versuch auszulegen, ihre gegenseitige Beeinflussung visuell sichtbar zu machen. Diese Aufstellung ist in Abbildung 20 zu sehen. Sie bringt für die Supervisandin verschiedene Einsichten, unter anderem wie sehr die Erfahrungen aus der Zeit in der DDR und im Milieu ihrer Kindheit ihr Verhalten heute beeinflusst haben. Auch findet sie spannend, welche Habitusanteile sich möglicherweise eher aufgrund der Verhaltensmuster ihrer Mutter entwickeln konnten und welche mehr dem Vorbild ihres Vaters zugeschrieben werden könnten. Durch die spontan ausgelegten Karten und die sich daraus ergebende visuelle Darstellung wird ihr ebenfalls noch einmal deutlich, wie viel näher sie dem Vater stand als der Mutter.

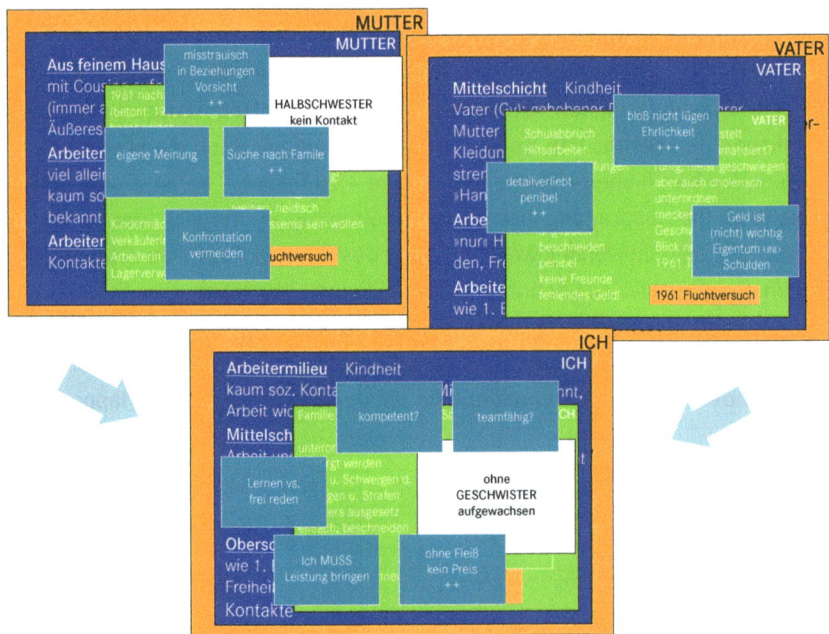

Abbildung 20: Fallbeispiel 3, Schritt 5: Systemische Aufstellung

An dieser Stelle sollen weitere Resultate aufgeführt werden, vor allem die, die für die Klärung des Anliegens der Klientin relevant sind:
- Das Bildungsanliegen in der DDR war, zumindest in ihrer Schule, eher auf auswendig gelernte Phrasen zu Sozialismus oder Planwirtschaft angelegt. Ein freies Referat – was für sie »einem Gang zum Schafott« gleichkam, wie sie es bezeich-

nete – musste sie erst mit Mitte dreißig während ihres Studiums in der BRD halten.
- Sie kennt bisher keine Ursache dafür, dass sie weder Abitur machen noch studieren konnte. Aber ihr fällt ihr eigener Hang zu Leistung, Fleiß und Perfektionismus auf.
- Die fehlende Meinungsfreiheit in der DDR, besonders da die Eltern sich vom Staat abgewandt hatten; das Familienmilieu mit fehlender gesunder Streitkultur und ein fehlender Geschwisterteil zum Spielen, Diskutieren und Streiten können weitere Puzzleteile sein, die zur bestehenden Problematik beigetragen haben.

Zum Ende dieser Einheit wenden wir uns Schritt 5 zu, um herauszufinden, auf welche Ressourcen sie sich – in ihrem Fall beruflich – verlassen kann und welche fehlenden Lernerfahrungen die Klientin in Zukunft eventuell aufgreifen und bearbeiten möchte. Durch die Aufstellung und die Erarbeitung ihrer Habitusanteile findet sie für sich drei Ressourcen und zwei Lernfelder, die in Abbildung 21 entsprechend dem Habitogramm-Schritt dargestellt sind. Die Supervisandin glaubt, dass wenn sie sicherer darin würde, ihre Meinung ohne Angst vor Konsequenzen frei heraus sagen zu können, sich auch ihre Unsicherheit reduzieren würde. Der »feindliche« Blick in Richtung Westen, so ist sie überzeugt, hatte in ihrer gesamten Kindheit für große Unsicherheit gesorgt. So musste unter anderem der Fernseher beispielsweise schnell umgeschaltet werden, wenn es klingelte. Sobald heikle Themen – z. B. Besuche der Geschwister der Eltern aus dem Westteil Deutschlands – zu besprechen waren, wurde das Radio laut gedreht mit den Worten »Der Feind hört mit«, was sie als Kleinkind sehr geängstigt hätte.

Das zweite Lernfeld ist nicht weniger schlüssig für sie: Sie überfordert sich regelmäßig damit, dass sie stundenlang Ausarbeitungen macht, in der Hoffnung, sich dann sicherer zu fühlen.

Mit diesen Ergebnissen verabreden wir eine letzte Sitzung, in der in einem 6. Schritt das Habitogramm ausgewertet werden soll. In dieser Einheit greifen wir die notierten Stichpunkte und Fragen auf und formulieren diese teilweise zu Hypothesen um. Dies sind unter anderem:
- Die verinnerlichte Lernform in der Kindheit ist eine mögliche Ursache dafür, dass nicht planbare Situationen die Klientin eher verunsichern und überfordern.

Abbildung 21: Fallbeispiel 3, Schritt 6: Ressourcen und Lernfelder

- Die Ablehnung von Abitur und Studium in der DDR könnte sie möglicherweise unbewusst zu der verinnerlichten Überzeugung gebracht haben, dass sie für beides nicht kompetent genug sei – was, wie sie betonte, nicht der Realität entspräche, da sie die zehnte Klasse mit »sehr gut« abgeschlossen hatte.
- Der gescheiterte Fluchtversuch der Eltern kommt als mögliche Ursache für die Ablehnung von Abitur und Studium infrage. Er würde auch erklären, weshalb ihre Eltern, vor allem die Mutter, überangepasst waren. Vielleicht wollten sie nicht noch einmal auffallen.

Jetzt, am Ende des Prozesses, schauen wir uns auch das Thema möglicher Habitus-Struktur-Konflikte in der Herkunftsfamilie aufgrund der Brüche und sozialen Abstiege nach dem Ende der jeweils ersten Ehe an. Dabei geht es nicht darum, sich der Trauer um diese Ereignisse hinzugeben, sondern die Leistung der Eltern zu würdigen, dass sie diese Einschnitte gemeistert hatten.

Auch ihr Gefühl von Unsicherheit und die Frage, ob sie überhaupt kompetent sei, die sie sich manchmal stellte, wertet die Klientin als Hinweis auf einen möglichen Habitus-Struktur-Konflikt, der viele Ursachen haben kann. Infrage kommen unter anderem der berufliche Aufstieg im Vergleich zu ihren eher bildungsfernen Eltern; die Flucht 1989, verbunden mit neuen gesellschaftlichen Bedingungen und einem Milieuwechsel nach Studium und zweiter Heirat und die vielen, von ihrer Seite aus nicht gewollten Kontaktabbrüche.

Besonders fruchtbar ist die Beschäftigung mit den Worten »Marktwirtschaft«, »Heimat« und »dazugehören«. Die Klientin vermutet, dass das erste Wort sie unbewusst immer wieder daran erinnert, wie chaotisch und überfordernd sie das Überangebot und den Aspekt der Konkurrenz 1989 fand und dies auch nach so vielen Jahren im vereinigten Deutschland heute noch findet. Der zweite Begriff löst bei ihr die Idee aus, endlich ihre Heimat wieder besuchen zu wollen. Da es vor Ort keine Familie mehr gibt, ist sie seit 1993 nicht wieder da gewesen. Vielleicht musste sie so oft umziehen, weil sie »Heimat« erst finden oder fühlen lernen musste? Denn die Eltern hatten ihr im Herkunftssystem dieses Gefühl anscheinend nicht geben können. Ihr Blick ging gen Westen und verhinderte, sich dort wohlzufühlen, wo sie waren. Der letzte Begriff, so vermutet die Supervisandin, treibt sie auch um, da es in ihrem Herkunftsmilieu nie darum ging, dazuzugehören, sondern immer darum, wegzugehen – es gab kaum Freunde vor Ort, aber die Familie im Westen. Und, so fragt sie sich auch, weshalb konnte, wollte, durfte ihre Halbschwester nicht dazugehören? Das sind Fragen, die sie auch weiterhin beschäftigen.

Die verschriftlichten Erfahrungen zu ihrem Habitogramm will die Klientin mit in ihre bereits bestehende therapeutische Begleitung nehmen, um dort weiter daran zu arbeiten. In Abbildung 22 ist das Ergebnis der Habitogramm-Arbeit zu sehen. Es zeigt in diesem Fall, dass der Platz auf der Vorlage je nach zur Verfügung stehendem Material und Datenumfang auch andere Gestaltungsmöglichkeiten zulässt und zusätzlich mit Klebepunkten und Pfeilen gearbeitet werden kann.

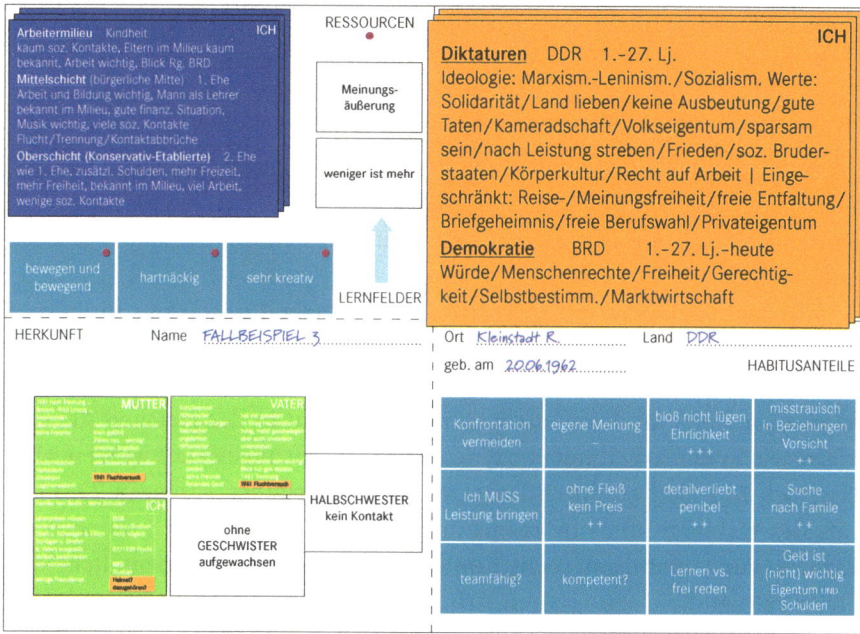

Abbildung 22: Fallbeispiel 3, Schritt 6: Fertiges Habitogramm auf der Vorlage platziert

Der Zeitrahmen in diesem Fallbeispiel betrug drei Einheiten zu je 90 Minuten. Zwei Schritte erledigte die Supervisandin als Hausaufgabe. Dies ist der durchschnittliche zeitliche Umfang, wenn mit der mehrschichtigen Methode mit Einzelnen gearbeitet wird. Beim Einsatz der Methode mit Teams sollten mindestens 180 Minuten einkalkuliert werden. Dafür bieten sich beispielsweise eine längere Teamsupervision oder ein Teamtag an.

Wer sitzt mir gegenüber?

Die Arbeit mit dem Habitogramm einschließlich der Matrix BIFF stellt die Möglichkeit zur Verfügung, eigene Gewohnheiten, Vorlieben und Abneigungen mit denen des Gegenübers abzugleichen und zu erforschen. Wie erwähnt, ist es sinnvoll, dass Berater:innen sich ihre eigene Sozialisierung unter Berücksichtigung der gesellschaftlichen Bedingungen und der Gegebenheiten im Milieu, in dem sie im Herkunftssystem aufgewachsen sind, mit der 1., mehrschichtigen

Variante des Habitogramms bewusst machen. Dies ist die Voraussetzung, um im jeweiligen Setting – Einzelsitzung oder Gruppen- bzw. Teamsitzung – die eigenen verinnerlichten Daten und Ergebnisse denen von anderen gegenüberzustellen und herauszufinden, wer einem gegenübersitzt.

Dieser Abgleich kann »verdeckt« erfolgen, indem Supervisor:innen für sich überprüfen, was sie beispielsweise verunsichert, irritiert, vereinnahmt, ihre Haltung beeinflusst, sie parteiisch reagieren oder wütend werden lässt. Wenn die Methode nicht Gegenstand des Supervisionsprozesses ist, lässt sich für das Gegenüber das Habitogramm in Kurzform in der 3., eindimensionalen Variante nutzen. Wie das geht, zeige ich im folgenden Kapitel. Zur Auswertung kann zusätzlich der »Habitogramm-Baustein Matrix BIFF« (S. 70 ff.) hinzugezogen und ausgewertet werden.

Wie bei Einzelpersonen kommt es bei der Arbeit mit Teams und Gruppen auf die jeweilige Fragestellung an, um über einen sinnvollen Einsatz der Habitogramm-Methode und ihrer Varianten zu entscheiden. Die Methode kann zum einen als Teamentwicklungsinstrument in der gleichen Art und Weise wie in der Arbeit mit einzelnen Klient:innen angewandt werden. Hier lässt sich Einzelarbeit durch Reflexion in Kleingruppen ergänzen. Der Einsatz des Habitogramms in Teams und Gruppen ist aber auch nützlich im Rahmen von Supervision sowie Konflikt- und Krisenmanagement. In beiden Fällen erfolgt die Habitogramm-Arbeit bzw. der gemeinsame Abgleich »Wer sitzt neben mir?« offen, das bedeutet, dass jeder der Teilnehmer zuerst sein Habitogramm allein erstellt. Im Anschluss daran wird in Kleingruppen und später im Plenum gemeinsam analysiert, welche typischen Gewohnheiten im Team förderlich sind bzw. welche zu Missverständnissen, Antipathien, Kommunikationsschwierigkeiten oder Konflikten geführt haben oder führen könnten.

Mitunter ergibt es sich in Supervision oder Coaching mit Einzelnen, dass Problemstellungen, die Team oder Leitung betreffen, mit der 3., eindimensionalen Variante erörtert werden können. Diese wird dann jeweils für sich und den oder die andere(n) erstellt.

An dieser Stelle und auch in den betreffenden Fallbeispielen können Zweifel entstehen, ob die Arbeit mit einer nicht anwesenden Person lege artis ist. In diesem Fall ist eine Überprüfung der aufgestellten Hypothesen nicht möglich, da nur ein subjektiv wahrgenommener Ausschnitt der – wiederum subjektiven – Welt eines anderen beleuchtet wird. Auch sollte im Kontext von Beratung immer nur über anwesende Personen gesprochen werden. Diesem Grundsatz wird jedoch beispielsweise auch in der Genogrammarbeit nicht entsprochen: Hier werden ebenfalls verstorbene und noch lebende, nicht persönlich anwesende

Personen einbezogen. So kann dieses Vorgehen auch auf die Arbeit mit dem Habitogramm übertragen werden, wenn:
- zum einen versucht wurde, die andere Partei, die Teil des Problems ist, ins Boot zu holen,
- im Nachgang die vorläufigen Resultate mit der nicht anwesenden Person ausgewertet und Hypothesen gegebenenfalls korrigiert werden und
- zum anderen die Ergebnisse der Arbeit versprechen oder vermuten lassen, dass sie der Erweiterung der Handlungsfähigkeit des Klienten dienen.

Allerdings ist oberstes Gebot, für jeden einzelnen Fall zu Beginn genau zu prüfen, ob dieses Vorgehen sinnvoll erscheint oder auch kontraproduktiv sein könnte. Für die geschilderten Fälle, wenn Informationen und Hypothesen *über* jemanden gesammelt werden und nur wenige Daten zur Verfügung stehen, lässt sich besonders Variante 3 des Habitogramms einsetzen.

Habitogramm-Variante 3: Anleitung für Fortgeschrittene

Die Habitogramm-Variante 3 wird dazu genutzt, Hinweise zu Habitusanteilen zu finden und vor allem habituelle Informationen *über* Klient:innen bzw. andere zu erhalten. Diese Minimalvariante des Habitogramms sollte erst dann in Beratung oder Begleitung Anwendung finden, wenn Supervisor:innen, Coaches oder Begleiter:innen für sich selbst eine ausführliche Habitusanalyse mit dem Habitogramm in der 1., mehrschichtigen Variante erstellt haben und darin geübt sind, die Methode in der Arbeit mit anderen anzuwenden.

Die Kurzform des Habitogramms ist die 3., eindimensionale Variante, die auf einem Blatt in DIN-A2-Format erstellt wird, welches entsprechend Abbildung 8 unterteilt ist (S. 95). Dabei wird lediglich die Zeit der frühen Sozialisierung der Person, für welche die Analyse erfolgt, berücksichtigt – zumindest so lange, bis sich ergeben sollte, dass es für ein effektives Ergebnis unerlässlich ist, in der Familiengeschichte weiter zurückzugehen. Unterstützend kann Anlage 11 herangezogen werden, in der zu den einzelnen Ebenen alle zu beachtenden Details stichpunktartig zusammengefasst sind.

In der Praxis hat es sich bewährt, die während der Sitzung angefertigten Notizen ins eindimensionale Habitogramm zu übertragen. Die Vorlage in Abbildung 8 (S. 95) für Variante 3 ist nach der ausführlichen Schritt-für-Schritt-Anleitung und Fallbeschreibung für Variante 1 selbsterklärend.

Fehlende Erfahrungen oder Personen können in jeder Ebene, wie bereits beschrieben, auch in dieser 3. Variante notiert und anschließend durchgestrichen werden. Mit der 3., eindimensionalen Variante ist systemisches Arbeiten mit Verschieben farbiger Karten zwar nicht möglich. Wichtige Aspekte wie gegenseitige Beeinflussungen können aber ebenfalls mit Farbstiften und Zusatzzeichen wie Pfeilen und Punkten gekennzeichnet werden. Aus unterschiedlichen Gründen können Variante 2 und 3 auch kombiniert werden, wie Fallbeispiel 14 zeigt. Der nachfolgende Fall zeigt den Einsatz und mögliche Ergebnisse mit Variante 3 des Habitogramms.

> Aus der Praxis: Fallbeispiel 4 – Der geht gar nicht
> Variante: Habitogramm, Variante 3
> Inhalt: Aufeinandertreffen fremder Gewohnheiten, ergänzend Anlagen 5–9
> »Ich weiß jetzt schon mehr von ihm als von meinen langjährigen Kolleginnen und Kollegen.« (Architektin, 46)

Eine 46-jährige Architektin möchte in der Beratung für sich klären, ob eine berufliche Veränderung ansteht. Im Ersttermin betont sie: »Wir sind ein Team, seit ich vor neun Jahren angefangen habe. Seit drei Monaten haben wir einen neuen Chef. Der geht gar nicht. Aber davon abgesehen, frage ich mich, ob ich in diesem Team noch richtig bin.«

In den ersten beiden Sitzungen besprechen wir ihre berufliche Karriere sowie das, was ihr an ihrem Job Spaß macht, was sie ausfüllt. Aber auch das, was dazu geführt hat, dass sie überlegt, ob sie im Team bzw. Architekturbüro noch richtig ist, thematisieren wir. Dabei fällt auf, dass ihre berufliche Unzufriedenheit offenbar mit dem Team und dem Wechsel des Geschäftsführers zusammenhängt. In der dritten Sitzung lenke ich das Gespräch auf das Team und ihre Rolle darin. Wir beleuchten ihre Beziehungen, Kommunikation und das Konfliktverhalten untereinander. Auch in dieser Phase kommt sie immer wieder auf den Punkt, dass »alles« mit dem neuen Chef begonnen habe, und sie meint: »Alle im Team sind von ihm genervt.«

Da auch Vorlieben und Abneigungen eines Menschen zu habituellen Mustern gehören und alle Teammitglieder »genervt sind«, scheint es sich hier möglicherweise um »etwas Fremdes« zu handeln, das anscheinend alle stört. Wir diskutieren ausführlich den Einwand, dass die Problematik sinnvollerweise in einer Teamsupervision für alle geklärt werden sollte, da es alle Kollegen und Kolleginnen und ihren Chef betrifft. Dies lehnt die Architektin mit ihrer Erfahrung ab, dass das Team vergeblich versucht hätte, einen Teamtag für sich zu erhalten, um Probleme anzusprechen. Auch aufgrund ihrer Eingangsfrage, die sie nur für sich klären möchte, verwirft sie diesen Vorschlag.

Ich befrage sie zu ihrer Sozialisierung und beruflichen Entwicklung. Auch frage ich nach, ob es Informationen zum Werdegang ihres neuen Chefs gibt. Sie bejaht dies, und ich schlage vor, das näher anzusehen, »was sie alle nerve«. Die Architektin stimmt zu. Ich erläutere ihr kurz die Rolle des Habitus.

Da ihre Aussagen vermuten lassen, dass ein Teil der Ursachen für die Problematik möglicherweise in habituellen Unterschieden zu suchen ist, entscheide ich, Variante 3 des Habitogramms hinzuzuziehen. Dazu bereite ich in diesem Fall zwei halbe Flipchart-Blätter entsprechend Abbildung 8 vor (S. 95). Besonders betont wird, dass es sich bei Abwesenheit anderer immer nur um Hypothesen handelt, die aber dazu beitragen können, dass die Architektin Zusammenhänge erkennen und eine neue Haltung entwickeln kann.

Die Architektin füllt auf ihrem Blatt zuerst die entsprechenden Informationen, die anhand der Antworten auf ausgewählte Fragen aus Anlage 1 gefunden werden, stichpunktartig aus. Ergänzend trägt sie weitere Details zu ihrer Sozialisierung und beruflichen Karriere mit gezielten Fragen aus Anlage 2 bis 4 und durch Informationen in Anlage 7 ein.

Anschließend werden die vorhandenen Informationen zum Geschäftsführer notiert. Diese ersten Daten umfassen neben Vornamen auch Orte und geschätzte Angaben zum Geburtsjahr des Chefs, das von seinem Alter ausgehend berechnet wurde. Auch tragen wir weitere Details wie Hochschule, Familienstand, Wohnsituation und Hobbys zusammen.

Hier die Ergebnisse auf den beiden Bögen: Die Klientin ist 1974 in der Bundesrepublik geboren worden, dort anschließend aufgewachsen und hat ihr Architekturstudium absolviert. Auf dem Blatt für den Geschäftsführer steht unter anderem, dass er 1974 in Erfurt geboren und aufgewachsen ist und ab 1993 in Dresden studiert hat. Von 2000 bis 2019 hat er als Architekt und Stadtplaner in Firmen, Verwaltungen und Büros im Raum Dresden gearbeitet. Der Job in Kiel ist seine erste Stelle in den alten Bundesländern.

Auf Nachfrage teilt die Klientin mit, dass sie und ihre Kollegen und Kolleginnen sehr viele Details zu seinem beruflichen Weg und seinem Privatleben wissen, obwohl »der Neue« erst drei Monate ihr Chef ist. Er habe diese »nebenher« erzählt, und sie wisse mittlerweile über ihn mehr als über ihre Kollegen und Kolleginnen, mit denen sie seit neun Jahren zusammenarbeitet.

Im nächsten Schritt besprechen wir Details zu gesellschaftlichen Strukturen und Bedingungen in der DDR und nachfolgend den Neuen Bundesländern, von denen die Architektin bisher nur wenig gehört hat. Ich stelle ihr Informationen zur Verfügung, wie sie in den Kapiteln »Die Gesellschaft als äußerster Rahmen für die Entwicklung des Habitus« (S. 35 ff.) und »Die Milieus als soziale Lebensräume« (S. 38 ff.), in Anlage 5 (hier besonders Kulturdimension 1), Anlage 6 und 8 sowie Fußnote 21 in Anlage 9 zu finden sind.

Danach vergleicht sie die Notizen auf ihrem Blatt mit denen auf dem Blatt ihres Chefs. Ihr fallen auf beiden Seiten unter anderem eine andere Herangehensweise in zwischenmenschlichen Beziehungen und ein anderer Umgang mit Privatsphäre auf. Diese können möglicherweise infolge der unterschiedlichen Sozialisierung entstanden sein. Aufgrund der gefundenen Unterschiede kann sie nachvollziehen, welche der »sie alle nervenden Verhaltensweisen des neuen Geschäftsführers« im Zusammenhang mit seiner Habitualisierung stehen können. Es ist für sie sichtlich eine Entlastung, dass sie das für sie alle »zu nahe Herantreten«, den »Arm auf den Oberarm legen«, »Erzählen von zu vielen privaten Details« und »das ständige Auffordern, sich nach Feierabend zu treffen« jetzt nachvollziehen und als tendenziell eher ostdeutsch einordnen kann. Besonders aufmerksam wird die Architektin bei den Hinweisen zu möglichen Folgen solcher und anderer Unterschiede. Dazu beziehen wir zum einen die Matrix BIFF ein mit dem Verweis auf mögliche unbewusste Reaktionen, wie sie unter dem Punkt III in den Erläuterungen zu Abbildung 3, Ausschnitt I beschrieben sind (S. 75). Zum anderen gehen wir abschließend auf einen möglichen Zusammenhang zwischen wahrgenommener Fremdheit und Kompetenzvermutung ein, wie er im Kapitel »Unterschiedliche kulturelle Erfahrungen« besprochen wurde (S. 66 ff.).

Nach dieser Sitzung kommt die Architektin, anscheinend befreit, in den nächsten Termin. Sie habe sich mit ihren Kolleginnen und Kollegen unterhalten, und danach hätten sie alle gemeinsam mit dem neuen Geschäftsführer gesprochen. Nach den Hypothesen der letzten Stunde und dem gemeinsamen Gespräch sei es für sie alle viel leichter, miteinander umzugehen und zu arbeiten, weil sie seine Art nicht mehr als »Anmache«, »Einschleimen« oder »Aufdrängen« und als »nervig« empfunden würden. Sie hätten einen Umgang miteinander gefunden. Die Führungskraft, die eventuell mit ähnlichen Irritationen im neuen Team konfrontiert war, habe auch auf Nachfragen keine Anmerkungen in dieser Richtung gemacht.

Durch diese Klärung können wir nun im vierten Termin das Hauptanliegen der Architektin in den Blick nehmen, was hier nicht weiter vertieft werden muss. Es sei nur so viel dazu angemerkt, dass sie bereits im fünften und letzten Termin bekannt gibt, dass sie nach der Klärung des Problems, das letztendlich nur durch Missverständnisse bzw. Unwissen entstanden sei, für sich entschieden habe, im Architekturbüro zu bleiben.

Habitogramm-Baustein Habitus-Blüte

Mitunter ist es wegen des Anliegens und der Datenlage nicht möglich oder nötig, ein Habitogramm in Variante 1, 2 oder 3 mit oder über Klient:innen anzufertigen. Besonders zum bildlichen Darstellen von Anpassungsleistungen von Klient:innen oder von Habitus-Struktur-Konflikten hat sich das Modell der »Habitus-Blüte« bewährt. Mit diesem zusätzlichen Methodenbaustein können Habituserweiterungen, aber auch mögliche Habitusirritationen und Habitusspaltungen dargestellt werden. Auch zur Visualisierung von Auf- oder Abstiegen, jeder Art von Mobilität und Migration sowie Habitusveränderungen eignet sich das Modell. Zur Veranschaulichung der Arbeit mit der Habitus-Blüte, hier zum Verdeutlichen einer möglichen Habitusspaltung, dient nachfolgender Fall.

> Aus der Praxis: Fallbeispiel 5 – Er weiß nicht, wohin
> Variante: Habitogramm, Arbeit mit der Habitus-Blüte
> Inhalt: Darstellung von irritiertem Habitus, gespaltenem Habitus, erweitertem Habitus
> »Endlich verstehe ich die Hintergründe. Das entlastet mich sehr.« (Verwaltungsfachangestellte, 31)

Eine 31-jährige Verwaltungsfachangestellte sucht bei mir Unterstützung. Seit acht Jahren ist sie mit einem Ivorer (Menschen von der Elfenbeinküste – offiziell Côte d'Ivoire) zusammen – trotz der »gewaltigen kulturellen Unterschiede«, wie sie betont. Ihr Freund Fabrice ist 1982 in Bouaké geboren. 2002 während des Bürgerkrieges ging er mit seinem älteren Bruder nach Frankreich und konnte dort später studieren. 2010 hat die Klientin ihn während eines Urlaubs in Nizza kennengelernt. Seit 2012 lebt und arbeitet er in Deutschland. Deutsch hatte ihr Freund bereits in seiner Heimat in der Schule gelernt.

Beratung möchte er zusammen mit seiner Freundin nicht wahrnehmen, deshalb ist die Klientin allein erschienen. Das Problem beschreibt sie wie folgt: »Fabrice ist irgendwie hin und her gerissen, wie seine Zukunft aussehen soll. Er war seit 2002 ein paar Mal in seiner Heimat. Er sagt, das sei sein Zuhause. Gleichzeitig fühlt er sich, wenn er dort ist, nicht wohl, streitet mit seinen Eltern und Geschwistern.« In Frankreich habe er sich aufgrund der Sprache heimischer als jetzt in Deutschland gefühlt. Auf der anderen Seite möchte er Deutschland wegen seiner Arbeit und ihrer Beziehung nicht aufgeben. Größtenteils fühle er sich hier wohl. Aber es sei irgendwie immer alles sehr anstrengend für ihn. Und es sei da immer etwas, das fehlt. Diese Ambivalenz würde ihn fast umbringen und belaste ihre Beziehung. »Auf der anderen Seite, wenn ich ihm anbiete, dass wir nach Frankreich ziehen oder ich mir vorstellen könnte, auch mit in seine Heimat zu gehen, lehnt er das ab. Das wäre keine Lösung. Ich kann ihn einfach nicht verstehen und frage mich, ob und was ich für ihn tun kann und ob unsere Beziehung eine Zukunftschance hat.«

Da der Betroffene eine Beratung ablehnt, können wir in der Beratung lediglich versuchen, dass die Klientin für sich eine Entscheidung trifft und einen Weg findet. Ich zeige der Verwaltungsangestellten verschiedene Aspekte, die einen Einfluss auf seine Integration in Europa gehabt und damit eventuell auch auf ihre Beziehung haben können. Das heißt, ob ihr Freund die Entscheidung zur Flucht bewusst für sich getroffen hat, wie psychisch und physisch belastend die Flucht für ihn war oder ob er Frankreich und Deutschland als Ziele frei wählen konnte. Diese Hinweise liegen ihr nicht vor. So kann die beschriebene Ambivalenz, das Hin-und-her-gerissen-Sein ihres Freundes, als gespaltener Habitus gewertet werden, aber auch andere Ursachen und Gründe haben. Da sie etwas für sich sucht, um seine Situation besser verstehen und sich entscheiden zu können, ob und wie es mit ihrer Beziehung weitergehen kann, schlage ich ihr vor, sich die Problematik mithilfe eines Modells anzusehen. Ich vermittele der Klientin, dass das, was sie erzählt und was herauszuhören ist, möglicherweise auf einen gespaltenen Habitus hindeuten könnte und dieser mit dem Habitogramm-Baustein der Habitus-Blüte in mehreren Schritten veranschaulicht werden kann.

Schritt 1 – Habitus im vertrauten Feld

Um die mögliche Problematik ihres Freundes Fabrice zu verdeutlichen, nehme ich je zwei ovale und eine runde Karte, in diesem Fall gelbe Moderationskarten, die von ihrem Umfang zusammenpassen, zu Hilfe. Damit stellen wir zuerst die Situation ihres Freundes in seiner Heimat dar (Abbildung 23).

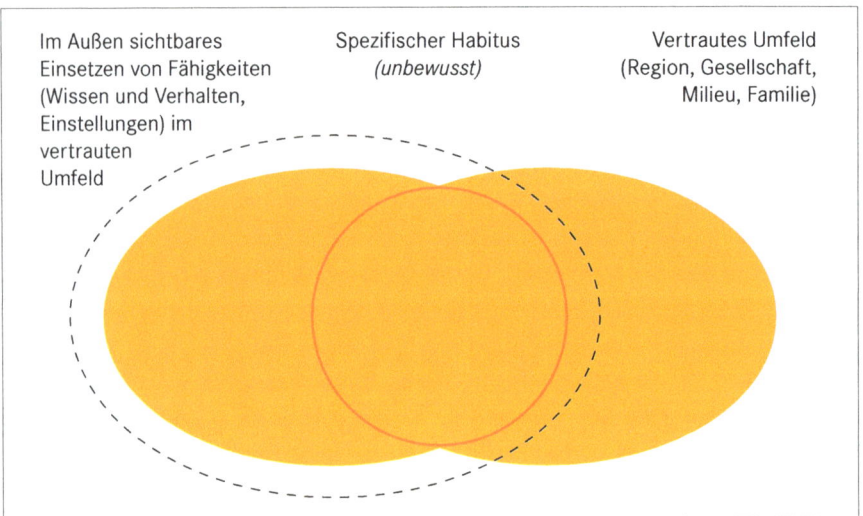

Abbildung 23: Habitus im vertrauten Feld

Symbolisiert wird der Habitus von Fabrice mit der runden Moderationskarte in der Mitte. Dieser Kern dient ihm als Basis, die ihn unbewusst unterstützt, sodass er sich in seinem Umfeld orientieren und zwischen vertrauten Vorgaben in der bekannten Außenwelt – die rechts mit der gelben ovalen Moderationskarte angelegt wird – bewusst anpassen kann. Sein nach außen sichtbares Verhalten wird mit der linken ovalen Moderationskarte visualisiert.

Schritt 2 – Habitus im fremden Feld

Indem die rechte gelbe ovale Moderationskarte in ihrer Farbe ausgetauscht wird, stellen wir die Situation nach, als Fabrice nach Frankreich (grüne Karte rechts; Abbildung 24a) und später nach Deutschland (türkisfarbene Karte rechts) kam (Abbildung 24b).

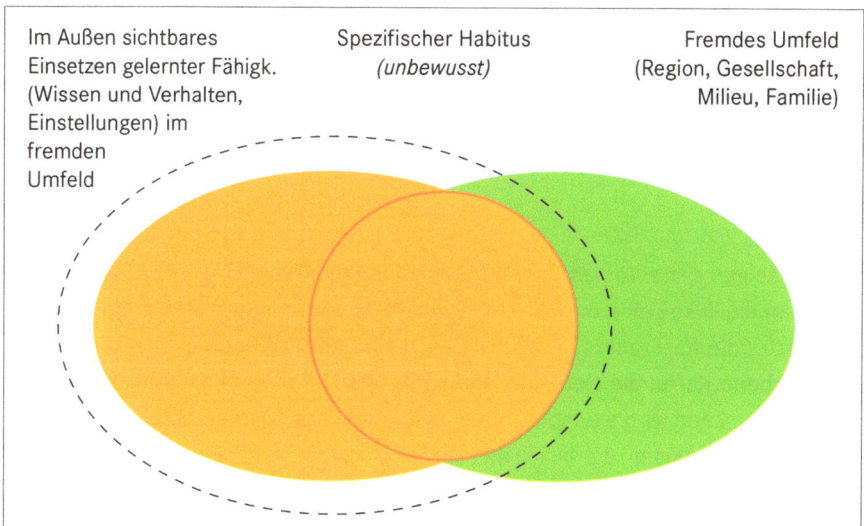

Abbildung 24a: Habitus im fremden Feld (als Fabrice nach Frankreich kam)

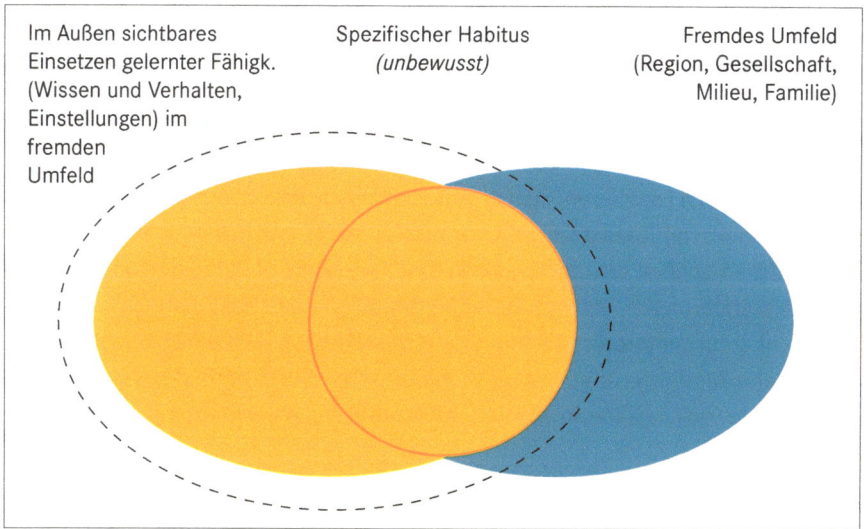

Abbildung 24b: Habitus im fremden Feld (als Fabrice nach Deutschland kam)

Fabrice Habitus als unbewusste Basis – gelbe runde Moderationskarte in der Mitte – und sein gelerntes Verhalten sowie seine verinnerlichten Einstellungen – linke gelbe ovale Moderationskarte – treffen in Frankreich und später in Deutschland auf für ihn Fremdes in der neuen Außenwelt, dargestellt durch die rechte ovale andersfarbige Moderationskarte. Dies kann im fremden Feld unter anderem zu gegenseitigen Missverständnissen führen.

Als Fabrice 2012 nach Deutschland kam, musste er sich ein weiteres Mal auf ein neues Umfeld (türkisfarbene, rechte Moderationskarte in Abbildung 24) einstellen.

Die Verwaltungsfachangestellte kann sich gut vorstellen, was es für Fabrice bedeutet haben muss, zweimal in so kurzer Zeit in zwei ihm bis dahin völlig fremden Kulturen neu zu starten.

Schritt 3 – Irritierter Habitus im fremden Feld

Für das Zeigen seiner Anpassungsleistungen und möglicher Folgen für Fabrice wird nun auch die linke gelbe ovale Moderationskarte zuerst durch eine grüne Moderationskarte, die für Frankreich steht, ersetzt und danach noch einmal durch eine türkisfarbene Karte, die Deutschland symbolisiert. Der Wechsel in dieses zweite europäische Land wird exemplarisch genutzt, um verschiedene Möglichkeiten von Habitusveränderungen, die sich in diesem Fall in Europa durch ein neues Umfeld vollzogen haben, darzustellen. Auf drei runden, gelben Karten, die jeweils in der Mitte den Habitus von Fabrice symbolisieren, werden mit Farbstiften (auch die Nutzung von Klebepunkten und Klebebalken ist möglich) nacheinander die Modifizierungen, die in den Abbildungen 25, 26 und 27 zu sehen sind, visualisiert.

Der Habitus als unbewusste Basis (veränderte gelbe Moderationskarte in der Mitte) kann besonders zu Beginn eines Neuanfangs in einem fremden Umfeld irritiert werden, wie es in Kapitel »Unterschiedliche kulturelle Erfahrungen« beschrieben ist (S. 66 ff.). Die fremden Gegebenheiten, Regeln und Vorgaben in der neuen Außenwelt – dargestellt durch die rechte türkisfarbene Moderationskarte – können mit dem Versuch kollidieren, sich bewusst anzupassen (linke ovale türkisfarbene Moderationskarte). Dies geschieht vor dem Hintergrund, dass der Habitus, da er sich nicht so schnell weiterentwickeln kann wie äußere Bedingungen bei räumlichen Veränderungen, als orientierende Schablone das Bemühen, sich anzupassen, nicht sofort unterstützen kann. Die türkisfarbenen Punkte sollen dabei erste entwickelte Modifizierungen entsprechend dem neuen Umfeld darstellen. Die angedeutete Zickzacklinie in Abbildung 25 steht für die Irritation grundlegender Strukturen.

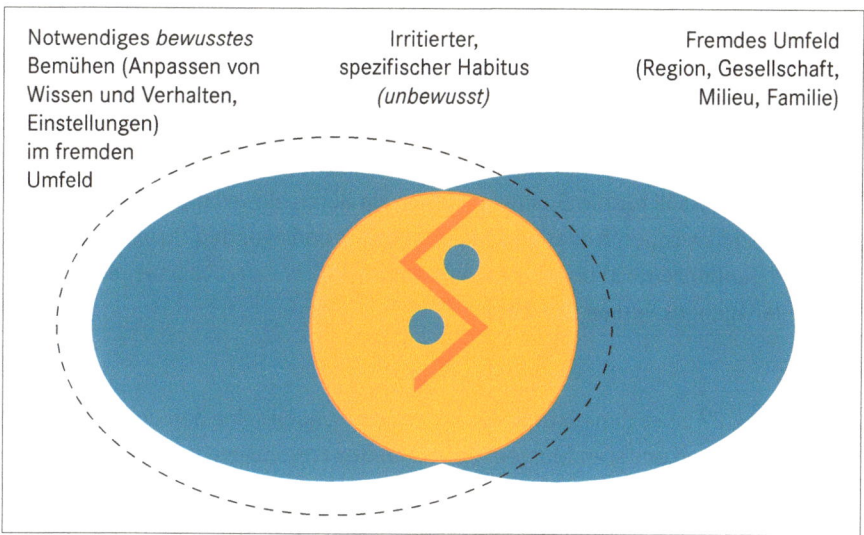

Abbildung 25: Irritierter Habitus im fremden Feld

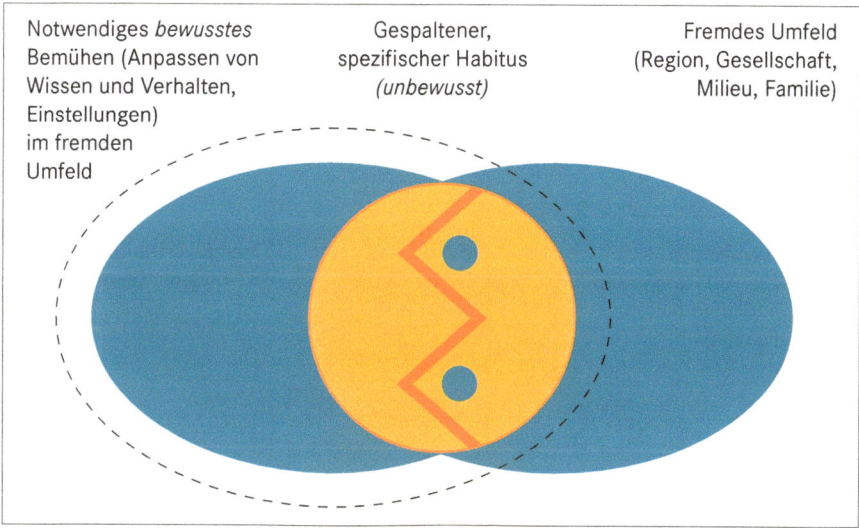

Abbildung 26: Gespaltener Habitus im fremden Feld

Schritt 4 – Gespaltener Habitus im fremden Feld

Der Habitus als unbewusste Basis (veränderte gelbe runde Moderationskarte in der Mitte) kann im fremden Feld in eine Zerrissenheit geraten zwischen dem bewussten Bemühen (linke Moderationskarte), die Vorgaben der neuen Außenwelt (rechte Moderationskarte) umzusetzen, und den im Habitus verinnerlichten Vorgaben, die konträr zu den neuen Erfahrungen stehen können. Zum Beispiel durch eine im Habitus verankerte unbewusste Loyalität der vertrauten Welt gegenüber kann eine Ambivalenz entstehen und die Anpassung im neuen Feld zu einem Kraftakt werden. Auch hier symbolisieren die türkisfarbenen Punkte erste habituelle Weiterentwicklungen entsprechend dem neuen Umfeld. Die durchgehende Zickzacklinie in Abbildung 26 soll für die Spaltung stehen, da durch aktuell nicht überwindbare Unterschiede zwischen früher und heute in den grundlegenden Strukturen gegensätzliche Tendenzen wirken können, wie »dazugehören« versus »ausgeschlossen sein« oder »gehen« versus »bleiben«.

Schritt 5 – Erweiterter Habitus im fremden Feld

In Abbildung 27 ist es dem fiktiven Akteur gelungen, auch seine handlungsleitenden Einstellungen und anderen Muster, die im Habitus (veränderte gelbe Moderationskarte in der Mitte) gebündelt sind, dahingehend zu erweitern, dass sie ihn nun wieder unbewusst unterstützen. Sie geben ihm jetzt auch im fremden Feld Halt und Orientierung. Die Gegebenheiten im neuen Feld (rechte Karte) wurden akzeptiert. Das Anpassen (linke Karte) ist verinnerlicht und nach außen sichtbar. Auftreten und Verhalten in der neuen Umgebung fallen leichter. Das neue Feld hat nun Fremdes und bereits Vertrautes, auf das sich der Betroffene einstellen kann. Die durch die Anpassung an das neue Umfeld entstandenen ersten Modifizierungen werden durch die türkisfarbenen Punkte symbolisiert. Diese Habituserweiterung hat sich beim Freund der Klientin scheinbar noch nicht eingestellt.

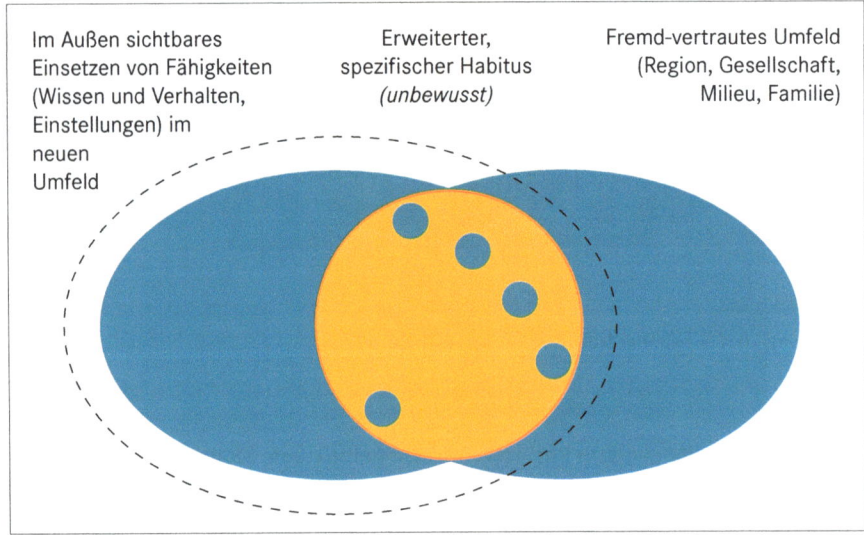

Abbildung 27: Erweiterter Habitus im fremden Feld

Nach diesen Beschreibungen fällt es der Klientin leichter, Fabrice zu verstehen: Das, was für Einheimische selbstverständlich ist, erforderte am Anfang und erfordert eventuell noch heute von Fabrice bewussten Einsatz und regelmäßig Kraft. Das kann zum einen daran liegen, dass er noch nicht auf unbewusste Muster zurückgreifen kann. Oder die beschriebene Ambivalenz, als Ausdruck seiner inneren Zerrissenheit, kann auf einen gespaltenen Habitus zurückgeführt werden. So ist möglicherweise seine Anstrengung, sich anzupassen, zu erklären, die die Klientin beschreibt. Eventuell fehlen ihm in Europa vertraute Bilder, Geräusche, Gerüche, Worte, Bewegungen. Alles ist vielleicht immer noch fremd. Je nach Persönlichkeit dauert es manchmal Jahre, bis sich bei Betroffenen eine gewisse Vertrautheit im fremden Feld einstellt.

Schritt 6 – Gespaltener Habitus im vertrauten Feld
Anschließend gehen wir auf die Erfahrungen in der Heimat während seiner Besuche ein. Wie die Klientin beschreibt, sind sie von Streitigkeiten zwischen ihm, seinen Eltern und Geschwistern begleitet. Sie können vielleicht das momentane Hin- und-her-gerissen-Sein von Fabrice forciert haben. Als Hypothesen dazu fassen wir zusammen: Fabrice ist nicht mehr der Zwanzigjährige, der 2002 aus seinem Heimatland fortging, und dennoch kann es sein, dass er sich den Menschen dort gegenüber verpflichtet und verbunden fühlt. Vieles ist ihm auch dort noch vertraut und wird eventuell immer noch als selbstverständlich und damit leichter empfunden. Sein Aufstieg durch Studium und Weggehen hat ihn von seinem Herkunftssystem entfernt. Dieser Aufstieg signalisiert ihm unbewusst, dass er sich weiterentwickelt hat durch Wissen, Einstellungen und Haltungen. Gleichzeitig möchte er vielleicht auch in seiner Heimat weiterhin dazugehören. Dieser mögliche Loyalitäts- und damit Habitus-Struktur-Konflikt lässt ihn womöglich schwanken zwischen Gehen und Bleiben. Unsere letzten Hypothesen werden begleitet durch das erneute Austauschen der Moderationskarten mit den Farben des Heimatlandes von Fabrice, wie es Abbildung 28 zeigt.

Sein zerrissener Habitus als unbewusste Basis (runde Karte in der Mitte) wird konfrontiert durch damalige und gleichzeitig auch neue Gegebenheiten im dennoch vertrauten Feld (rechte Moderationskarte) und durch sein Bemühen, sich mit seinen – damals in der Heimat – gelernten Erfahrungen (linke Karte) jetzt im Heimatland zurechtzufinden. Fabrice kann zwar auf in der Heimat Gelerntes zurückgreifen, aber grundlegende Einstellungen, vielleicht zu Themen wie Autorität, Macht, Erziehung, können sich in Europa geändert haben. Seine habituelle Basis hat sich gewandelt und ist gleichzeitig massiv irritiert aufgrund sich möglicherweise konträr gegenüberstehender Haltungen, was Ambivalenzen im Sinne einer Spaltung zur Folge haben kann.

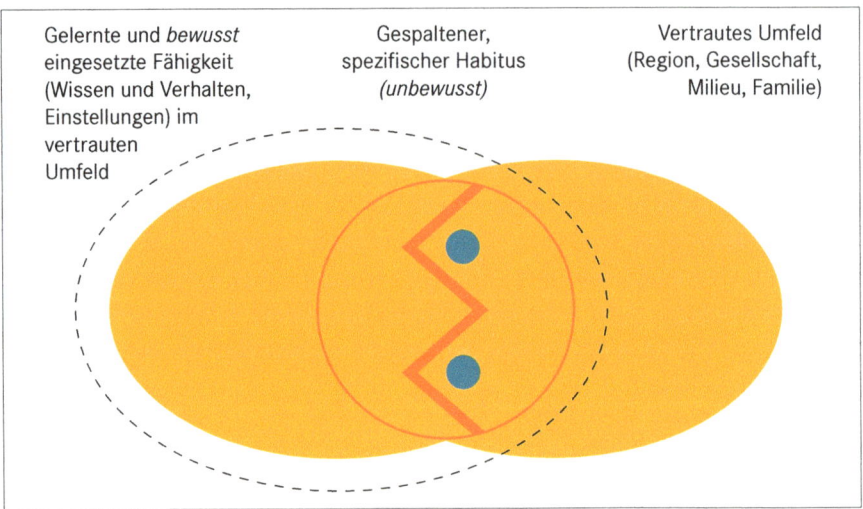

Abbildung 28: Gespaltener Habitus im vertrauten Feld

Die Klientin ist während der Arbeit mit der Habitus-Blüte ganz still geworden. Anschließend beschreibt sie, dass sie sich entlastet fühle und weniger unter Druck stehe: »Endlich verstehe ich die Hintergründe. Das entlastet mich sehr. Vor allem, weil ich nicht mehr denken muss, dass ich schuld bin an seiner Zerrissenheit oder dass ich irgendetwas machen müsste.«

Die Entscheidung, wie der Weg ihres Freundes aussehen wird, wo er leben und arbeiten möchte, kann ihm niemand abnehmen. Aber das Verstehen seiner Gefühle und seiner Zerrissenheit könnte ihm helfen, eine gute Entscheidung für sich zu finden. Die Verwaltungsfachangestellte nimmt das Material mit dem Wunsch mit, ihr Freund möge die Zusammenhänge ebenso gut verstehen wie sie.

Ergänzende Modelle und Schemata

Neben den Habitogramm-Bausteinen BIFF (S. 70 ff.) und Habitus-Blüte (S. 124 ff.) sowie der systemischen Genogramm-Methode, die ich an dieser Stelle nicht noch einmal explizit vorstelle, da sie zum Grundwerkzeug systemisch ausgerichteter Kolleg:innen gehört, können weitere Modelle und Schemata die Arbeit mit dem Habitogramm sinnvoll ergänzen. Sie eröffnen die Möglichkeit, die Ergebnisfindung in den verschiedenen Ebenen effektiv zu unterstützen. Supervisoren, Coaches und Beraterinnen werden je nach Ausbildung und Arbeitsschwerpunkt einzelne Modelle kennen oder können sie hier kennenlernen.

Die Modelle erlauben es unter anderem, ländertypische Kulturunterschiede, psychodynamische Grundtendenzen, Grundhaltungen in zwischenmenschlichen Beziehungen oder Kompetenzen und Werte in ihren unterschiedlichen Ausprägungsformen zu untersuchen.

Einzelne Modelle und Schemata werde ich gezielt herausgreifen und kurz vorstellen, da sie in den Fallbeispielen im nächsten Kapitel als das Habitogramm ergänzende Hilfsmittel genutzt wurden. Für die Ebene der Gesellschaft sind dies das Modell der Kulturdimensionen in Anlage 5 und das Modell OPD in Anlage 6. Für die Ebene der Milieus sind die Schemata in Anlage 7 und Anlage 8 heranziehbar. Eine Ergänzung für die Ebene des Herkunftssystems ist das Riemann-Thomann-Modell in Anlage 9. Und für die Ebene der Habitusanteile erweist sich das Modell des Werte- und Entwicklungsquadrates in Anlage 10 als hilfreich.

Kulturdimensionen

Zum Verständnis unterschiedlicher Ausprägung von Kulturen existieren verschiedene Modelle. Eines wurde von Geert Hofstede mithilfe einer Studie mit mehr als 110.000 IBM-Mitarbeitern in anfangs 67 Ländern in den 1960er Jahren ins Leben gerufen und bis zu seinem Tod für mehr als 90 Länder weiterentwickelt (Hofstede, Smith u. Hofstede, 2002).

Die Modelle zu Kulturdimensionen und ihre Ergebnisse werden in der Literatur kontrovers diskutiert. Sie bieten aber, wie Müller und Gelbrich (2013, 2021) zeigen, hilfreiche Auswertungsmöglichkeiten für interkulturelle Situationen. Diese können ebenso wie die Erfahrungen zu tendenziellen Kulturunterschieden (Liu, 2007, 2022) sowie zu interkultureller Kommunikation (Broszinsky-Schwabe, 2011; Kumbier u. Schulz von Thun, 2006; Losche u. Püttker, 2009; Müller u. Gelbrich, 2013) und interkulturellen Gewohnheiten (Müller u. Gelbrich, 2021) zur Vertiefung für die Habitogramm-Arbeit in der Gesellschaftsebene, aber auch in allen anderen Ebenen herangezogen werden. Die Kulturdimensionen nach Hofstede sind in Anlage 5 zu finden.

OPD

In der aus dem klinisch-psychologischen Bereich stammenden »Operationalisierten Psychodynamischen Diagnostik« (OPD) werden unterschiedlich ausgeprägte Pole bestimmter psychischer Strukturanteile eines Menschen bzw. seiner psychodynamischen Grundtendenzen beleuchtet. Sie kann auch in Coaching (Möller u. Kotte, 2014) und Supervision eingesetzt werden. Besonders für unterschiedliche habituelle Entwicklungen wie z. B. zum Untersuchen der Auswirkungen von kapitalistischen und sozialistischen Gesellschaftsformen lässt sie sich nutzen, da gesellschaftliche Strukturen mitbestimmen, welche Persönlichkeitsanteile sich in welchem Maß entwickeln können bzw. welche Strebungen möglicherweise unterdrückt werden müssen. Da diese innerpsychischen Tendenzen lebenslang wirksame Motivationssysteme bleiben, stellen sie eine habituelle Grundstruktur dar. Diese kann sich trotz möglicher Habituserweiterungen im Erwachsenenalter besonders in Stresssituationen dennoch zeigen.

Das Modell bietet die Möglichkeit, im Rahmen der Habitogramm-Arbeit in Ebene 1 diese Strukturpaare zu beleuchten und zu prüfen, inwieweit der Betroffene in unterschiedlichen Situationen sich beider Pole bedienen kann. Das bedeutet beispielsweise für das Paar »Autonomie und Abhängigkeit« – das in Anlage 6 als ein Paar von sechs weiteren vorgestellt wird –, dass sich der betreffende Mensch situationsabhängig sowohl unterordnen und anpassen als auch sich unabhängig von anderen entscheiden, handeln und für sich selbst sorgen und eintreten kann. Jeder Teilaspekt kann später in Ebene 4 von Fall zu Fall auch als Ressource oder Lernfeld eingestuft werden.

Schichten und Milieus in der BRD und in der DDR

In der Ebene der Milieus sind neben den Hinweisen im Kapitel »Des Pudels Kern« (S. 32 ff.) und den Links zu Informationen des Sinus-Instituts vier Schemata in den Anlagen 7 und 8 hilfreich und als Ergänzung heranziehbar, wenn es im Rahmen der Habitogramm-Arbeit um innerdeutsche Mobilität oder Migration geht.

Riemann-Thomann-Modell

Das Riemann-Thomann-Modell kann in der Herkunfts-Ebene für erworbene psychische Grundbedürfnisse genutzt werden, um tendenzielle Strebungen in privaten und beruflichen zwischenmenschlichen Beziehungen zu erforschen. Riemann (1991) nannte 1975 die vier Grundausrichtungen einer Persönlichkeit »Grundformen der Angst«. Thomann (Thomann u. Schulz von Thun, 1988) entwickelte das Modell weiter und stellte die Tendenzen Nähe und Distanz, Wechsel und Dauer in einem Quadrat gegenüber, wie Abbildung 39 in Anlage 9 zeigt (S. 203). Hilfreich für Supervisor:innen und Berater:innen ist, dass sie mithilfe des Schemas nicht nur habituelle Grundbedürfnisse des Gegenübers entdecken, sondern sich auch auf sie einstellen können, sodass unter anderem die auf der eigenen Habitualisierung fußende unbewusste Abwehr reduziert werden kann.

Werte- und Entwicklungsquadrat

Das Werte- und Entwicklungsquadrat, welches in der Ebene der Habitusanteile zusätzlich genutzt werden kann, ist ein von Friedemann Schulz von Thun (1989) aufgegriffenes Schema in Anlehnung an die Tugendlehre von Aristoteles, die eine

Weiterentwicklung erfuhr durch Paul Helwig (1893–1963) und Nicolai Hartmann (1882–1950). Im Modell werden zwei sogenannte Schwesterntugenden gegenübergestellt, die in einer Übertreibung zur Untugend werden können. In Anlage 10 zeigen Beispiele mögliche im Beratungsalltag anzutreffende Haltungen von Klient:innen, die das Modell verdeutlichen soll.

Zusätzlich sind mögliche Werte einer Gesellschaft, Stimmungen eines Milieus oder eines Herkunftssystems sowie Werte, Bedürfnisse und Persönlichkeitsmerkmale eines Menschen in Anlage 10 zu finden, welche die Arbeit mit dem Habitogramm unterstützen können. Die sich aus Werten ergebenden unterschiedlichen Verhaltensweisen und -ausprägungen ergänzen die Informationen.

Methodentanz an der Basis – weitere Fälle aus der Praxis

Nachfolgend präsentiere ich für unterschiedliche Problemstellungen Fallbeispiele, die zeigen, dass das Habitogramm zielführend und erfolgversprechend eingesetzt werden kann. Dabei habe ich das Habitogramm in der Arbeit mit Einzelnen oder in Teams angewandt. Die Methode wurde in einigen Fällen direkt zu Beginn des Settings als Analyseinstrument genutzt. In anderen Situationen wurde sie zur Teamentwicklung oder erst später im Prozess herangezogen. Auch zeigt ein Praxisbeispiel, wie Supervisor:innen und Coaches parallel zum Prozess ohne Supervisand:in vom Habitogramm profitieren. Das heißt, dass Berater:innen bei entsprechend entwickelter habitueller Sensibilisierung mit der eindimensionalen Variante bewusst einen Abgleich zwischen eigenen habituellen Grundtendenzen und denen von Klient:innen durchführen können, um den Beratungsprozess bewusst habitussensibel zu steuern.

> Aus der Praxis: Fallbeispiel 6 – Ich kann mich nicht durchsetzen
> Variante: Habitogramm mehrschichtig, Variante 1
> Inhalt: eine fehlende Seite eines Verhaltenskomplexes, ergänzend Anlagen 6 und 10
> »Ich habe das Gefühl, es liegt daran, dass ich mich nicht durchsetzen kann. Dabei war das bisher nie Thema. Aber jetzt komme ich einfach nicht mehr klar und brauche Unterstützung.« (Versicherungskaufmann, 43)

Ein 43-jähriger Versicherungskaufmann kommt ins Führungskräftecoaching, weil er sich, wie er beschreibt, in seiner Rolle in einer großen Versicherung in Hamburg nicht wohlfühlt. Er berichtet, dass sowohl sein Vater als auch er in der Vergangenheit in Führungsrollen tätig waren. Jetzt habe er jedoch mitunter richtig Angst, zur Arbeit zu gehen, und sei in Kundengesprächen teilweise wie gelähmt. Er möchte die Ursachen für seine aktuelle Situation und eine Lösung, wie es beruflich für ihn weitergehen kann, finden.

Ich erläutere dem Versicherungskaufmann, dass frühe Erfahrungen im Untergrund wirken und Klient:innen im Erwachsenenalter unbewusst beeinflussen, ihre Fähigkeiten unterstützen, aber auch einschränken können, und stelle ihm die Methode des Habitogramms vor. Er ist einverstanden, in diese Richtung zu schauen.

In der Arbeit mit der mehrschichtigen Methode ergeben sich folgende Konstellationen: Er ist 1978 in einer Familie ohne Geschwister in einer kleinen Gemeinde mit circa sechshundert Einwohnern in der Rhön geboren worden und dort aufgewachsen. Von gesellschaftlichen Veränderungen in der BRD Anfang der 1980er Jahre bekam er kaum etwas mit und die Eltern auch nur aus dem Fernsehen. Im Ort lebten zu dieser Zeit keine Ausländer, es gab keine Wohnungslosen oder Drogentoten. Der Einzug der Grünen in den Bundestag 1983 war in der kleinen Gemeinde ein Schock. Die Einwohner seien noch enger zusammengerückt, wie er berichtet. Das umgebende Milieu war ländlich geprägt mit engen Kontakten zu den Nachbarn und am ehesten dem kleinbürgerlichen Arbeitermilieu der Unter- oder Mittelschicht zuzuordnen. Der Vater des Klienten war Mitarbeiter, später Leiter in einem kleinen Getränkemarkt, fünf Kilometer vom Wohnort entfernt. Die Mutter arbeitete in einer Tankstelle. Die Eltern waren immer sehr sparsam und leben auch heute noch in dem kleinen Haus, welches früher den Großeltern mütterlicherseits gehörte. Der Klient war an den Nachmittagen bei den Eltern der Mutter. Seine Großmutter war immer Hausfrau, sein Großvater bis zur Rente Steinmetz. Gespielt hat er als Kind nach der Schule draußen mit seinen Freunden. Im Kindergarten war er nicht. Urlaube fanden »in der Region« oder im Schwarzwald statt. Außerdem erwähnt der Klient, dass sein Vater als Kind Ende der 1950er Jahre mit den Eltern aus der Nähe von Magdeburg in die Rhön gekommen sei.

Nach der Ausbildung zum Versicherungskaufmann war er zwölf Jahre in einer kleinen Agentur vor Ort tätig. 2009 lernte er seine jetzige Frau, gebürtige Schleswig-Holsteinerin, kennen. 2011 wurde er nach zwei Seminaren für Führungskräfte Abteilungsleiter in einer Geschäftsstelle in einer Kleinstadt in der Rhön mit drei Mitarbeitenden. 2019 wechselte er nach Heirat und Umzug zu einem großen Versicherungsunternehmen in Hamburg. Dort hat er als Abteilungsleiter 21 Personen unter und weitere Führungskräfte sowie die Geschäftsleitung über sich.

Durch die Aufstellung mit dem Habitogramm zeigen sich folgende Habitusanteile, die teilweise auch nach dem sechsten Lebensjahr ausgebildet wurden: »ländlich aufgewachsen«, »allein sein«, »konservativ«, »pünktlich«, »ordentlich«, »strukturiert«, »anpassen«, »versorgt werden«, »perfekt«, »ehrlich«, »zuverlässig«, »ehrgeizig«. Sie prägten sein Verhalten bis heute und sind ihm auch jetzt noch wichtig. Beruflich ist der Versicherungskaufmann als Führungskraft aufgestiegen. Es zeigen sich aktuell ein emotionales Muster mit »Unsicherheit« und eine mentale Überzeugung im Sinne »Mit Anpassen bin ich bisher immer weitergekommen«.

Während der Habitogramm-Arbeit und unter Zuhilfenahme von Anlage 6 gehen wir auch auf die Herkunft des Vaters und seine möglicherweise habituell angeeignete angepasste Haltung ein. Das Ankommen in der Rhön, so vermutet der Versicherungskaufmann, war vielleicht auch für ihn nicht einfach und möglicherweise mit einem Habitus-Struktur-Konflikt verbunden. Der Klient mutmaßt, dass es ihm selbst nach dem Umzug nach Hamburg trotz zweimaliger Schulung als Führungskraft noch nicht gelungen ist, durch angeeignetes Wissen, Rhetorik und bemüht selbstsicheres Auftreten als Abteilungsleiter zu überzeugen.

Die Eltern und er lebten in einem dörflichen Milieu. Sie konnten ihm zwar – weit ab von Großstädten – äußere Sicherheit bieten, aber anscheinend keine innere Sicherheit im Gestalten von Beziehungen vermitteln. Die Stellung als Einzelkind in der Herkunftsfamilie kommt ihm in seiner Führungsrolle zugute. Für eine Tätigkeit als Führungskraft in einem großen Unternehmen und mit neuen Kunden in einer Millionenstadt wie Hamburg als drittgrößtem Standort der Branche – so schätzt er im Auswertungsprozess ein – fehlt ihm allerdings ein authentisches sicheres Auftreten. Seine Großeltern und Eltern seien einfache Arbeiter gewesen, und in der Nähe von Magdeburg und später in der Rhön sei es für sie auch beruflich eher familiär, angepasst und konservativ zugegangen.

Sein Unwohlsein als Führungskraft, das teilweise mit Angst verbunden ist, kann als Hinweis für einen aktuellen Habitus-Struktur-Konflikt gedeutet werden, der aufgrund seines Rollenwechsels entstanden ist. Die Mobilität und seine neue, mit einem Aufstieg verbundene Position entfernten ihn von seinem Herkunftsmilieu, was zur Folge gehabt haben kann, dass sich Gefühle von Fremdheit, Unsicherheit und Angst einstellten. Sein bisheriges einseitiges Beziehungsmuster »Anpassen« reicht möglicherweise aktuell als Führungskraft nicht mehr aus.

Auch erörtern wir, dass Kunden bei der Entscheidung für Finanzprodukte ihren habituellen Gewohnheiten folgen, die sich nach ihren angeeigneten Werten und Vorlieben sowie ihrem Umfeld, dem Milieu, richten. Sowohl das berufliche als auch das private Umfeld in Hamburg, aber auch die Kunden mit ihren Einstellungen und Haltungen könnten verantwortlich für seine Unsicherheit und Stresssymptome sein. Er reflektiert, dass er als Führungskraft in einem großen Unternehmen neben sozialer Kompetenz vielleicht weitere Kompetenzen erwerben müsste, beispielsweise den Gegenpol zur Fähigkeit, sich anpassen zu können – sich also auch durchsetzen zu können. Dieser Gedankensprung gelingt ihm nach dem Vorstellen des Werte- und Entwicklungsquadrates in Anlage 10 und dem Finden der sogenannten Schwesterntugend.

Während der Arbeit mit dem Habitogramm findet er für die Tätigkeit als Führungskraft folgende Ressourcen: Selbstdisziplin, Zuhören können, zielorientierte Arbeitsweise, Loyalität und Delegieren können. Gleichzeitig stellt der Versicherungskaufmann fest, dass ihm für die Rolle in diesem großen Unternehmen Fähigkeiten fehlen wie Motivation von Mitarbeitenden und konstruktives Kritisieren, Entscheidungen durchsetzen und Erlauben von Fehlern. Auch sind Fähigkeiten wie Stellung beziehen, die eigene Meinung vertreten und Einfluss ausüben von ihm kaum verinnerlichte Muster. Er ist über die vielen Lernfelder überrascht und fragt sich, wie er mit ihnen umgehen möchte. An dieser Stelle weise ich darauf hin, dass nicht alle Lernfelder gleichzeitig bearbeitet werden sollten, sondern jeweils dasjenige in den Vordergrund gerückt und auf Veränderungsmöglichkeiten untersucht wird, was aktuell sinnvoll und machbar erscheint. Wie bereits beschrieben, hängt es unter anderem vom jeweils zu Beratenden, seinen habituellen Begrenzungen und seinen Wünschen ab, inwieweit fehlende Fähigkeiten als Lernfelder dienen und daraus neue Fertigkeiten entwickelt werden können.

In der letzten Sitzung teilt der Versicherungskaufmann mir mit, dass er sich – »vorerst«, wie er sagt – für einen Stellenwechsel in eine kleinere Agentur in Schleswig-Holstein entschieden habe. Er schätzt ein, dass es ihm dort leichter fallen könnte, seine Rolle als Führungskraft auszufüllen und weiter auszubauen.

> Aus der Praxis: Fallbeispiel 7 – Ich fühle mich ganz allein
> Variante: Habitogramm mehrschichtig, Variante 1
> Inhalt: polnische Kultur, mögliche Erfahrungen im Mutterleib
> »Ich laufe manchmal in der Schule wie durch einen Nebel, als ob ich abgeschnitten wäre von den anderen. Ich habe das Gefühl, dass mich Kollegen nicht sehen und nicht hören. Es liegt also nicht an ihnen. Ich fühle mich oft ganz allein, aber es hat gar nichts mit den anderen zu tun, glaube ich, sondern mit mir.« (Grundschullehrerin, 38)

Eine 38-jährige Grundschullehrerin vereinbart einen Termin zur Supervision. Im Ersttermin schildert sie ihre Erfahrungen in der Schule, in der sie seit acht Monaten tätig ist. Anfangs hätte sie geglaubt, die Kollegen und Kolleginnen würden ihr aus dem Weg gehen. Mittlerweile habe sie das Gefühl, es liege an ihr. Sie beschreibt nach Aufforderung den Wohn- und Arbeitsort mit circa 6.500 Einwohnern. Sie ist vor einem Dreivierteljahr nach ihrer Scheidung von Greifswald hierhergezogen. Außerdem schildert sie Situationen in der Schule und ihrem privaten Umfeld, in dem sie noch nicht angekommen sei. Glücklicherweise würde sie sich aber im Ort wie zu Hause fühlen. Sie möchte in der Supervision für sich klären, weshalb sie sich nach mittlerweile acht Monaten an der Grundschule noch so wenig dazugehörig fühlt, und wie sie dies ändern kann.

Die Supervisandin berichtet, dass sie 1983 in Polen geboren wurde und dort aufgewachsen ist. Sie studierte Lehramt an Grundschulen in Greifswald und lebt und arbeitet jetzt in Mecklenburg-Vorpommern. Ich schlage ihr vor, bei der Betrachtung ihrer Probleme das Habitogramm einzusetzen, und erläutere ihr die ausschlaggebenden Zusammenhänge der Methode.

Während der Arbeit mit der mehrschichtigen Variante schildert sie die Zeit ihrer Sozialisierung: Sie wurde in eine Zeit hineingeboren, in der die Menschen in der damaligen Volksrepublik Polen begannen, sich aufzulehnen. Mit der Gewerkschaft Solidarność strebten die Menschen nach Demokratie und Freiheit. Auch ihre Mutter habe sich – angesteckt durch die auf der Gesellschaftsebene beginnenden Bewegungen – als junge Lehrerin nach einer Affäre mit einem Mann aus ihrem Kollegium aus einer einengenden Beziehung mit einem Alkoholiker befreien können. Der Liebhaber der Mutter war allerdings verheiratet. Als sie von ihm mit der Klientin schwanger und die Schwangerschaft bekannt wurde, sah sie sich durch die ihr entgegengebrachten Ressentiments aus dem Freundes- und Kollegenkreis, die ihr nicht verzeihen konnten, etwas mit einem verheirateten Mann angefangen zu haben, und auch aus Angst vor ihrem Noch-Ehemann gezwungen, von ihrem Heimatdorf in die nächstgelegene Kleinstadt mit circa 5.100 Einwohnern zu ziehen. Dort lebte die Mutter die nächsten Monate bis zur Geburt ihres Kindes erstmals ganz allein, beengt und unter fremden Nachbarn. Anfangs fuhr sie noch mit dem Bus zu ihrer Arbeit an der Schule. Aber bald musste sie ihre berufliche Tätigkeit aufgeben und war nur noch allein in ihrem Zimmer oder auf Spaziergängen in der fremden Umgebung unterwegs.

Weiter berichtet die Grundschullehrerin: Als sie drei Jahre alt war, ließ sich ihr Vater, der ehemalige Kollege ihrer Mutter, scheiden und zog zu ihnen. Die Familie fand in der kleinen ländlich geprägten Stadt allerdings keinen Anschluss. Sie passten als Lehrer und Lehrerin wenig ins Milieu der Umgebung und fühlten sich nicht dazugehörig. Da die Klientin ab dem dritten Lebensjahr im Kindergarten untergebracht war, arbeiteten ihre Eltern in Vollzeit. Die Klientin beschreibt diese ersten Jahre als »schöne Zeit«. Mit der Einschulung der Klientin – sie blieb das einzige Kind – zog die Familie in eine größere Stadt, nach Leszno mit circa sechzigtausend Einwohnern. Zu ihren Eltern, den alten Freundinnen und Kolleginnen hätte ihre Mutter nie wieder Kontakt gehabt.

Als früh erworbene Habitusanteile und ihr wichtige Werte findet die Grundschullehrerin »Kleinstadt«, »eher ländlich«, »Akademikermilieu«, »kämpfen«, »für sich eintreten«, »Freiheit«, »Demokratie«, »Außenseiterin«, »allein sein«, »Arbeit« und »Familie«.

In der Auswertungssitzung suchen wir dann – neben der fehlenden Erfahrung, mit Geschwistern aufzuwachsen – nach weiteren Möglichkeiten, weshalb sich die Lehrerin noch »so wenig dazugehörig« fühlt und wie sie dies ändern kann.

Sie hat beschrieben, dass sie an andere Kolleginnen nicht »rankommen« könnte. Deshalb schauen wir uns ihre eingangs vorgetragenen Beschreibungen zu ihrer aktuellen Situation an: »wie durch einen Nebel«, »abgeschnitten« und »ganz allein«.

Auch die Notizen, die sie zu ihrer Mutter als junger Lehrerin aufgeschrieben hat, betrachten wir: »Familie, Freunde, Kolleginnen können nicht verzeihen«, »gezwungen umzuziehen«, »passten wenig in das Milieu« und »nicht dazugehören«. Sie reflektiert, dass ihr Satz zu ihren ersten Jahren mit eine »schöne Zeit« offenbar nicht dazu passte. Während dieser Überlegungen fällt der Lehrerin auf, dass sich ihre Mutter, als sie ihren Vater kennenlernte, vielleicht ähnlich allein und nicht dazugehörig gefühlt hatte wie sie sich aktuell.

Daraufhin frage ich sie, ob sie schon von pränatalen Erfahrungen im Mutterleib gehört habe, und stelle die Hypothese auf, dass diese frühen, vorgeburtlichen Erfahrungen sie aktuell begleiten: Sie lebe in dieser Stadt nach der Scheidung, ohne Partner und nicht in ihrem Herkunftsland, fühle sich hier in Mecklenburg unter ihren Kolleginnen vielleicht ähnlich fremd, verloren und allein wie damals ihre Mutter. Dies habe sie damals durch Hormon- und Botenstoffausschüttungen ihrer Mutter im Mutterleib möglicherweise ebenfalls gespürt und sei nun durch ähnliche Reize eventuell wieder »hervorgespült« worden.

Die plötzlichen Tränen, ihr Schluchzen und eine aufsteigende Röte am Hals zeigen große emotionale Betroffenheit. Die Klientin vermutet, dass diese sehr frühe Erfahrung Raum brauche, um weiter besprochen und verarbeitet zu werden. Sie meint, nun das Gefühl von »Nebel« und »abgeschnitten sein von anderen« zu verstehen. Trotz der Emotionalität ist sie erleichtert, denn sie sieht, dass sie etwas tun könne und diesen seit acht Monaten bestehenden »schlimmen Zustand«, wie sie sagt, nicht nur aushalten müsse. Erst jetzt erkennt sie, wie schwer es für ihre Mutter heute noch sein muss, keinen Kontakt mehr zu ihren Eltern zu haben. Sie selbst hat ihre Großeltern nie kennengelernt. Sie überlegt, ob sie herausfinden möchte, ob und wo die Großeltern in Polen leben. Als Lernfelder formuliert sie abschließend für sich »Heimat finden« und »inneren Frieden finden«.

Am letzten Termin der Habitogramm-Arbeit erzählt sie, dass sie sich um eine Psychotherapie bemühen werde. In ihr Heimatland wolle sie aktuell nicht zurückziehen. Sie habe sich getraut, eine Kollegin, die sie von Anfang an nett fand, anzusprechen und sie hätten sich daraufhin schon einmal außerhalb der Schule getroffen. Die weiteren Supervisionssitzungen nutzt die Lehrerin, um Szenen im Lehrerkollegium in Mecklenburg – im für sie fremden Feld – zu reflektieren und ihre Verhaltensweisen, Kommunikations- und Konfliktmuster anzupassen, um zukünftig angemessen reagieren und auch mit anderen Kollegen in Kontakt treten zu können.

> Aus der Praxis: Fallbeispiel 8 – Sie hat was gegen mich
> Variante: Habitogramm mehrschichtig, Variante 1 und Habitogramm-Baustein Matrix BIFF
> Inhalt: amerikanische Kultur, irritierter Habitus, ergänzend Anlage 5

> »Ich fühle mich, seit ich im Team bin, nicht gut. Es liegt vor allem an Frau M., der Pflegedienstleitung. Sie hat was gegen mich. Mit ihr kann ich nicht umgehen. Ihr gehe ich aus dem Weg. Ich finde sie nicht gut. Ich möchte aber nicht gehen. Ich bin ja nicht mehr die Jüngste.« (Altenpflegekraft, 56 Jahre)

Eine 56-jährige Altenpflegerin möchte im Rahmen von Supervision klären, was sie tun kann, um sich im Team wohler zu fühlen. Mit auffallendem amerikanischem Akzent erzählt sie, dass sie keine Idee habe, woran es liegen könnte, dass die Pflegedienstleitung zu ihr »so ist«. Auf die Frage, was »so ist« genau bedeutet, antwortet sie: »Sie mahnt mich ständig, hat mich immer im Blick, sie ist pingelig, achtet auf alles wie ein Geier.« Auf meine Frage, ob die Klientin eine Ahnung habe, weshalb sich die Pflegedienstleitung so verhält, meint sie: »Vielleicht mein Alter oder sie denkt, ich bin nicht gut im Job oder ihr gefällt meine Nase nicht. Ich weiß es nicht.«

Die Altenpflegekraft möchte aber nicht kündigen. Die Arbeit – ihre erste in Deutschland –, das Gehalt, die Kolleginnen und vor allem die Bewohner seien »genau gut«.

Nach weiteren klärenden Fragen, unter anderem zu persönlichen Daten, schlage ich der Supervisandin vor, das Habitogramm einzusetzen, um Antworten auf ihre Fragen auf die Spur zu kommen. Da sie 1963 in den USA geboren und aufgewachsen ist, 47 Jahre dort gelebt und 18 Jahre gearbeitet hat, füllen wir die vier Ebenen sowohl für die USA als auch für Deutschland. Unter Zuhilfenahme der Kulturdimensionen in Anlage 5 zeigen sich schnell subtile gesellschaftliche Unterschiede. Die Supervisandin beschreibt einen amerikanischen Lebensstil, der ihr hier in Deutschland fehlt. Es ist möglich, dass die kulturellen Unterschiede zwischen den USA und Deutschland eine Ursache sind für ihre Unzufriedenheit unter anderem mit der Pflegedienstleitung. Sie stellt fest, dass die USA ebenso wie die BRD zwar Staaten mit einzelnen Bundesländern bzw. Bundesstaaten sind und das Prinzip des Föderalismus herrscht. Dies geht in den USA allerdings so weit, dass die einzelnen Bundesstaaten eine große Autonomie haben. Sie nennt unter anderem den Alkoholkonsum in der Öffentlichkeit, die Mehrwertsteuer oder das Tempolimit, die in jedem Bundesstaat unterschiedlich sein können. In ihrer Familie, aber auch in Schule und Ausbildung in Arkansas hat sie gelernt, nicht über ihre eigene Meinung zu sprechen, wenn es dabei um etwas Negatives beispielsweise zu Familie, Politik oder Religion geht. Sie schreibt einen Satz ihres Vaters auf, der übersetzt in etwa heißt: »Wenn dir nichts Gutes einfällt, was du zu sagen hast, dann sag am besten nichts.« Beim Thema Vorlieben und Abneigungen beschreibt sie eine höfliche, aber nicht direkte Kommunikation. »Oberlehrerhaftes Auftreten« lehne sie ab, das würde es in ihrer Familie nicht geben. Außerdem sei es in den USA, wo sie aufgewachsen ist, gelebt und in einem häuslichen Pflegedienst gearbeitet hat, völlig egal, wie sie oder andere Menschen sich gekleidet hätten. Hier in Deutschland würde sie oft mit negativen Hinweisen der Pflegedienstleitung konfrontiert. Man erwarte von ihr, direkt auf Missstände hinzuweisen, wenn sie ihr auffallen. Stets werde nur auf Probleme geschaut, und alles müsse geplant und organisiert werden. In ihrem Job in Arkansas hingegen sei es wichtig gewesen, dass der Laden läuft. Mitunter sei auch Improvisieren notwendig gewesen. Die Freiheit, die sie in ihrem Leben gespürt habe, sei auch auf der Arbeit gang und gebe gewesen.

Es zeigen sich also ganz unterschiedliche Kommunikations- und Arbeitsweisen. Die Freiheit – möglicherweise aufgrund der Weite des Landes –, die sich jeder Bundesstaat, aber offensichtlich auch der Einzelne in einem bestimmten Rahmen nehmen kann, scheint der Klientin in Deutschland zu fehlen. Mit der direkten Art der Leitung kann sie offenbar nicht umgehen. Aber auch die Pflegedienstleitung scheint Schwierigkeiten im Umgang mit den habituellen Gewohnheiten der neuen Angestellten zu haben. Was sich wie ein schwelender zwischenmenschlicher Konflikt anhört, scheint vor allem durch unterschiedliche Sichtweisen und Missverständnisse auf beiden Seiten verursacht zu sein. Diese Ergebnisse des Habitogramms bespreche ich mit der 56-Jährigen und ergänze diese Ausführungen, indem ich ihr die Matrix BIFF vorstelle. Meiner Idee, die Chefin anzurufen und um einen Termin zu dritt zu bitten, stimmt sie und später auch die Leitung zu.

In dem gemeinsamen Termin erläutere ich der Pflegedienstleitung Frau M., dass die Altenpflegekraft in einem anderen gesellschaftlichen Rahmen sozialisiert wurde. Die Mitarbeiterin nimmt das Feld Deutschland und vor allem die Strukturen und Erwartungen im beruflichen Kontext sowie typische Gewohnheiten der Pflegedienstleitung anscheinend immer noch unbewusst als fremd wahr. Deshalb sei es möglich, dass die Chefin die Pflegekraft – salopp ausgedrückt – merkwürdig findet. Auf der anderen Seite scheint bei ihr, der Leitung, Unverständnis für Äußerungen, Haltungen, Auftreten und andere Gewohnheiten der Supervisandin entstanden zu sein. Dieses für sie als Pflegedienstleitung Fremde kann unbewusst auch bei ihr zu Ablehnung geführt haben, vielleicht bedingt durch den Dialekt oder die Körpersprache der Angestellten.

Ich stelle die Hypothese in den Raum, dass es sich bei den zwischenmenschlichen Problemen zwischen ihr – der Pflegedienstleitung – und der Supervisandin – der Altenpflegekraft – möglicherweise um Missverständnisse und ein Gefühl von Fremdheit handelt, die in den unterschiedlichen habituellen Sichtweisen und Verhaltensmuster begründet sind. Weiter erläutere ich Frau M., wie es unbewusst zu Ablehnung des jeweils anderen und zu Widerstand kommen kann und wie dadurch die Zusammenarbeit erschwert wird.

Zunächst gebe ich beiden die Möglichkeit zum Nachfragen und erörtere danach, welche Konsequenzen sich für sie beide daraus ergeben könnten. Die Altenpflegerin schweigt. Die Pflegedienstleitung ergreift das Wort: Sie ist überrascht; gleichzeitig scheint es ihr aber verständlich, dass ihre Beziehung aufgrund der vorgetragenen und der eigenen kulturellen Erfahrungen beeinträchtigt ist. Sie vermutet, dass es vielleicht auch ihr Hang zum Perfektionismus ist, den die neue Mitarbeiterin so nicht kennt und mit dem sie nicht umgehen kann.

In diesem Termin greifen wir einen Vorschlag der Pflegedienstleitung auf und vereinbaren, in den kommenden drei Monaten wöchentlich ein gemeinsames Gespräch zu dem zu führen, was die beiden in der vergangenen Woche gegenseitig irritiert hat, wie was gemeint war und wie eventuell etwas anders verstanden oder gehandhabt werden kann.

Die Supervisandin nutzt weitere Termine, um in der Supervision Wege zu finden, sich in Deutschland besser anpassen zu können. In einer späteren Sitzung teilt sie mir mit, dass ihr die Gespräche mit Frau M. gut gefallen und vieles klären könnten. Seitdem habe sie nicht mehr das Gefühl, dass Frau M. etwas gegen sie hätte, und würde sich in der Arbeit im Team gut fühlen.

> Aus der Praxis: Fallbeispiel 9 – Ich kann das nicht, ich darf das nicht
> Variante: Habitogramm einschichtig, Variante 2
> Inhalt: gespaltener Habitus, ergänzend Anlage 7
> »In mir ist immer das Gefühl ›Ich kann das nicht‹. Manchmal steigt sogar der Gedanke auf: ›Ich darf das nicht‹, was ja völliger Quatsch ist.« (Jurist, 41)

Ein 41-jähriger Jurist sucht Coaching, da er das Gefühl hat, dass sein beruflicher Erfolg durch irgendetwas blockiert wird. Diese Blockade möchte er finden und wenn möglich beseitigen.

Im Ersttermin kristallisiert sich heraus, dass es sinnvoll ist, das Habitogramm einzusetzen. Der Jurist antwortet auf ausgewählte habituelle Fragen zur aktuellen Situation, zu seinem beruflichen Weg und zu den Bedingungen seiner Sozialisierung. Der Vater ist Bauarbeiter, die Mutter Lagerarbeiterin. Er wuchs zusammen mit seinen Eltern und seinem zwei Jahre älteren Bruder in einer Kleinstadt in der Nähe von Hamburg auf, besuchte dort ab 1976 Kindergarten, Grundschule und Gymnasium. Sein Bruder verließ die Schule nach der zehnten Klasse und wurde wie der Vater Bauarbeiter. Der Klient wollte schon mit circa zwölf Jahren Anwalt werden, was seine Eltern immer für »Blödsinn« gehalten hätten. Dennoch begann er an der Uni Bayreuth, wo kein Numerus clausus erforderlich war, mit dem Jurastudium und schloss das Zweite Staatsexamen »vollbefriedigend« ab. Damals seien seine Eltern auch stolz auf ihn gewesen. Vor sechs Jahren hätten sie sich dann getrennt. Er lebt mit seiner Frau kinderlos weiterhin in der Kleinstadt seiner Kindheit.

Auf Nachfrage zu den Großeltern gibt der Jurist an, dass die Großmutter väterlicherseits Hausfrau und der Großvater Zimmermann gewesen seien. Zu ihm gebe es viele Geschichten, vor allem die aus der Zeit, als er auf der Walz war. Diese habe er als Kind geliebt. Die Großeltern mütterlicherseits hat der Klient nicht kennengelernt, zu ihnen gibt es nur wenige Informationen. Lediglich, dass der Großvater Busfahrer gewesen war, sei bekannt.

Der Jurist erzählt weiter, dass er im Anschluss an sein Studium eine Anstellung in einer Steuerkanzlei angenommen habe, da er sich nicht zugetraut habe, selbstständig als Rechtsanwalt tätig zu werden. Hier arbeitet er nun seit sieben Jahren. Wenn er über eine Anstellung oder gar eine Selbstständigkeit als Rechtsanwalt nachgedacht habe, hätte er von Anfang an das Gefühl gehabt, »Ich kann das nicht«, und manchmal »verrückterweise« sogar: »Ich darf das nicht.«

Nachdem er sich unter anderem mit den Milieus in Deutschland entsprechend Anlage 7 auseinandergesetzt hat, hält er auf den vier gleich großen Karten der verschiedenen Ebenen Folgendes fest: (West-)Deutschland im Wohlstand, kleinbürgerliches Milieu in der Mittelschicht mit jährlichem Schützenfest (einmal Kinderschützenkönig), Tanzabende der Eltern, Sonntagsausflüge der Familie, Vater jeden Freitag beim Skat in einer Bierkneipe, Mutter nach seinem 13. Geburtstag berufstätig in einem Hochregallager, Bruder diskutierte gern gegen vorherrschende Meinungen (gegen ihn hätte er verbal nicht gewinnen können), Eltern in finanzieller Sicherheit, als Kind war der Vater Vorbild. Als Habitusanteile kristallisieren sich für ihn heraus: Loyalität, Zielstrebigkeit, Gerechtigkeitssinn, für die Familie zurückstecken, zurückhaltend mit der eigenen Meinung sein, logisches Denken, Faible für Zahlen.

Bei der gemeinsamen Auswertung des Habitogramms decken wir unter anderem Zusammenhänge und Verbindungen zwischen habituellen Vorlieben und anderen Mustern sowie aktuellen beruflichen Entscheidungen auf. Dazu gehören das Festhalten am bekannten Wohlstand durch die Wahl eines gut bezahlten Berufes, die handwerkliche Tradition in der Familie und der ausgeprägte Gerechtigkeitssinn. Außerdem findet er entscheidend, dass er – wie er meint – gegen seinen älteren Bruder keine Chance hatte bzw. habe. Auch gehen wir darauf ein, dass seine Eltern ihn in seiner Entscheidung, zu studieren, nicht unterstützt hätten und dass seine Entscheidung für ein Jurastudium gleichzeitig einen sozialen Aufstieg mit sich brachte. Ich stelle ihm die Hypothese zur Verfügung, dass die Arbeit als Anwalt wahrscheinlich mit einem Aufstieg in ein fremdes Milieu (vielleicht ins konservativ-etablierte Milieu der Oberschicht?) verbunden wäre, was eine noch weitere Entfernung von seiner Herkunftsfamilie bedeuten würde. Auch erläutere ich ihm, dass solche Konstellationen, besonders bei ausgeprägter Loyalität zum Herkunftssystem, zu Habitus-Struktur-Konflikten wie einer Habitusspaltung führen können. Daraufhin vermutet der Jurist, dass dieser innere Konflikt sein Hin-und-Hergerissen-Sein erklären könnte und er sich deshalb nicht zutraue, sich als Rechtsanwalt selbstständig zu machen. Es wird für ihn verständlich, dass derartige Verstrickungen zu einer Blockade werden und verhindern können, dass er den einmal eingeschlagenen Weg des Jurastudiums konsequent weitergehen kann. Aus unbewusster Loyalität zur Familie bzw. Familientradition und gegenüber dem vertrauten Milieu ist er möglicherweise bisher mindestens eine Stufe unterhalb des Möglichen auf der Karriereleiter stehen geblieben. Seine Anstellung in einer Steuerberaterkanzlei ist vielleicht das Äußerste, was seine Loyalität bis dato zuließ und sicherlich auch seinem Faible für Zahlen geschuldet.

Diese Erkenntnisse scheinen dem Juristen sichtbar Sicherheit zu geben. Nach dem Beleuchten seiner Ressourcen sieht er sich weniger als Versager und empfindet die bisher blockierenden Sätze als weniger behindernd. Im letzten Termin lässt er offen, ob er weiterhin in der Steuerberaterkanzlei arbeiten oder eventuell einen anderen Weg einschlagen wird. Bei einem zufälligen Treffen vier Jahre später erzählt der Jurist, dass er seit zwei Jahren in einer Anwaltskanzlei als Partner tätig ist.

> Aus der Praxis: Fallbeispiel 10 – Hilfe, ich bin aggressiv
> Variante: Habitogramm einschichtig, Variante 2
> Inhalt: rumänische Kultur, Bildungsaufsteigerin, irritierter Habitus, ergänzend Anlagen 5, 6 und 9
> »Ich will einfach nur alles richtig machen. Ich habe mir diese Arbeit so sehr gewünscht. Und manchmal könnte ich schreien: ›Hilfe, ich bin aggressiv!‹, in der Hoffnung, dass es dann besser wird. Aber das hilft ja nichts, schreien hilft nichts.« (Sozialpädagogin, 35)

Ein Team von zwei Sozialpädagoginnen, Britta und Daria, aus einer Kinderbetreuungseinrichtung möchte Supervision in Anspruch nehmen, da sich ihre Zusammenarbeit von Anfang an schwierig gestaltet hat. Auf zwischenmenschlicher Ebene gebe es aber auch Gemeinsamkeiten und Sympathie, die sie als Basis für eine gute Zusammenarbeit sehen. Die Supervision soll helfen, beruflich einen guten gemeinsamen Weg zu finden. Sie sind beide in gleicher Position für einen abgegrenzten Aufgabenbereich – die dauerhafte Vollzeitpflege von vier Kindern in einer betreuten Wohneinrichtung – angestellt, sodass nicht eine der anderen gegenüber weisungsberechtigt ist.

Eingangs schildern die Klientinnen nacheinander die sich darstellende Problematik: Britta hat das Gefühl, dass Daria immer wieder ohne für sie ersichtlichen Anlass zu »Wutausbrüchen« neigt. Sie weiß nicht, wie sie dazu beitragen kann, diese zu verhindern. Daria erklärt, dass sie das Gefühl habe, dass in ihr »Aggressivität« sei und sie gar nicht wisse, weswegen. Sie sehe nicht, dass das auftretende Problem an ihrer Kollegin Britta liegt. Dennoch werde es vor allem in Interaktionen mit ihr ausgelöst.

Ich schlage beiden Klientinnen vor, sich gemeinsam ein konkretes Beispiel aus dem Berufsalltag anzuschauen. Daraufhin einigen sie sich, dass Britta eine Situation auswählen soll. Diese schildert, dass sie mit einem der Kinder spielte und in deren Nähe saß, während die drei anderen Kinder etwas entfernt allein spielten. Als Daria in den Raum kam, schlug Britta vor, jetzt gemeinsam mit allen Kindern nach draußen zu gehen, es sei ein so schöner, sonniger Tag gewesen. Daria konnte diesem Vorschlag nicht folgen, da in vierzig Minuten das Mittagessen gebracht werden sollte. Britta versuchte daraufhin, die Vorteile ihres Vorschlages – sich Appetit an der frischen Luft zu holen – aufzuzeigen, während Daria dabei immer mehr erstarrte. Diese erklärte dann ihrer bereits sichtbar wütenden Kollegin, wie entscheidend klare Regeln, Strukturen, Essenszeiten und Pünktlichkeit seien und dass es wichtig sei, nicht ständig irgendetwas anders zu machen. »Wie immer«, betont Britta, habe sie daraufhin nachgegeben, mit dem Kind allein weitergespielt, während sich Daria, noch deutlich aggressiv, den anderen drei Kindern zugewandt habe.

Da sich diese Situationen in abgewandelter Form und zu unterschiedlichen Zeiten seit zwei Jahren wiederholen würden, sei Britta so weit, dass sie sich kaum noch traue, Vorschläge zu unterbreiten. Sie stelle aber fest, dass ihr zum einen das ständige Nachgeben schwerfalle und sie zum anderen selbst aggressiver werde, besonders in Situationen, in denen sich Daria über die Kinder negativ äußere. Deshalb habe Britta ihre Kollegin auch gebeten, sich gemeinsam mit ihr durch Supervision Unterstützung zu suchen. Diese sei nicht verpflichtend vorgeschrieben, werde aber bei Problemfällen vom Träger bezahlt.

Durch die Darstellung der Situation wird deutlich, dass mehrere Ursachen dafür infrage kommen, dass Daria derart reagiert. Um die Richtung zu suchen, in die sinnvollerweise geschaut werden kann, erfrage ich unter anderem, wie sich Daria gefühlt habe, als sie Britta mit einem Kind allein habe sitzen sehen, während die drei anderen Kinder für sich gespielt hätten. Ruhig, fast irritiert, dass das ein Problem sein könnte, beschreibt Daria, dass das ganz normal sei und immer wieder vorkomme. Auch der Altersunterschied zwischen den Kolleginnen kann von beiden nicht als ausschlaggebender Faktor identifiziert werden. Eine weitere Frage ergibt, dass die innere Unruhe von Daria in dem Moment einsetzte, als Britta den Vorschlag unterbreitete, mit allen vor dem Mittagessen noch nach draußen zu gehen. Diese ständigen Änderungen von Abläufen seien für Daria unerträglich.

Da habituelle Unterschiede in der geschilderten Problematik eine Rolle spielen könnten, schlage ich den Supervisandinnen vor, mit dem Habitogramm zu arbeiten. Mit ihm kann gemeinsam nach Lösungsmöglichkeiten gesucht werden und zugleich werden die möglichen Ursachen im sprichwörtlichen Heuhaufen eingeschränkt.

Ich stelle den Klientinnen die Methode vor, gebe ihnen Basisinformationen aus Anlage 5, 6 und 9 und erfrage die Daten zur Sozialisierung jeder Supervisandin und zum jeweiligen Bildungsweg.

Es ergibt sich, dass Britta 1973 in Deutschland geboren ist. Der Vater war Lehrer, die Mutter Volkswirtin. Sie ist in einer Kleinstadt in Schleswig-Holstein mit einer Schwester aufgewachsen. Daria ist 1985 in Siebenbürgen (Rumänien) geboren und hat dort bis 1994 in einer Kleinstadt gelebt. Der Vater war in Rumänien Arbeiter in der nächstgelegenen Großstadt, die Mutter war Hausfrau und häufig überfordert. Die Klientin hat sieben Geschwister. Wenn der Vater am Wochenende nach Hause kam, stritt er sich oft mit der Mutter über die Erziehung der Kinder.

Britta hat später in Dortmund studiert und 1996 ihre erste Stelle angetreten. Daria ist 1994 nach Deutschland gekommen und hat ab 2004 Sozialpädagogik in Dresden studiert. 2018 hätten sich beide auf diese Stelle in Schleswig-Holstein beworben. Seitdem arbeiten die beiden ledigen Frauen als Zweierteam zusammen.

Auf die Kartonpapiere für jede Ebene werden jeweils die individuellen habituellen Grundlagen notiert. Bei Britta stehen auf den drei Karten zu Gesellschaft, Milieu und Herkunft unter anderem »Sicherheit in Deutschland, Individualismus, Demokratie, Freiheit, Frieden, Herkunftsmilieu der bürgerlichen Mitte, finanzielle Sicherheit, Eltern angesehen, Einfamilienhaus, Kleinstadt, jeweils große Clique während Schulzeit und Studium, Vater unzufrieden im Job (klagen über ›dumme‹ Schüler), Mutter eher zufrieden, still, sich unterordnend und dennoch die Familie führend«. Als eigene Habitusanteile auf Kartonpapier Nummer vier formuliert Britta unter anderem als Vorliebe »wechselnde Bedingungen beispielsweise bei Wohnungseinrichtung, Reisen, Tätigkeiten« und als Abneigung »Nörgeln und immer die gleiche Leier«. Außerdem stehen am Ende »Dazugehören, Entscheidungs- und Meinungsfreiheit, Selbstbestimmung, Selbstfürsorge, Selbstpräsentation, kontaktfreudig, professionelle Neutralität gegenüber der Herkunft von Menschen (die mein Vater nicht hatte)« auf ihren Karten.

Daria notiert als habituellen Kern auf ihren Karten »Minderheit in Rumänien, Kollektivismus und Unsicherheit, Armut, prekäres Milieu der Herkunftsfamilie, Hierarchie, Autorität, Streitigkeiten, Unterordnen, Solidarität und Konkurrenz unter den Geschwistern (nicht jeder von uns hatte ein eigenes Bett), eingeschränkte Möglichkeiten der Bildung, der Entscheidungen und Meinungsäußerung«. Nach dem Umzug sei sie in Deutschland in einer Außenseiterposition gewesen. Auch während Schulzeit und Studium war sie eher allein. Sie hasst Veränderungen, Unterordnen, Nachgeben und wünscht sich Zeit für sich allein. Mit Blick auf die Bögen der Kollegin meint sie »Dazugehören, Entscheidungs- und Meinungsfreiheit, Selbstbestimmung, Selbstfürsorge, Selbstpräsentation und Neutralität anderen gegenüber sind mir eher fremd. Das konnte ich, glaube ich, nicht lernen.«

In der Auswertungsstunde stelle ich den Teamkolleginnen unter anderem Informationen zur Verfügung, wie ich sie im Kapitel »Habituserweiterung und Habitus-Struktur-Konflikte« näher erläutert habe (S. 47 ff.). Ich gehe darauf ein, dass Menschen aus nicht akademisch gebildeten Familien als Bildungsaufsteiger in einen Konflikt mit der z. B. im Team vorherrschenden Kultur mit Kolleginnen aus akademischen Familien geraten können. Diese Hypothese erweitere ich mit dem Hinweis, dass bei beiden Klientinnen möglicherweise hinzukommt, dass sie mit unterschiedlichen gesellschaftlichen Systemen, unterschiedlichen Milieus und unterschiedlichen Haltungen in ihren Herkunftssystemen konfrontiert waren. Weiter diskutieren wir, wie schwer es gewesen sein kann, in der Pubertät seine individuellen Sichtweisen und Haltungen frei zu entwickeln.

Ich nehme wahr, wie unterschiedlich die Supervisandinnen auf diese Feststellung reagieren, und deute dies als mögliches Zeichen ihrer unterschiedlichen Habitualisierung. Daria reagiert emotional auf diese Aussage. Sie reflektiert nochmals unter Zuhilfenahme der Informationen in Anlage 5 und 6 für sich, dass ihre Erfahrung von Fremdbestimmung sicherlich zu ihrer Unsicherheit, inneren Unruhe, aber auch Aggressivität beigetragen hat. Damals seien gesellschaftlich vorgegebene Normen und Regeln, das Einhalten und davon nicht abweichen Können an der Tagesordnung gewesen. Auch die fehlende Möglichkeit, Selbstbestimmung zu lernen, würde sie heute spüren. Sie schätzt daraufhin ein, dass sich so auch die Folgen erklären ließen, dass sie immer wieder Anforderungen falsch einschätzen und sich bestimmten Gegebenheiten gegenüber nicht gewachsen fühlen würde. Trotz Lösungsbemühen und dem Wunsch, alles richtig zu machen, würde sie vielleicht deshalb immer wieder an ihre Grenzen stoßen. Mit der Vermutung »Wenn es bisher kaum möglich war, eigene Bedürfnisse zu beachten und selbstbestimmt agieren zu können, können Reaktionen wie Aggression, Frust oder Unlust darauf hindeuten, wie belastend das Nicht-entrinnen-Können aus diesem fremdbestimmten Teufelskreis ist« kann Daria mitgehen.

In der folgenden Sitzung präsentiere ich den Klientinnen zur Betrachtung ihrer Vorlieben und Abneigungen unter anderem im Hinblick auf »Dinge bewahren« und »Dinge verändern« die vier Quadranten des Riemann-Thomann-Modells aus Anlage 9. Außerdem beschäftigen sie sich mit der Liste, die in Tabelle 1 im Kapitel »Habituserweiterung und Habitus-Struktur-Konflikte« zu finden ist (S. 47 ff.). Bei dieser Tabelle schlage ich die letzte Spalte so nach hinten um, dass die Klientinnen lediglich Spalte 1 und 2 sehen. Ich lade sie ein, sich die Situationen in der Tabelle zu suchen, mit denen sie eventuell jeweils konfrontiert waren und die sie in der Vergangenheit vielleicht schon gut bewältigt haben, sodass ihnen heute zusätzliche Ressourcen zur Verfügung stehen. Damit soll die Sicht auf sie selbst und ihre Anpassungsleistungen gelenkt werden. Nach der gemeinsamen Beschäftigung mit vertrauten und fremden Situationen räumt Britta ein, dass sich Daria vermutlich viel größeren Herausforderungen stellen musste als sie selbst. Daria findet in der Tabelle Herausforderungen, die sich für sie aktuell noch fremd oder wenig vertraut anfühlen. Es sind Lernfelder wie »mich meinen Bedürfnissen zuwenden, diese lernen wahrzunehmen und regelmäßig zu befriedigen« und »starre Regeln auch einmal nicht befolgen, sondern selbstbestimmt entscheiden können«.

Auch Britta findet für sich Ressourcen und Lernfelder. Wichtig ist für sie aber vor allem, jetzt zu sehen, in welchen Situationen sie ihre Kollegin unterstützen und gegebenenfalls anders auf sie reagieren kann.

Am Ende des Supervisionsprozesses wird den Kolleginnen Britta und Daria klar, wie stark und in wie vielen Faktoren ihre unterschiedliche Habitualisierung ihre Arbeitsbeziehung beeinflusst. Sie sehen sich jetzt in der Lage, gemeinsam an den gefundenen Lernfeldern weiterzuarbeiten und dazu gegebenenfalls auch wieder Supervision in Anspruch zu nehmen.

> Aus der Praxis: Fallbeispiel 11 – Ich bin ja ein Flüchtling
> Variante: Habitogramm mehrschichtig, Variante 1 mit den Habitogramm-Bausteinen Matrix BIFF und Habitus-Blüte
> Inhalt: vertraute und fremde Kultur, ergänzend Anlagen 5–8, 11
> »Wir möchten uns am liebsten weiter austauschen, so interessant finden wir es gerade. Und ich habe festgestellt, ich bin ja ein Flüchtling. Das ist gerade sehr spannend und ich weiß noch nicht, was das mit mir und meiner Arbeit als Integrationsberaterin macht.« (Sozialpädagogin, 41 Jahre)

Für ein Team von vier Integrationsberatern und -beraterinnen, in dem vor kurzer Zeit zwei neue Kolleginnen mit ihrer Arbeit als Sozialpädagoginnen begonnen haben, wurde vereinbart, mit dem Habitogramm zu arbeiten. In diesem Fall soll die Methode als Werkzeug für ihre Arbeit vorgestellt und gleichzeitig zur Selbstreflexion und Vertiefung der Teambildung eingesetzt werden.

Ich zeige den Teammitgliedern Inhalt, Sinn und Ziel der Habitogramm-Arbeit auf, wie sie im Kapitel »Einsatzgebiete und Ziele« (86 ff.) erörtert werden. Grundlegende Fachtermini wie Habitus und Milieu werden erläutert bzw. aufgefrischt und ergänzende Zusammenhänge vermittelt. Die Idee zur Grundstruktur – siehe Kapitel »Varianten und ihre Anwendung« (S. 89 ff.) – stelle ich am Flipchart ebenso zur Verfügung wie die Matrix BIFF zur Reflexion ihrer Haltung in Integrationsberatungen. Weiterhin erläutere ich dem Team die Nutzung der Karten für die Ebenen und ihre Ablage auf der Vorlage (siehe Kapitel »Arbeitsmaterial«, S. 96 ff.). Die Anlagen 5, 6, 7 und 8 stehen den Teammitgliedern zur Verfügung, ebenso wie die Details aus Anlage 11, denen sie sich zuwenden können.

Nach der obligatorischen Eingangsrunde und der zwanzigminütigen theoretischen Einführung arbeiten die Teammitglieder für fünfzig Minuten mit der mehrschichtigen Variante selbstständig die Schritte 1 bis 4 des Habitogramms ab, um sich nach einer Pause anschließend für zwanzig Minuten in Zweiergruppen zusammenzufinden, sich über ihre Erfahrungen auszutauschen und ihre Notizen zu ergänzen. Für diesen Teil der Arbeit weise ich die Anwesenden darauf hin, dass es beim Zuhören – auch in der Arbeit mit ihren Klient:innen – neben dem konkreten Inhalt auch um das *Wie* und das *Was* geht: wie etwas erzählt, was wie bewertet, was weggelassen, was betont, was eventuell geleugnet wird.

Die nächsten zwanzig Minuten dienen den Rückmeldungen der vier Teammitglieder im Plenum. Dabei ergeben sich unter anderem folgende Erkenntnisse für die Teilnehmenden:

1. Ein Teammitglied hat für sich unter anderem erkannt, weshalb es sich häufig zurücknimmt, obwohl es etwas sagen möchte. Dies zeigt sich in seinen Beratungen dann, wenn es Klienten oder Klientinnen nicht oder nur ungeschickt mit unangenehmen Fakten konfrontieren kann.
2. Ein anderer Teilnehmer berichtet, dass er jetzt erfahren habe, dass er sich unbewusst entschuldigt, auch wenn es gar nicht notwendig oder angebracht ist. Dem will er auf die Spur gehen.
3. Eine der neuen Teamkolleginnen aus Syrien berichtet, dass sie anhand der Matrix BIFF erkannt habe, dass sie dazu neige, sich mit Klientinnen aus ihrer Heimat zu »verbrüdern«. Sie habe zu ihnen ein ganz anderes Gefühl. Sie habe bemerkt, dass sie bei ihnen Gefahr läuft, sie zu bevorteilen. Das möchte sie ändern.
4. Die zweite der neuen Kolleginnen hat für sich erst jetzt festgestellt, dass sie ostdeutsche Wurzeln hat, und meint erstaunt: »Ich bin ja ein Flüchtling.« Ihre Eltern waren mit ihr 1989, als sie zwei Jahre alt war, über Ungarn geflüchtet und später nach Hamburg gezogen. Sie habe immer geglaubt, sie sei Hamburgerin, auch wenn in ihrer Geburtsurkunde Rostock steht. Das habe für sie bisher keine Bedeutung gehabt. Sie habe sich aber oft als Außenseiterin gefühlt durch bestimmte Muster, die sie seit ihrer Kindheit begleiten würden, wie sich unauffällig verhalten, sich entziehen oder zurückziehen und oft unmotiviert sein. Durch die Arbeit jetzt hier an ihrem Habitus habe sie eine Vermutung, wie sich diese Denk- und Verhaltensmuster entwickelt haben können: Ihr Vater hatte ihr von seiner Jugend in der DDR erzählt, dass er von der Stasi angeworben worden war. Daraufhin habe er versucht, sich unauffällig zu verhalten, um von ihnen nicht weiter behelligt zu werden. Er habe sich lange Zeit mit Fluchtgedanken beschäftigt mit dem Glauben: »Wenn ich flüchte und mich der Stasi entziehe, dann werde ich von denen nicht weiter genötigt.« In den letzten Jahren vor dem Mauerfall sei er in seiner Heimat, die er geliebt habe, wie ein Fremder gewe-

sen. Er habe sich 1987 entschieden, in die Partei (SED) einzutreten, um seine Ruhe zu haben, und unmotiviert alles mitgemacht. Seine Idee war: »Wenn ich mitmache in der Partei, dann kann ich von den Vorteilen profitieren (vielleicht sogar in den Westen reisen), auch wenn ich nicht dahinterstehe.« Bisher seien diese Erzählungen für sie die Geschichten ihres Vaters gewesen. Heute seien sie Teil ihrer selbst geworden.

Nachfolgend erhält das Team Gelegenheit, sich in weiteren zwanzig Minuten jeweils in die aufgedeckten habituellen Muster der Einzelnen zu vertiefen und gemeinsam zu entscheiden, ob diese eher als Ressource oder Lernfeld gesehen werden können. Auch betrachten sie, was diese Erfahrungen für ihre Interaktionen innerhalb des Teams und für ihre Arbeit mit den Klienten und Klientinnen bedeuten.

Die letzten zwanzig Minuten im 180-minütigen Setting dienen dem Vorstellen der Habitus-Blüte als weiterem Baustein der Methode (S. 124 ff.). Dazu erhalten die Teammitglieder Informationen, wie sie im Fallbeispiel 5 zu finden sind, und die notwendigen Moderationskarten. Den als Erstes in die Hand genommenen runden Karton stelle ich ihnen als Symbol für den Habitus eines Menschen vor. Mit der ersten ovalen Karte weise ich sie darauf hin, wie der Habitus sich an äußeren Bedingungen orientieren muss, und mit der zweiten ovalen Karte, dass er gleichzeitig Verhaltensmuster hervorbringt, die vom Menschen bewusst eingesetzt werden können, um sich an die äußeren Bedingungen anzupassen. Weiter erläutere ich, dass alle im Habitus vereinten Muster im Sinne von unbewussten Gewohnheiten (Mitte) bei Veränderungen im Außen (rechts) – zumindest vorübergehend – eine Begrenzung darstellen können, weil Verhaltensänderungen (links) Bewusstheit und Zeit brauchen und immer wieder von unbewussten Vorgängen, die im Habitus verankert sind, torpediert werden können. Diese Erläuterungen begleite ich durch den Farbwechsel der Karten. So werden für die Teilnehmenden abschließend zwei Details verständlich: Entdeckte Lernfelder benötigen Zeit, um in neue Ressourcen umgewandelt werden zu können. Und die Menschen, mit denen sie arbeiten, können – zumindest direkt nach ihrer Flucht hier in Deutschland – in dem Dilemma zwischen Wollen und Können stecken. Die habituellen Möglichkeiten erlauben es nicht jedem, sich Fremdes durch das Aneignen neuer Denk- und Verhaltensweisen vertraut zu machen, vor allem in einem bestimmten Zeitraum. Außerdem kann es zu einem irritierten Habitus kommen, je nachdem, auf welche neuen Bedingungen die Menschen treffen und welche habituellen Erfahrungen ihnen bei der Bewältigung dieser Herausforderungen helfen. Mitunter entsteht auch eine Habitusspaltung, die Veränderungen durch starke Ambivalenzen erschweren kann. Außerdem erkennen die Teammitglieder, dass dadurch die Möglichkeiten, sich zu integrieren, begrenzt sind.

In einer späteren Veranstaltung mit den Teammitgliedern stellt sich heraus, dass die umfangreichen, ins Bewusstsein geflossenen Informationen und Erkenntnisse zum Thema »Habituelle Erfahrungen und ihr Einfluss in Veränderungsprozessen« dazu geführt haben, dass sie entschieden haben, vieles davon in ihren Berufsalltag zu übertragen. So konnten sie durch die Veranstaltung und das Lernen zielgerichteter Fragen bereits erste Veränderungen in der Begleitung der Jugendlichen feststellen. Die Abfrage habitueller Anlagen habe es ihnen ermöglicht, besser auf die Bedürfnisse Einzelner einzugehen. Die Integrationsberater:innen haben aber auch verinnerlicht, wie Jugendliche durch gesellschaftliche Bedingungen im Heimatland, durch unterschiedliche Kulturen und Milieus, in denen die Betroffenen aufgewachsen sind, und durch oft divergente Möglichkeiten der persönlichen Entwicklung in ihren Herkunftsfamilien beeinflusst und auch begrenzt sein können. Auch können sie durch die Erfahrungen in der Habitogramm-Arbeit – so der Eindruck der Integrationsbetreuer:innen – Konflikten unter den Jugendlichen besser entgegenwirken.

> **Aus der Praxis: Fallbeispiel 12 – Die müssen sich ändern**
> Variante: Habitogramm eindimensional, Variante 3
> Inhalt: träger Habitus, ergänzend Anlagen 7 und 10
> »Die Arbeit macht keinen Spaß mehr. Ich fühle mich ausgenutzt. Es gibt kein Miteinander mehr. Die jungen Dinger haben alles im Kopf, nur nicht ihre Arbeit. Sie fragen mich auch nie, ob ich in der Mittagspause mitgehen möchte. Die müssen sich ändern. Ich hätte mich früher nie getraut, mich so aufzuführen.«
> (Bankangestellte, 61)

Eine 61-jährige Bankangestellte sucht Beratung, da sie mit ihrer beruflichen Situation überfordert ist. Der Ersttermin gestaltet sich schwierig, da der Blick der Klientin – gleich, welche Frage gestellt wird – immer wieder zu ihren Kolleginnen geht. Auch ihre Wortwahl irritiert mich anfangs sehr. Sie berichtet, dass vor sechs Monaten zwei Kolleginnen in den Vorruhestand gewechselt und dafür »zwei junge Dinger« in ihr Team gekommen seien. Seitdem fühle sie sich ausgegrenzt, weil »die Neuen« sie ignorieren würden. »Egal, was ich sage, sie haben immer das letzte Wort und eine andere Meinung.«

Die Wortwahl der Klientin und ihr Festgefahrensein rufen in mir ersten Unmut hervor. Um diesem nicht weiter Raum zu geben, schlage ich der Klientin vor, erst einmal einige Informationen zu ihr zu sammeln. Der Blick nach innen ergibt: Sie ist 1957 in Frankfurt am Main geboren und ohne Geschwister aufgewachsen. Ihr Vater war bei der Deutschen Bank tätig. Ihre Mutter war Hausfrau. Die Klientin war nicht in einer Kinder- oder Vorschuleinrichtung. Ab 1963 besuchte sie ein Jahr die Volksschule und danach Grund- und weiterführende Schule, bevor sie eine Ausbildung bei der Deutschen Bank begann, in der Filiale, in der auch ihr Vater arbeitete. 1991 sei sie dann mit ihrem Mann, den sie 1979 in der Bank kennengelernt habe, erst nach Hamburg und 2002 nach Lübeck gezogen. So richtig wohlfühlen würde sie sich hier aber noch nicht. Deshalb würde sie oft noch in ihre Heimat nach Hessen fahren. Die Ehe sei eher eine Zweckgemeinschaft, sie ist kinderlos geblieben. Sie könne mittlerweile in den Vorruhestand gehen, was sie aber eigentlich nicht wolle. Deshalb sei sie hier.

Ihre Kindheit beschreibt die Klientin als streng mit vielen Regeln, an die sie sich halten musste. Der Vater sei »der Herr im Haus« gewesen, und ihm sei »auch schon mal die Hand ausgerutscht«. Eine beste Freundin oder ein Hobby gab es in ihrer Kindheit nicht. Sie musste viel für die Schule lernen, da ihr Vater wünschte, dass sie wie er in der Bank Karriere machte. Nebenbei erwähnt sie, dass sich der Vater eigentlich einen Jungen gewünscht hatte. Sie sei mit verschiedenen Freundinnen ab dem 16. Lebensjahr z. B. ins Kino, Bummeln oder Eis essen gegangen oder später zum Tanzen, letzteres aber erst mit 21 Jahren. In den Urlaub sei sie mit ihren Eltern, bis sie 18 Jahre alt war, immer ans Mittelmeer geflogen, meist nach Italien.

Obwohl durch die offensichtlich verengte Sichtweise und aktuell scheinbar eingeschränkte Veränderungsbereitschaft eine für die Bankangestellte gewinnbringende Zusammenarbeit noch fraglich erscheint, starte ich dennoch den Versuch, die Klientin mit der Habitogramm-Variante 3 zu unterstützen (S. 121 ff.). Ich stelle ihr die Methode und notwendigen Informationen dazu kurz vor und bitte sie, bis zum nächsten Termin in ein vorbereitetes Blatt die persönlichen Daten einzutragen. In diesem Fall werden sie auf ihr gesamtes bisheriges Leben einschließlich ihrer jetzigen Situation ausgeweitet. Auch die Details zu den umgebenden Feldern soll sie berücksichtigen. Anlage 7 gebe ich ihr als Arbeitsblatt mit.

Im darauffolgenden Termin besprechen wir die Daten auf ihrem Blatt gemeinsam, werten sie aus und ergänzen sie mit zielgerichteten Fragen auch mit Fachtermini wie »Habitus-Struktur-Konflikt«, die ich ihr dazu nochmals detailliert erkläre. Dann versuchen wir, uns ihren neuen Mitarbeiterinnen zuzuwenden, ohne einseitigen negativen Blick auf sie. Auf die Frage zu Alter und weiteren Details der neuen Mitarbeiterinnen erzählt die Klientin unter anderem: Die Kolleginnen sind 27 und 32 Jahre alt, beide hier in einer Kleinstadt in der Region geboren und aufgewachsen. Sie haben jeweils eine Ausbildung zur Bankkauffrau absolviert. Sie hätten beide Geschwister – wie viele weiß die Klientin nicht – und die ältere der beiden habe ein Jahr in den USA gelebt und gearbeitet. Sie vermutet, dass beide reiche Eltern haben. Sie würden teuer Essen gehen und seien immer topmodisch gekleidet, selbstsicher und gut drauf.

Auf die Bitte, eine konkrete Situation zu schildern, berichtet die Bankangestellte Folgendes: »Zum Beispiel, wenn ich am Schreibtisch sitze und am Schalter ein Kunde erscheint, muss ich entweder aufstehen oder ich muss die beiden ermahnen, sich um den Kunden zu kümmern. Von allein kommen die nicht drauf, auch mal aufzustehen. Oder wenn Formulare aufgebraucht sind, muss ich aufstehen und neue holen. Auch das sehen sie nicht. Aber wenn Pause ist, dann sind sie sofort wach und weg. Sie sind noch nicht einmal auf die Idee gekommen, mich zu fragen, ob ich vielleicht auch mitgehen möchte. Ich mache nun meine Mittagspause immer allein. Aber das kenne ich schon. Trotzdem müssen die sich ändern.«

Auf die Frage, weshalb sie meine, die Kolleginnen müssten sich ändern, sagt sie: »Weil ich viel länger da bin und weiß, wie der Laden läuft.« Die Fragen, ob die Klientin nur mit diesen beiden Kolleginnen Probleme habe, ob sie mit ihnen schon gesprochen habe und sich vorstellen könne, dass beide Kolleginnen mit ihr gemeinsam einen Termin wahrnehmen, verneint sie. Als Ziel formuliert die Bankangestellte: »Ich möchte verstehen, wieso die sich so verhalten.«

Deshalb ziehen wir in der darauffolgenden Sitzung zwei weitere Blätter mit der vorbereiteten Grundstruktur des Habitogramms in Variante 3 für die anderen beiden Kolleginnen hinzu und füllen gemeinsam – dieses Mal von ihrer Seite aus sogar selbstkritisch – aus. Mit den Daten auf dem Blatt der Bankangestellten liegen dann drei Kartonpapiere mit folgendem Inhalt auf dem Tisch:

- Kollegin 1, 61 Jahre alt
  Gesellschaft: BRD Ende der 1950er Jahre, unter anderem hebt das Gleichberechtigungsgesetz die Vorrechte des Vaters bei der Erziehung der Kinder auf.
  Milieu: Großstadt, konservativ-etabliertes oder bürgerliches Milieu.
  Herkunft: Einfamilienhaus, Vater hat (trotz beginnender gesellschaftlicher Veränderungen in diesem Bereich) das Sagen, gutes, geregeltes Einkommen, Mutter ordnet sich unter, bleibt Hausfrau, streng, viele Regeln, Schule und Lernen sind wichtig, keine Hobbys, keine Geschwister, Vater hat sich Sohn gewünscht.
  Habitusanteile: angepasst, unterordnen, diszipliniert, pünktlich, fleißig, Blick nach außen – anstatt nach innen, sehr kritisch, indirekte Kommunikation, unsicher, sich in Hessen wohler fühlen, eher geringes Selbstwertgefühl als Frau, Ehe als Zweckgemeinschaft; fehlende Erfahrungen mit Geschwistern und eigenen Kindern oder enger Freundin, mit Dazugehören und mit jungen Menschen.
- Kollegin 2, 32 Jahre alt
  Gesellschaft: BRD Ende der 1980er Jahre, vor dem Mauerfall
  Milieu: Kleinstadt
  Herkunft: Vater, Mutter, Geschwister
  Habitusanteile: scheinbar keine finanziellen Sorgen, gut drauf, selbstsicher, Erfahrungen Auslandsaufenthalt, ledig
- Kollegin 3, 27 Jahre alt
  Gesellschaft: BRD Anfang der 1990er Jahre

Milieu: Kleinstadt
Herkunft: Vater, Mutter, Geschwister
Habitusanteile: scheinbar keine finanziellen Sorgen, gut drauf, selbstsicher, ledig

Da über die beiden Kolleginnen nur wenige Informationen vorliegen, arbeiten wir mit farbigen Klebepunkten in Rot, Grün und Gelb, um mögliche habituelle Unterschiede visuell hervorzuheben. In ihrem Habitogramm klebt die Klientin hinter *Milieu* einen grünen Punkt, da die Eltern eher zur Ober- oder Mittelschicht gehörten. Hinter *Herkunft* klebt sie einen grünen Punkt für das Aufwachsen mit Vater und Mutter. Ein gelber Punkt soll auf die einseitig ausgelegten Regeln in der Familie hinweisen: Der Vater hatte das Sagen, ihr Alltag bestand vor allem aus Lernen und sie hatte keine Hobbys. Ein roter Punkt steht für die fehlenden Erfahrungen und insbesondere auch den Aspekt, dass sich der Vater einen Jungen gewünscht hatte, was maßgeblichen Einfluss auf die Entwicklung ihres Selbstwertgefühls gehabt haben kann. Das markiert auch bei *Habitusanteilen* ein roter Punkt. Er steht auch für habituelle Anteile wie »sehr kritisch«, »Blick nach außen, anstatt nach innen« und »indirekte Kommunikation«, da diese Art der Kommunikation Konflikte schüren kann. Für das Entwickeln der anderen habituellen Anteile wie »anpassen und unterordnen können, pünktlich und fleißig sein«, wird ein grüner Punkt fixiert, da sie auch Ressourcen darstellen. Gleichzeitig klebt sie auch einen gelben Punkt daneben, da sie jeweils nur eine Seite verschiedener Verhaltenskomplexe zeigen, wie es in Anlage 10 erläutert wird. Damit stellen diese einseitigen Muster auch Lernfelder dar. Dieser Blick auf ihre eher starre Haltung und die Auswirkung, die diese auf sie und andere haben kann, scheint die Haltung der Bankangestellten aufzuweichen. Daraufhin besprechen wir Möglichkeiten, wann, wie und wo die Klientin die jeweils andere Seite der eingeschränkten Verhaltenskomplexe ausprobieren und üben kann.

In der nächsten Sitzung setzen wir bei ihren beiden Kolleginnen im Sinne von Hypothesen hinter *Milieu, Herkunft* und *Habitusanteile* je einen grünen Punkt und hinter *Herkunft* und *Habitusanteile* je einen gelben Punkt, da davon auszugehen ist, dass auch sie Lernfelder haben. In der Auswertungssitzung greift die Klientin mithilfe der roten Punkte in ihrem Habitogramm und ihren entsprechenden Notizen noch einmal auf, dass ihr Erfahrungen verwehrt blieben, die die »jüngeren Kolleginnen«, wie sie sie in diesem Termin nennt, machen konnten. Nach einer Pause sagt sie: »Das war ja damals eine ganz andere Zeit.« Diese Feststellung, die sich nicht nur auf die Zeit bezieht, sondern auch auf Erfahrungen, gesellschaftliche Bedingungen, Gegebenheiten in Milieu und Herkunftsfamilie, die sich kein Kind aussuchen kann, übertragen lässt, wird Thema für den Rest dieser Stunde. Am Ende der Sitzung ist es mir möglich, die Bankangestellte auf ihre einseitigen Zuschreibungen und darauf, dass sie ein Fehlverhalten nur bei den Kolleginnen sieht, hinzuweisen. Ich gebe ihr zwei Moderationskarten mit den Sätzen »Ich kann mich ändern« und »Wenn mir an anderen etwas nicht gefällt, hat das immer auch mit mir zu tun« mit.

In der Folgesitzung besprechen wir, wie die Klientin diese Sätze verstanden und wie sie mit ihnen »gearbeitet« hat. Sie berichtet, dass sie sich diese immer wieder durchgelesen habe (wie es empfohlen war), ohne beim zweiten Satz genau zu wissen, weshalb das so sein sollte.

Aufgrund ihrer entwickelten Offenheit für eine Veränderung an sich selbst und ihrer Schilderung, dass sie sich zum wiederholten Mal in einer derartigen beruflichen Situation befinde, besprechen wir in dieser Stunde, was Generationskonflikte sind und wie sie entstehen können. Die Bankangestellte kann mitgehen und versteht, was es bedeutet, wenn die Jüngeren bestimmte Praktiken als selbstverständlich oder sinnvoll erachten, die Ältere aber wegen ihrer gemachten oder fehlenden Erfahrungen als undenkbar ansehen und ihnen verübeln. Ich weise sie darauf hin, dass Gleiches natürlich auch umgekehrt erfolgt. Auch greife ich das Thema »träger Habitus« auf. Ich lege dar, wie ein Habitus-Struktur-Konflikt zu unbewusstem Widerstand, Ärger oder Aggression führen kann, was ein sicheres und gegenseitig wertschätzendes Agieren blockieren könne. In diesem Zusammenhang gehe ich auf Basis des zwischen uns aufgebauten Vertrauens auch auf die Auswirkungen ihrer Wortwahl und ihrer einseitigen Zuschreibungen ein, die möglicherweise unbewussten Frust widergespiegelt haben. Die Klientin kann nachvollziehen, wie ihre eingeschränkte Fähigkeit, Gefühle, Wahrnehmungen und Wünsche offen anzusprechen, zur Verhärtung der Situation geführt hat. In der Generation ihrer Eltern wurden nur Kinder, niemals aber Erwachsene kritisiert oder offen hinterfragt. Erst in den 1980er oder 1990er Jahren, in denen ihre Kolleginnen herangewachsen sind, zählten Kritik- und Konfliktfähigkeit zu Erziehungszielen und zur Kultur in privaten und beruflichen Beziehungen. Die strukturierte Herangehensweise des Habitogramms – auch mit nur wenigen Informationen zu den Konfliktpartnern – und die farbliche Visualisierung der habituellen Unterschiede und ihrer Ursachen, die die Bankangestellte während ihrer Sozialisierung nicht beeinflussen konnte, haben eine Möglichkeit geschaffen, dass die Klientin den Blick nach innen richten und sich für eine Veränderung öffnen konnte.

Die letzten Sitzungen nutzen wir zur Entwicklung ihrer Konflikt- und Kritikfähigkeit sowie für neue Kommunikationsmöglichkeiten. So beginnt sie Schritt für Schritt und mit vielen Rückschlägen zu lernen, einseitig angelegte Verhaltensmuster durch neue zu ergänzen und besser auf ihre Selbstfürsorge zu achten. Für diesen Teil der Arbeit ziehen wir vor allem Anlage 10 heran.

Am Ende des zeitlich begrenzten Beratungsprozesses weise ich die Bankangestellte auf die Grenzen von Coaching hin. Ich vermittle ihr, dass weiterhin auftretende Probleme ein Hinweis dafür sein können, Belastendes in einer Psychotherapie aufzuarbeiten. Neben wiederholten Rückschlägen legen besonders die Folgen von

- starrem, autoritärem Auftreten der Eltern,
- instabiler Identität beispielsweise aufgrund von Elternwünschen nach einem anderen Geschlecht des Kindes oder
- gering ausgeprägtem Selbstwertgefühl

eine solche Empfehlung nahe.

> Aus der Praxis: Fallbeispiel 13 – So habe ich diesen Fall noch nicht gesehen
> Variante: Habitogramm einschichtig, Variante 2
> Inhalt: kurdische Kultur, Habitusmodifizierung, ergänzend Anlagen 1–5
> »So habe ich einen Fall noch nie betrachtet. Das ist spannend. Ich hatte ja keine Ahnung, was alles dahinterstecken könnte.« (Fallmanager Jobcenter, 48 Jahre)

Ein 48-jähriger Mitarbeiter des Jobcenters bittet um Einzelsupervision. Zu seinem Kundenpool gehören mehrere leistungsberechtigte Personen mit Migrationshintergrund. Die Arbeit mit ihnen gestalte sich für ihn nicht nur wegen der Sprachbarriere schwierig. Er möchte die aktuellen Probleme mit einem türkischstämmigen Kunden näher betrachten und Wege finden, wie er ihn »ins Boot holen« kann. Dazu stellt er den Fall vor. Er schildert, dass er enttäuscht sei, wie es der Jugendliche immer wieder schaffe, seine Angebote »geschickt« – wie er sich ausdrückt – zu umgehen. Mehrere, aus seiner Sicht sinnvolle Praktika hätte er ihm schon angeboten. Aber der Jugendliche sei entweder krank geworden, hätte den Arbeitgeber nicht gefunden, eine Allergie entwickelt oder sich »auf der menschlichen Ebene mit seinem Chef nicht verstanden«. Der Kunde denkt: »Das sind doch alles Ausreden. Auf der anderen Seite arbeitet er immer wieder bei einem Schwager seines Vaters – angeblich unentgeltlich – und versäumt dadurch Termine bei mir. Ich weiß nicht, wo und wie ich ihn packen kann.« Sanktionen würden nichts ändern. Der Klient sei kurz davor, ihn aus dem Fallmanagement zu entlassen. Dies würde ihm allerdings schwerfallen, da er auch Potenzial in ihm sehe.

Für die Herangehensweise schlage ich dem Supervisanden vor, das Habitogramm zu verwenden und stelle ihm die Methode mit den notwendigen inhaltlichen Informationen – auch zu den Grundbegriffen – vor. Die Handhabung der einschichtigen Variante erläutere ich mithilfe der gleich großen und farbigen Kartonpapiere und dem Eintrag einiger seiner eigenen Daten. Für die Aufgabe, bis zum Folgetermin jede Ebene mit den ihm bekannten Daten des Kunden zu füllen, gebe ich ihm in einer einheitlichen Größe verschiedenfarbige, leere Kartonpapiere mit. Da es neben Informationen vom Jugendlichen selbst auch Daten gibt, die auf der persönlichen Einschätzung des Fallmanagers fußen, vereinbaren wir, seine nicht bestätigte Fremdwahrnehmung mit »H« für Hypothese zu kennzeichnen. Im nächsten Termin präsentiert der Fallmanager auf den Karten die nachfolgende Datenlage, die er begleitend kommentiert:

- 19-jähriger, türkischstämmiger Jugendlicher, Kurde, geboren in Bingöl, Ostanatolien, vier Jahre zuvor minderjährig mit Vater, Mutter, zwei Brüdern und einer Schwester nach Deutschland eingereist. Die Familie hatte Verwandtschaft, die bereits in Schleswig-Holstein lebt. Der Vater konnte damals sofort eine Arbeit bei seinem Schwager aufnehmen, die er nach einem Jahr krankheitsbedingt wieder aufgab. Seit neun Monaten ist der Jugendliche im Fallmanagement, da die Familie seitdem leistungsberechtigt ist. Die Integration des Jugendlichen gestaltete sich von Anfang an schwierig. Alle Angebote hat er abgelehnt.
Gesellschaft: Türkei mit sich verschlechternder politischer und wirtschaftlicher Lage, zunehmende Inflation, beschnittene Meinungs- und Pressefreiheit sowie Menschenrechtsverletzungen besonders bei Minderheiten wie Kurden.
Milieu: Vater als Möbeltischler angesehen (H), Kurdischunterricht fand trotz Aufhebung des Verbotes nicht statt, Familie lebt in einer kurdischen Siedlung, in der alle zusammenhalten, vielen Familien in der Siedlung fehlen Hoffnung und Zukunftsperspektiven für ihre Kinder.
Herkunft: Vater ist Familienoberhaupt, er bestimmt, was in der Familie passiert, und versorgt die Familie, Mutter ist Hausfrau, Geschwister verstehen sich gut, wobei der älteste Bruder Vorrechte hat.
Habitusanteile: eigene Meinung (H), Freiheit liebend (H), distanziert (H), Gemeinschaftssinn (H), naiv (H), loyal (H), eigensinnig (H), perspektivlos (H).

Zur Besprechung und Auswertung dieser Daten ziehen wir Anlage 5 mit den Dimensionen »Identität« und »Zeitverständnis« heran. Diese Dimensionen und die darin dargestellten Unterschiede zwischen Staaten wie der Türkei und Deutschland betrachten und diskutieren wir eingehend. Die auf der Karte »Habitus« notierten Hypothesen überprüft der Supervisand mithilfe dieser Erklärungen, bewertet sie teilweise neu und korrigiert sie. Daraufhin ergibt sich folgendes neues hypothetisches Bild: Der Jugendliche ist als Teil einer Minderheit in einem Land aufgewachsen, das eher ein Wir-Bewusstsein pflegt und fördert. Verpflichtungen gegenüber der Familie haben Vorrang vor denen, die an den Jugendlichen von außen gestellt werden. Zur Familie zählt unter anderem auch der Schwager des Vaters. Da Respekt und Harmonie als zentrale Werte entsprechend der Kulturdimension 1 anzunehmen sind, vermag der Jugendliche dem Fallmanager eventuell nicht direkt zu sagen, dass er seinen vorgeschlagenen Praktika nicht nachgehen kann. Da in diesem Kulturkreis die Familie wichtiger ist als der Vertreter einer Behörde, besteht die Möglichkeit, dass der jugendliche Kunde den Angeboten des Fallmanagers nicht nachkommen kann. Was der Fallmanager zuvor im Habitogramm mit »eigensinnig« und »naiv« beschrieben hat, deutet er nun eher als irritierte Verhaltensweisen. Dies ist der Einschätzung geschuldet, dass sich der Jugendliche durch die äußeren Bedingungen in Gesellschaft, Milieu und Herkunftssystem während seiner Habitualisierung in der Türkei zwangsläufig ganz bestimmte grundlegende Verhaltensmuster aneignen musste. Die vom Supervisanden mit »eigensinnig« und »naiv« beschriebene Haltung könnte dagegen den Umständen hier in Deutschland geschuldet sein. Diese neuen Bedingungen kann der Jugendliche möglicherweise noch nicht in jedem Fall einschätzen. Er hat höchstwahrscheinlich die Gegebenheiten hier im für ihn fremden Feld noch nicht verinnerlicht, wodurch er seine Handlungen noch nicht anpassen konnte und mögliche Folgen noch nicht angemessen bewerten kann. Denn seine Maßstäbe sind in seiner Heimat entstanden.

Am Ende der Auseinandersetzung mit möglichen Zusammenhängen und Hintergründen für die aktuelle Problematik mit dem Jugendlichen ist der Fallmanager beeindruckt und erstaunt zugleich. So sei er noch nie an einen Fall herangegangen. Er sieht in der Methode ein großes Potenzial für seine Arbeit.

Als alternative Strategie für den Kunden besprechen wir entsprechend den Hinweisen in Kulturdimension 2 eine eher pragmatische Herangehensweise verbunden mit Geduld und einer langfristigen Zukunftsorientierung. Die Einbindung des Kurden in eine Gruppe von Jugendlichen mit ähnlicher Sozialisierung, wo gemeinschaftliche Ziele ihn möglicherweise motivieren können, fasst der Fallmanager ebenfalls ins Auge. Auch will er zukünftig mehr offene Fragen stellen. Anregung dafür waren die Fragen in den Anlagen 1 bis 4, die er zuvor für das Ausfüllen der Karten genutzt und beantwortet hat. Der Supervisand erhofft sich dadurch, die Wünsche und Bedürfnisse des Jugendlichen einbeziehen zu können. Auch will er den Schwager des Vaters aufsuchen. Vielleicht ergibt sich hier ein beruflicher Weg für den Jugendlichen. In diese Richtung hat er bisher noch nicht gedacht. Der Fallmanager gesteht sich ein, dass er sich unbewusst sogar dagegen gesträubt hat, nachzugeben, und den Kunden eher zwingen wollte, das anzunehmen, was er ihm anbot. Hier konnte er für sich ein Muster identifizieren, das er zuvor auf seinen Habitogramm-Karten nur kurz angerissen hatte, da in diesem Fall sein Habitogramm lediglich zur Veranschaulichung der Methode sporadisch ausgefüllt war: Er vermutet, dass er diesen inneren Zwang möglicherweise von seinem Vater übernommen hat. Dieser habe ihn als Jugendlichen gezwungen, Bankkaufmann zu werden, trotz Widerstandes gegen Zahlen und alles, was mit Geld zu tun hatte. Fallmanager sei er erst vor fünf Jahren als Quereinsteiger geworden. Eine Rückmeldung des Supervisanden nach acht Wochen ergibt, dass der Jugendliche im Sommer beim Schwager des Vaters eine Ausbildung beginnen wird.

Aus der Praxis: Fallbeispiel 14 – Mir fehlt die Ernsthaftigkeit

Variante: Habitogramm eindimensional, Variante 2 und 3, Habitogramm-Baustein Matrix BIFF
Inhalt: niederländische Kultur, fremder Habitus, Kompetenzvermutung, ergänzend Anlagen 5 und 7

»Ich fühle mich in den Meetings unwohl. Ich kann die niederländischen Kollegen und Kolleginnen nicht ernst nehmen und ich habe das Gefühl, sie sind inkompetent. Gleichzeitig vermitteln sie mir ein Gefühl von ›Der hat doch keine Ahnung‹. Ich weiß nicht, wie ich damit umgehen soll.« (Medienmanager, 37 Jahre)

Ein promovierter, lediger 37-jähriger Medienmanager, seit eineinhalb Jahren als Brandmanager in einer großen niederländischen Tochterfirma in Hamburg tätig, hat bei mir einen Vertrag über ein Führungskräftecoaching abgeschlossen. Im Erstgespräch berichtet er: Zu seinen Aufgaben gehöre es, einmal im Quartal mit Brandmanagern anderer Tochterfirmen im Stammhaus in Rotterdam zusammenzukommen, zu berichten, sich abzustimmen und gemeinsam zu arbeiten. Vor diesen Treffen, die anfangs während der Pandemie noch per Zoom stattfanden, habe er nach eineinhalb Jahren mittlerweile ein ungutes Gefühl. Die Häufigkeit der Treffen in den Niederlanden in Präsenz nerve ihn, auch wenn er einsehe, dass dies notwendig ist, da sie immer auch mit einem gemeinsamen Workshop vor Ort verbunden sind. Das eigentliche Thema sei allerdings, dass er schon seit dem ersten Zoom-Treffen irritiert sei. Er habe das Gefühl, als ob die niederländischen Kollegen und Kolleginnen sich »nicht so ins Zeug legen« würden wie er. Er kann sie deshalb nicht immer ernst nehmen. Auch einigen seiner Kollegen in Hamburg würde das mit anderen niederländischen Mitarbeitenden so gehen. Was für ihn aber noch stressiger sei, sei das Gefühl, dass ihn die Kollegen und Kolleginnen in Rotterdam manchmal so behandeln, als ob alles ein Spiel wäre. Er würde oft die Ernsthaftigkeit an der Arbeit vermissen. Sein Ziel ist es, zu klären, was hinter seiner Wahrnehmung steckt und wie er die Zusammenarbeit mit den niederländischen Kollegen und Kolleginnen verbessern kann. Denn er habe auch schon mit dem Gedanken gespielt, wieder zu kündigen.

Ich stelle dem Klienten das Habitogramm als Analyseinstrument vor, da sich diese Methode besonders dann bewährt hat, wenn es um länderübergreifende Themen geht. Anhand vier verschiedenfarbiger Kartonpapiere – wie es Variante 2 vorgibt (S. 94 f.) – erläutere ich dem Klienten das systemische Zusammenwirken und gegenseitige Beeinflussen der vier Ebenen. Wir besprechen und diskutieren Fachtermini und die Themen der Arbeitsblätter, die angelehnt an die Anlagen 5 und 7 erstellt wurden. Wegen der eher pragmatischen Herangehensweise des Managers steigen wir danach allerdings auf Variante 3 mit einem entsprechend vorbereiteten

Bogen in DIN-A2-Format um (S. 95 ff.). Für den nächsten Termin vereinbaren wir, dass er sich beim Ausfüllen des Blattes auf Gesellschafts- und Milieuebene und die Ebene seiner Herkunftsfamilie bezieht. Hier soll der Brandmanager vor allem auf typische Werte und Verhaltensmuster in seinem Herkunftssystem achten. Daraus soll er ableiten, welche Eigenheiten sich als Habitusanteile verinnerlicht haben. Als Hilfsmittel nimmt er das Arbeitsblatt mit Anlage 7 mit nach Hause.

Im Folgetermin lade ich den Klienten ein, seine ersten Ergebnisse vorzustellen: Er ist 1985 in Kiel geboren, sein Vater arbeitete vor seiner Berentung als Ingenieur in einer Firma für Schiffsnavigations- und Steueranlagen, 1987 wurde er arbeitslos. Die Arbeitslosigkeit lag zu dieser Zeit in Schleswig-Holstein über 12 Prozent. Es folgten zu Hause Jahre der Resignation und der Sorge um Geld, bevor der Vater 1990 in Hamburg wieder Arbeit fand. Die Eltern waren in der Nachbarschaft und im Freundeskreis in Kiel sehr beliebt und angesehen. Sie gehörten während seiner Sozialisierung in der Landeshauptstadt Schleswig-Holsteins wahrscheinlich zur Mittelschicht und dem adaptiv-pragmatischen Milieu.

Später in Hamburg blieben die Eltern während seiner Schulzeit eher unter sich, sodass auch der Klient hier nicht viele Freunde hatte. Seine Mutter blieb Hausfrau. Erst 2006 suchte sie sich eine Halbtagsstelle als Verkaufshilfe.

Der heutige Brandmanager ging ab dem dritten Lebensjahr auf Wunsch der Mutter in einen Kindergarten, in dem eine musisch-kreative und naturnahe Erziehung im Vordergrund stand. Diese Einrichtung hätte ihm als Kind gutgetan, was er sich heute allerdings nur noch schwer vorstellen könne. Nach dem Wechsel nach Hamburg war er vorübergehend wieder zu Hause bei seiner Mutter. An die Schulzeit habe er keine guten Erinnerungen. Es gab viele ausländische Kinder, gestresste Lehrer und ihm fehlte die Ostsee. Er ist ohne Geschwister aufgewachsen und hat nach dem Abitur in Hamburg Medienmanagement studiert.

Als typische Werte, Eigenschaften und Muster, die er wohl alle von seinem Vater hätte, notiert er: effizient arbeiten für perfekte Ergebnisse, sparsam sein, zuverlässig und pflichtbewusst. Auch das Motto seines Vaters »Zeit ist Geld« habe er übernommen. Er sei eher ruhig, und manchmal finde er es besser, nichts zu sagen als zu viel oder etwas Falsches.

Nach der Besprechung dieser habituellen Details lenke ich die Aufmerksamkeit auf mögliche Unterschiede zwischen Selbst- und Fremdwahrnehmung und ziehe die Möglichkeit in Betracht, dass andere Menschen – also auch seine niederländischen Kollegen und Kolleginnen – andere Eigenschaften und Muster an ihm wahrnehmen als er selbst. Diesen Schritt kann der Manager nachvollziehen, da es sich nicht um ein Problem mit einem oder mehreren Mitarbeitenden handelt, sondern um sein Gefühl, welches möglicherweise durch die anderen ausgelöst wird. Dazu soll er ein fiktives Habitogramm erstellen. Das bedeutet, dass er in ein zweites Blatt Papier bis zum nächsten Termin zu Hause alles das einträgt, was er bisher als möglicherweise typisch niederländische Verhaltensweisen wahrgenommen hat und was ihn daran eventuell irritiert. Dazu verweise ich neben seiner eigenen Wahrnehmung auf die Diagramme zum Ländervergleich auf der Internetseite von Geert Hofstede (Hofstede, o. D.). Mithilfe dieser Seite kann er zwei oder mehr Länder – hier Deutschland und die Niederlande – gegenüberstellen und vorherrschende Kulturdimensionen abgleichen. Ergänzend dazu erhält der Klient die Tabellen zu den Kulturdimensionen (Anlage 5), die er zu Hause für seine Reflexion heranziehen kann.

Im nächsten Termin stellt er zunächst die gefundenen Kulturunterschiede vor: Ihm seien eher flache Hierarchien in den Niederlanden aufgefallen, und dass sich beispielsweise niemand für seinen akademischen Titel zu interessieren scheint, habe ihn am Anfang irritiert. Auch wurde zu Beginn der Zusammenarbeit sofort zum »Du« gewechselt, was er fälschlicherweise als freundschaftliches Angebot verstanden habe. Es scheine ihm, als ob den Kollegen und Kolleginnen ihr Bauchgefühl wichtiger sei als seine analytischen Auswertungen, die er jedes Mal akribisch zusammentragen und vor Ort vorstellen würde. Es würden häufig gemeinsame Kompromisse gefunden, was ihn ärgere, da sehr viel Zeit in seinen Ergebnissen steckt. In den Meetings würden sich die Männer mitunter zurücknehmen und Vorschlägen ihrer Kolleginnen folgen. Ihre eigenen Ideen würden sie mitunter zurückstellen und nicht weiterverfolgen, so als wären sie ihnen nicht wichtig. Das könne er überhaupt nicht nachvollziehen. Auch seien sowohl die Kollegen als auch die Kolleginnen sehr direkt im Umgang miteinander, als würden sie sich schon ewig und vielleicht auch privat gut kennen. Durch dieses ungezwungene Miteinander fühle er sich mitunter ausgeschlossen. Auch der Umgangston mit »sollten wir nicht ...« oder »vielleicht könnten wir ...« und das wenig strukturierte Vorgehen während der Meetings und Workshops würden ihn irritieren und manchmal ziemlich nerven.

Aber allein das Zusammentragen seiner Wahrnehmungen scheint ihn zu entlasten, da er dadurch das Problem losgelöst von seiner Person sehen kann und nun eher mögliche Kulturunterschiede für sein Gefühl verantwortlich macht. Diese Unterschiede im Vergleich zu seinen eigenen bzw. vielleicht auch typisch deutschen Mustern besprechen wir mithilfe von Anlage 5 und den oben erwähnten Länderdiagrammen nochmals ausführlich.

Die Folgesitzungen nutzen wir, um Möglichkeiten zu finden, wie der Manager mit scheinbar typisch niederländischen Verhaltensweisen besser umgehen kann. Er will lernen, sich darauf einzustellen, dass in den Niederlanden stets die Möglichkeit besteht, dass Erarbeitetes immer wieder umgeworfen wird, egal wie viel Arbeit und Zeit darin stecken. Diese Haltung, wenn sie ihm gelingen würde, könnte auch dazu beitragen, dass er an seine Ausarbeitungen und Ziele weniger perfektionistisch herangeht. Im Verlauf der Habitogramm-Arbeit ist ihm bewusst geworden, wie wichtig den niederländischen Kollegen die eng getakteten Abstimmungen vor Ort und seine Bereitschaft, Dinge infrage zu stellen, sind. Sie wollen in seine Gedanken und Entwicklungen einbezogen und ständig informiert werden. Auch möchte der Brandmanager in Zukunft versuchen, sich dem ungezwungenen Miteinander und den eher unstrukturierten Settings anzupassen. Was ihm aber als Quintessenz seines Habitogramms klar zu werden scheint: Das Fremde der niederländischen Kolleginnen und Kollegen und ihr Umgang untereinander haben dazu geführt, dass er sie unbewusst als inkompetent angesehen und ihre Ernsthaftigkeit angezweifelt hat. Deshalb will er mehr darauf vertrauen, dass die niederländischen Führungskräfte seine Fachkompetenz sehen und schätzen. Zu seinen Erkenntnissen tragen die Ausführungen zum Phänomen der Kompetenzvermutung – siehe Kapitel »Unterschiedliche kulturelle Erfahrungen« (S. 66 ff.) – bei sowie die Hinweise unter III. und 3. im Kapitel »Habitogramm-Baustein Matrix BIFF« (S. 77), die wir auf seine Situation bezogen ausführlich besprechen.

Die Spatzen müssten es von den Dächern pfeifen – Fazit

Der umfassende Wandel am Arbeitsmarkt in den vergangenen Jahrzehnten und seit 1989 auch grundlegende Veränderungen im gesellschaftlichen, ideologischen, politischen, wirtschaftlichen und sozialen Raum veranlasst Menschen bis heute dazu, nach neuen Wegen für die Gestaltung ihrer privaten und beruflichen Zukunft zu suchen. Sie mussten und müssen sich nicht nur in einer zunehmend globalisierten, digitalisierten und heterogenen, sondern häufig in einer für sie fremden Welt zurechtfinden. Dabei treffen fremde Kulturen zusammen sowie divergierende Auffassungen von Gesellschaft, Politik, Ideologie und sozialem Miteinander, wie man ihnen etwa im Ost- und Westteil Deutschlands teilweise begegnet. Das Zusammenleben scheint schwieriger geworden zu sein, wodurch Menschen mitunter den Blick dafür verlieren, dass sie aufeinander angewiesen sind.

Kontinente-, länder- und regionenübergreifende Mobilität sind mitverantwortlich für die Zunahme von Diversität und veränderte Beratungsanlässe. Durch sie steigt die Wahrscheinlichkeit, dass Menschen in der Sozialen Arbeit wie Supervisor:innen und Coaches an ihre Grenzen stoßen. Häufig sind unbewusste habituelle Unterschiede dafür verantwortlich, dass Missverständnisse im Berufsalltag unbewusst zu Vorurteilen und Ablehnung führen. Diese Umstände können Nährboden für Konflikte werden, die die Menschen in ihrem privaten Umfeld und am Arbeitsplatz belasten. Das betrifft auch den Berufszweig Soziale Arbeit – vor allem Berater:innen, die Firmen und Führungskräfte begleiten, und Menschen, die Geflüchtete unterstützen. Für sie alle gilt, sich auf globale und territoriale Veränderungen einzustellen.

Da Beratung nur wenig standardisierbar und jede Problematik individuell ist und nach spezifischen Wegen verlangt, ist es unerlässlich, im Kontakt mit Klient:innen, Kund:innen, Supervisand:innen und Migrant:innen Werkzeuge zu finden, die Menschen in der Sozialen Arbeit begleiten und stützen können. Dadurch wird es möglich, Prozesse bewusst zu steuern, Entscheidungen zu fördern und zu effektiven Lösungen zu gelangen. Zu solchen Werkzeugen zählt auch das in diesem Buch vorgestellte Habitogramm.

Die Habitogramm-Methode ist in der Praxis für die Praxis entstanden. Sensible Wahrnehmung, Neugier und Interesse an Menschen führten mich dazu, hinter das Phänomen, als psychosoziale Fachkraft Klient:innen unterschiedlich wahrzunehmen, blicken zu wollen. Dabei fiel mir auf, dass habituelle Anlagen – in unterschiedlichen Kulturen, Generationen oder Milieus erworben – mitbestimmen können, wie Menschen auftreten, wie sie entscheiden, sich verhalten, Konflikte lösen und kommunizieren. Anliegen und Ziel der vorgestellten Methode ist zum einen, typische Gewohnheiten und Haltungen aufzudecken, die Veränderungen ermöglichen, aber auch behindern können. Zum anderen will sie Berater:innen und Begleiter:innen in ihrer individuellen Herangehensweise und ihrem Eintreten für eine professionelle Haltung unterstützen. Vor allem die Falldarstellungen aus der Praxis zeigen, wie das Habitogramm neben Vorlieben auch unbewusste Aversionen und andere Blockaden sowie ihre möglichen Ursachen aufspüren und deren Auswirkungen mit der Matrix BIFF verdeutlichen kann.

Modelle, die auf grundlegende menschliche Aspekte zurückgreifen und dem Beratungssetting Struktur geben, entlasten Supervisor:innen und Coaches. Sie erhalten und erneuern deren Lust und Motivation an der Arbeit, stärken die professionelle Rolle und erzielen gleichzeitig passgenaue Ergebnisse für das beratungssuchende Gegenüber. Das Habitogramm kann im Rahmen der Arbeit mit anderen Menschen ein solches gewinnbringende Modell sein.

Ich hoffe, die Ausführungen zu Hintergründen und Zusammenhängen zwischen unterschiedlichen habituellen Gewohnheiten und aktuellen Problemlagen im beruflichen Alltag haben dazu beigetragen zu sehen, welche Chancen im Habitogramm stecken, Ressentiments abzubauen und Diskriminierung bewusst entgegenzuwirken. Dies wird möglich, weil wir mit dem Habitogramm gezielt auf das blicken, was uns voneinander trennt. Erst mit einem solchen Wissen, sind wir in der Lage, zu erkennen, was uns miteinander verbindet. Es konnte gezeigt werden, wie mit dem Habitogramm ein wertschätzender und vor allem toleranter Umgang mit anderen Menschen und mit ihrer Fremdheit angeregt werden kann. Dieser sollte in der interkulturellen Kommunikation wie auch innerdeutsch eine besondere Beachtung finden. Und so müssten es die sprichwörtlichen Spatzen von den Dächern pfeifen, dass eine wohlwollende Haltung – erzeugt mit Instrumenten wie dem Habitogramm – dazu beitragen kann, dass Menschen in jedem Teil Deutschlands ebenso wie Menschen anderer Nationalitäten ihren Wert und ihre Bedeutsamkeit erfahren und erleben. Denn mit den in der Habitogramm-Arbeit gefundenen Aspekten (wie brachliegenden Ressourcen und bisher unbekannten Lernfeldern) können, wenn sie gefördert bzw. umgesetzt werden, nicht nur Einzelne unterstützt werden, privat und im beruflichen Umfeld ihren individuellen Weg zu suchen. Auch Unternehmen können aktuellen Herausforderungen wie beispielsweise Fachkräftemangel gezielt begegnen. Eine solche mit dem Habitogramm realisierbare individuelle und, wenn gewünscht, gleichzeitig umfassende Herangehensweise stärkt das Ansehen professioneller Sozialer Arbeit und zeigt ihr Bemühen und ihr Ziel, dass alle Menschen einen Weg zu einem würdevollen Leben finden.

Literatur

Ahbe, T. (2004). 15 Jahre Mauerfall: Konstruktion der Ostdeutschen. Diskursive Spannungen, Stereotype und Identitäten seit 1989. Aus Politik und Zeitgeschichte. Bonn: Bundeszentrale für politische Bildung. https://www.bpb.de/shop/zeitschriften/apuz/28054/die-konstruktion-der-ostdeutschen/?p=1 (Zugriff am 22.5.2023).
AGG – Allgemeines Gleichbehandlungsgesetz (2021). Allgemeines Gleichbehandlungsgesetz, Oktober 2021. Berlin: Antidiskriminierungsstelle des Bundes. https://www.antidiskriminierungsstelle.de/SharedDocs/downloads/DE/publikationen/AGG/agg_gleichbehandlungsgesetz.pdf?__blob=publicationFile (Zugriff am 22.05.2023).
Baer, U. (2010). Wo geht's denn hier nach Königsberg? Wie Kriegstraumata im Alter nachwirken und was dagegen hilft. Neukirchen-Vluyn: Affenkönig.
Balkenhohl, C., Karnasch, C. (Hrsg.) (2017). Mit deiner Liebe wächst meine Seele. Leben und Erleben im Mutterleib: Die Methode der vorgeburtlichen Bindungsförderung in Praxis und Therapie. Zetel: Einklang-Verlag.
Banaji, M. R., Greenwald, A. G. (2015). Vorurteile. Wie unser Verhalten unbewusst gesteuert wird und was wir dagegen tun können. München: dtv.
BBB – Bildungsserver Berlin-Brandenburg (1958). Die »Zehn Gebote für den sozialistischen Menschen« von 1958. Ludwigsfelde-Struveshof: Landesinstitut für Schule und Medien Berlin-Brandenburg (LISUM). https://bildungsserver.berlin-brandenburg.de/fileadmin/havemann/docs/material/1958_zehn_gebote.pdf (Zugriff 22.05.2023).
Becker-Lenz, R., Müller, S. (2009). Der professionelle Habitus in der Sozialen Arbeit – Grundlagen eines Professionsideals, Profession und Fallverstehen, Bd. 1. Bern: Peter Lang.
Bohn, C. (2006). Inklusion, Exklusion und die Person. Konstanz: UVK.
Bohnsack, R., Krüger, H. H., Pfaff, N. (Hrsg.) (2013). Rekonstruktive Milieuforschung. Zeitschrift für Qualitative Forschung, 14 (2), 171–178.
Bontrup, H. J. (2004). Volkswirtschaftslehre: Grundlagen der Mikro- und Makroökonomie (Managementwissen für Studium und Praxis). München/Wien: Oldenbourg.
Bourdieu, P. (1979). Entwurf einer Theorie der Praxis – auf der ethnologischen Grundlage der kabylischen Gesellschaft. Frankfurt a. M.: Suhrkamp.
Bourdieu, P. (1987). Sozialer Sinn. Kritik der theoretischen Vernunft. Frankfurt a. M.: Suhrkamp.
Bourdieu, P. (1992). Rede und Antwort. Frankfurt a. M.: Suhrkamp.
Bourdieu, P. (1998). Prekarität ist überall. In P. Bourdieu, Gegenfeuer. Wortmeldungen im Dienste des Widerstands gegen die neoliberale Invasion (S. 96–102). Konstanz: UVK
Bourdieu, P. (2002). Ein soziologischer Selbstversuch. Frankfurt a. M.: Suhrkamp.
Bourdieu, P. (2012). Die feinen Unterschiede. Kritik der gesellschaftlichen Urteilskraft. Frankfurt a. M.: Suhrkamp.
Bourdieu, P. (2015). Die verborgenen Mechanismen der Macht, Schriften zu Politik & Kultur 1. Hamburg: VSA.

Bourdieu, P. (2017). Das Elend der Welt: Zeugnisse und Diagnosen alltäglichen Leidens an der Gesellschaft (unveränd. Nachdruck d. dt. Erstausgabe). Köln: Halem.
bpb – Bundeszentrale für politische Bildung (o. D.). Länderportraits – Sicherheitspolitik, Länderportraits. Bonn: Bundeszentrale für politische Bildung. https://sicherheitspolitik.bpb.de/de/country-reports (Zugriff am 22.05.2023).
bpb – Bundeszentrale für politische Bildung (2006). Soziale Milieus. Aus Politik und Zeitgeschichte, 2006 (44–45). https://www.bpb.de/medien/29449/NBSZ1X.pdf (Zugriff am 22.05.2023).
Bremer, H., Teiwes-Kügler, C. (2013). Habitusanalyse als Habitus-Hermeneutik. Zeitschrift für Qualitative Forschung, 14 (2), 199–219.
Broszinsky-Schwabe, E. (2011). Interkulturelle Kommunikation: Missverständnisse und Verständigung. Wiesbaden: VS.
Bürger, M., Haselwarter, D., Rieß, C. (2010). Pränatale Entwicklung, Geburt und Neugeborenenzeit, Vertiefung in Entwicklungspsychologie. Referat an der Ludwig-Maximilians-Universität, Department Psychologie, München. https://www.psy.lmu.de/epp/studium_lehre/lehrmaterialien/lehrmaterial_ss10/wintersemester1011/krimmel_vuori/seminar2/pr__natal.pdf (Zugriff am 22.05.2023).
Busse, S., Fellermann, J. (1998). Gemeinsam in der Differenz: Supervision im Osten. Beiträge im Zusammenhang zweier Tagungen der Deutschen Gesellschaft für Supervision e. V. und der Hochschule für Technik und Wirtschaft Mittweida. Münster: Votum.
Dahrendorf, R. (1971). Gesellschaft und Demokratie in Deutschland. München: dtv.
DGSv – Deutsche Gesellschaft für Supervision und Coaching (o. D.). Basiswissen. Köln: Deutsche Gesellschaft für Supervision und Coaching. https://www.dgsv.de/services/praktische-hinweise/basiswissen/ (Zugriff am 22.05.2022).
Dijksterhuis, A. J. (2010). Das kluge Unbewusste. Denken mit Gefühl und Intuition. Stuttgart: Klett-Cotta.
Ebert, J. (2008). Hildesheimer Schriften zur Sozialpädagogik und Sozialarbeit. Reflexion als Schlüsselkategorie professionellen Handelns in der sozialen Arbeit. Hildesheim: Olms.
Ebert, J. (2012). Hildesheimer Schriften zur Sozialpädagogik und Sozialarbeit. Erwerb eines professionellen Habitus im Studium der Sozialen Arbeit. Hildesheim: Olms
Eickhölter, M. (2022). Heinrich Mann und Lübeck – eine Spurensuche. Lübeckische Blätter, 187 (4), 48–50.
Eilert, D. (2018). Dienen oder Herrschen: Die Körpersprache der Ostdeutschen. Kühne (MDR). Berlin: Eilert-Akademie. https://eilert-akademie.com/wp-content/uploads/2020/09/Dienen_oder_Herrschen_Die_Koerpersprache_der_Ostdeutschen_MDR.pdf (Zugriff am 22.05.2023).
El-Mafaalani, A. (2012). BildungsaufsteigerInnen aus benachteiligten Milieus. Habitustransformation und soziale Mobilität bei Einheimischen und Türkeistämmigen. Wiesbaden: Springer VS.
Engler, W. (2000). Die Ostdeutschen. Kunde von einem verlorenen Land. Berlin: Aufbau.
Eribon, D. (2016). Die Rückkehr nach Reims. Frankfurt a. M.: Suhrkamp.
Fankhauser, R., Kaspar, A. (2019). Habitusirritationen in einer Lehrpersonenweiterbildung. Zeitschrift für Qualitative Forschung, 20 (1), 175–190.
Flüchtlingsrat (o. D.). 3.1 Voraussetzungen für die Asyl- und Flüchtlingsanerkennung. Hannover: Flüchtlingsrat Niedersachsen e. V. https://www.nds-fluerat.org/leitfaden/3-wer-bekommt-asyl/voraussetzungen-asyl fluechtlingsanerkennung/ (Zugriff am 22.05.2023).
Flüge.de (o. D.). Gesten-Knigge – Wie Gesten im Ausland (miss)verstanden werden. https://www.flüge.de/ratgeber/gesten-knigge (Zugriff am 22.5.23).
Friehe, T., Pannenberg, M., Wedow, M. (2015). Let bygones be bygones? Socialist regimes and personalities in Germany. Berlin: Deutsches Institut für Wirtschaftsforschung. SOEPpapers 776. https://www.diw.de/documents/publikationen/73/diw_01.c.511684.de/diw_sp0776.pdf (Zugriff am 22.05.2023).

Gardenswartz, L., Rowe, A. (2002). Diverse teams at work. Capitalizing on the power of diversity. Alexandria, VA: Society for Human Resource Management.
Geiger, T. (1932). Die soziale Schichtung des deutschen Volkes. Soziographischer Versuch auf statistischer Grundlage (Soziologische Gegenwartsfragen, Heft 1). Stuttgart: Enke.
Geiling, H., Gardemin, D., Meise, S., König, A. (2011). Migration – Teilhabe – Milieus: Spätaussiedler und türkeistämmige Deutsche im sozialen Raum. Wiesbaden: VS.
Geißler, R. (2014). Sozialer Wandel in Deutschland: Facetten der modernen Sozialstruktur. Bonn: Bundeszentrale für politische Bildung. https://www.bpb.de/shop/zeitschriften/izpb/198045/facetten-der-modernen-sozialstruktur/ (Zugriff am 22.05.2023).
Hartmann, M. (2019). Eliten in Deutschland: weiß, männlich, bürgerlich – und westdeutsch ... Böll. Thema, 19-1, 12-13: Tickt der Osten wirklich anders? Berlin: Heinrich-Böll-Stiftung e.V. https://www.boell.de/sites/default/files/hbs_-_boell_thema_19-1_-_v100_kommentierbar.pdf (Zugriff am 22.05.2023).
Heimann, R. (2016). Habitusanalyse als Diagnoseinstrument in Supervision und Beratung. Organisationsberatung, Supervision, Coaching, 23 (4), 357–369.
Hofmann, M. (2010). Systembruch und Milieu. Zur Geschichte und Entwicklung sozialer Strukturen in Ostdeutschland. Politische Bildung, 43 (2), 38–50.
Hofmann, M. (2020). Lange Wege der Deutschen Einheit: Soziale Strukturen in Ostdeutschland. Bonn: Bundeszentrale für politische Bildung. https://www.bpb.de/geschichte/deutsche-einheit/lange-wege-der-deutschen-einheit/303482/soziale-strukturen (Zugriff am 22.05.2023).
Hofstede, G. (o.D.). 6-D modell of national culture. https://geerthofstede.com/culture-geert-hofstede-gert-jan-hofstede/6d-model-of-national-culture/ (Zugriff am 22.05.2023).
Hofstede, G.J., Smith, D.M., Hofstede, G. (2002). Exploring culture: Exercises, stories and synthetic cultures. Yarmouth, ME: Intercultural Press.
Horak, R.E. (2011). Schuhe – oder wie Supervisorinnen und Supervisoren »auftreten«. Freie Assoziation – Zeitschrift für das Unbewusste in Organisationen und Kultur, 14 (1), 53–65.
Initiative Hochschullehrender zu Sozialer Arbeit in Gemeinschaftsunterkünften (2016). Positionspapier: Soziale Arbeit mit Geflüchteten in Gemeinschaftsunterkünften. Professionelle Standards und sozialpolitische Basis. https://www.fluechtlingssozialarbeit.de/Positionspapier_Soziale_Arbeit_mit_Gefl%C3%BCchteten.pdf (Zugriff am 22.05.2023).
Kern, J. (2016). Die Bedeutung von beruflichem Selbstbild und beruflichem Habitus im Kontext Sozialer Arbeit. Soziales Kapital – Wissenschaftliches Journal Österreichischer Fachhochschulstudiengänge Soziale Arbeit, 16, 118–129. http://www.soziales-kapital.at/index.php/sozialeskapital/article/viewFile/489/856.pdf (Zugriff am 11.07.2023).
Klein, G. (2010). Kultur. In H. Korte, B. Schäfers (Hrsg.), Einführung in Hauptbegriffe der Soziologie (Einführungskurs Soziologie, Band 1; 8. durchgesehene Auflage, S. 235). Wiesbaden: VS.
Kollmorgen, R. (2021). Ein anhaltendes Defizit? Ostdeutsche in den Eliten als Problem und Aufgabe. Bonn: Bundeszentrale für politische Bildung. https://www.bpb.de/geschichte/zeitgeschichte/deutschlandarchiv/344487/ein-anhaltendes-defizit (Zugriff am 22.05.2023).
König, R. (Hrsg.) (1984). Emile Durkheim: Die Regeln der soziologischen Methode. Frankfurt a.M.: Suhrkamp.
Krais, B., Gebauer, G. (2017). Habitus (Reihe Einsichten, Themen der Soziologie). Bielefeld: transcript.
Kühl, S. (2008). Die verflixte Sache mit der Kompetenzdarstellung. In U. Schimank, N.M. Schöneck (Hrsg.), Gesellschaft begreifen. Einladung zur Soziologie (S. 37–49). Frankfurt a.M.: Campus.
Kumbier, D., Schulz von Thun, F. (2006). Interkulturelle Kommunikation: Methoden, Modelle, Beispiele. Reinbek b. Hamburg: Rowohlt.
LEMO (o.D.). Lebendiges Museum Online. https://www.dhm.de/lemo (Zugriff am 22.05.2023).
Liu, Y. (2007). Ost trifft West. Mainz: Hermann Schmidt.
Liu, Y. (2022). Europe meets USA. Köln: TASCHEN, Multilingual Edition.

Lohre, M. (2016). Das Erbe der Kriegsenkel. Was das Schweigen der Eltern mit uns macht. Gütersloh: Gütersloher Verlagshaus.
Losche, H., Püttker, S. (2009). Interkulturelle Kommunikation. Theoretische Einführung und Sammlung praktischer Interaktionsübungen, Gelbe Reihe: Praktische Erlebnispädagogik. Augsburg: Ziel.
Marx, K., Engels, F. (1848/2006). Manifest der Kommunistischen Partei. Stuttgart: Reclam.
Mau, S. (2020). Der Osten als Problemzone? Eine Skizze zur ostdeutschen Sozialpolitik. Aus Politik und Zeitgeschichte. Bonn: Bundeszentrale für politische Bildung. https://www.bpb.de/shop/zeitschriften/apuz/312263/der-osten-als-problemzone/ (Zugriff am 22.05.2023).
Mediendienst Integration (o. D.). Flüchtlinge aus der Ukraine. https://mediendienst-integration.de/migration/flucht-asyl/ukrainische-fluechtlinge.html (Zugriff am 22.05.23).
Möller, H. (1998). Supervision in Forensischen Psychiatrien. In D. Eck (Hrsg.), Supervision in der Psychiatrie (S. 211–224). Köln: Psychiatrie-Verlag.
Möller, H., Kotte, S. (2014). Diagnostik im Coaching: Grundlagen, Analyseebenen, Praxisbeispiele. Heidelberg: Springer.
Müller, S., Gelbrich, K. (2013). Interkulturelle Kommunikation: Weltbilder, Normen, Symbole, Rituale und Tabus (Reihe Vahlens Handbücher der Wirtschafts- und Sozialwissenschaften). München: Franz Vahlen.
Müller, S., Gelbrich, K. (2021). Interkulturelles Konsumentenverhalten (Reihe Vahlens Handbücher der Wirtschafts- und Sozialwissenschaften). München: Franz Vahlen.
Nestvogel, R. (2008). Diversity Studies und Erziehungswissenschaften. In GPJE – Gesellschaft für Politikdidaktik und politische Jugend- und Erwachsenenbildung (Hrsg.), Diversity Studies und politische Bildung (S. 21–33). Schwalbach/Taunus: Wochenschau-Verlag.
Oevermann, U. (2001). Die Struktur sozialer Deutungsmuster – Versuch einer Aktualisierung. Sozialer Sinn – Zeitschrift für hermeneutische Sozialforschung, 2 (1), 35–83.
Poutrus, P. G. (2020). Ausländer in Ostdeutschland. Bonn: Bundeszentrale für politische Bildung. https://www.bpb.de/themen/deutsche-einheit/lange-wege-der-deutschen-einheit/314193/auslaender-in-ostdeutschland/ (Zugriff am 22.05.2023).
Renggli, F. (2020). Früheste Erfahrungen – ein Schlüssel zum Leben. Wie unsere Traumata aus Schwangerschaft und Geburt ausheilen können. Gießen: Psychosozial-Verlag.
Riemann, F. (1991). Grundformen der Angst. Eine tiefenpsychologische Studie. München: Ernst Reinhardt.
Roth, G. (2007). Persönlichkeit, Entscheidung und Verhalten. Warum es so schwierig ist, sich und andere zu ändern. Stuttgart: Klett-Cotta.
Ruch, F. L., Zimbardo, P. G. (1978). Lehrbuch der Psychologie. Eine Einführung für Studenten der Psychologie, Medizin und Pädagogik. Berlin: Springer.
Sander, T. (2014). Habitussensibilität. Eine neue Anforderung an professionelles Handeln. Wiesbaden: VS.
Schenk, M., Boback, P., Koeppen, E., Mäser, A. (2020). Die Mauer ist gefallen, doch der Vorhang weht eisern. Ein Workshop zur Bedeutung von Ost-West-Herkunft in Supervision. Journal Supervision – Informationsdienst der Deutschen Gesellschaft für Supervision und Coaching e. V., 3, 26–27.
Schenk, M. (2021), Ost-West-Unterschiede: Vereinigt – aber dennoch fremd. Training aktuell – Zeitschrift für Training, Beratung und Coaching, 32 (2), 40–44.
Scheppe, M. (2019). 30 Jahre Mauerfall. Warum Ostdeutsche noch immer selten Karriere machen. Handelsblatt vom 27.09.2019. https://www.handelsblatt.com/karriere/30-jahre-mauerfall-warum-ostdeutsche-noch-immer-selten-karriere-machen/25048834.html (Zugriff am 22.05.2023).
Schlippe, A. von, Schweitzer, J. (2007). Lehrbuch der systemischen Therapie und Beratung (10. Aufl.). Göttingen: Vandenhoeck & Ruprecht.

Schmitt, L. (2010). Bestellt und nicht abgeholt. Soziale Ungleichheit und Habitus-Struktur-Konflikte im Studium. Wiesbaden: VS.

Schröer, N. (2002). Was heißt hier »Sprechen«? Lässt sich Bourdieus »Ökonomie des sprachlichen Tausches« für eine Theorie kommunikativer Verständigung nutzen? Österreichische Zeitschrift für Soziologie, 27 (3), 37–52. https://nbn-resolving.org/urn:nbn:de:0168-ssoar-15349 (Zugriff am 22.05.2023).

Schulz von Thun, F. (1989). Miteinander reden 2 – Stile, Werte und Persönlichkeitsentwicklung: Differentielle Psychologie der Kommunikation, Bd. 2. Reinbek b. Hamburg: Rowohlt.

Schwer, C., Solzbacher, C. (Hrsg.) (2014). Professionelle pädagogische Haltung. Historische, theoretische und empirische Zugänge zu einem viel strapazierten Begriff. Bad Heilbrunn: Klinkhardt.

Sinus-Institut (2015). Die Sinus-Milieus in Deutschland 2015. Heidelberg: Sinus Markt- und Sozialforschung. https://www.sinus-institut.de/fileadmin/user_data/sinus-institut/Bilder/sinus-mileus-2015/2015-09-23_Sinus-Beitrag_b4p2015_slide.pdf (Zugriff am 22.05.2023).

Sinus-Institut (2021). Informationen zu den Sinus-Milieus, Stand 3/2021. Heidelberg: Sinus Markt- und Sozialforschung. https://www.sinus-institut.de/media/pages/sinus-milieus/6191c4121c-1623420390/informationen-zu-den-sinus-milieus.pdf (Zugriff am 22.05.2023).

Sinus-Institut (2022a). Sinus-Milieus Deutschland. Heidelberg: Sinus Markt- und Sozialforschung. https://www.sinus-institut.de/sinus-milieus/sinus-milieus-deutschland (Zugriff am 22.05.2023).

Sinus-Institut (2022b). Sinus-Milieus International. Heidelberg: Sinus Markt- und Sozialforschung. https://www.sinus-institut.de/sinus-milieus/sinus-milieus-international (Zugriff am 22.05.2023).

Spiegler, T. (2015). Erfolgreiche Bildungsaufstiege. Ressourcen und Bedingungen. Weinheim/Basel: Beltz Juventa.

Stangl (o. D.). Habitus. Online Lexikon für Psychologie und Pädagogik. https://lexikon.stangl.eu/1971/habitus (Zugriff am 22.05.23).

Statista (2009). Zustimmung zu Aussagen zur Wiedervereinigung in Ost- und Westdeutschland. https://de.statista.com/statistik/daten/studie/70675/umfrage/zustimmung-zu-aussagen-zur-wiedervereinigung-in-ost-und-west/#professional (Zugriff am 22.05.2023).

Stöver, B. (2009). Zuflucht DDR. Spione und andere Übersiedler. München: C. H. Beck.

Thomann, C., Schulz von Thun, F. (1988). Klärungshilfe 1: Handbuch für Therapeuten, Gesprächshelfer und Moderatoren in schwierigen Gesprächen. Reinbek b. Hamburg: Rowohlt.

Vater, A. (2020). Unterscheiden sich Ost- und Westdeutsche charakterlich? Spektrum der Wissenschaft. https://www.spektrum.de/frage/unterscheiden-sich-ost-und-westdeutsche-charakterlich/1695154 (Zugriff am 22.05.2023).

Vester, M. (2015). Die Grundmuster der alltäglichen Lebensführung und der Alltagskultur der sozialen Milieus. In R. Freericks, D. Brinkmann (Hrsg.), Handbuch Freizeitsoziologie (S. 143–187). Wiesbaden: Springer VS.

Vester, M., Oertzen, P. von, Geiling, H., Hermann, T., Müller, D. (2001). Soziale Milieus im gesellschaftlichen Strukturwandel. Zwischen Integration und Ausgrenzung. Frankfurt a. M.: Suhrkamp.

Vogel, L., Zajak, S. (2020). Teilhabe ohne Teilnahme? Wie Ostdeutsche und Menschen mit Migrationshintergrund in der bundesdeutschen Elite vertreten sind. Berlin: Deutsches Zentrum für Integrations- und Migrationsforschung DeZIM e. V., Publikationen. https://www.dezim-institut.de/publikationen/publikation-detail/teilhabe-ohne-teilnahme-wie-ostdeutsche-und-menschen-mit-migrationshintergrund-in-der-bundesdeutschen-elite-vertreten-sind-fa-5009/ (Zugriff am 22.05.2023).

Wagner, W. (1999). Kulturschock Deutschland. Der zweite Blick. Hamburg: CEP.

Wehr, L. (2016). Vergessene Migrationsgeschichte/n? Die Ausreise aus der DDR in der Erinnerung von Übersiedler-Eltern und -Kindern. Bonn: Bundeszentrale für politische Bildung. https://www.bpb.de/themen/deutschlandarchiv/238655/vergessene-migrationsgeschichte-n/ (Zugriff am 22.05.2023).

Westphal, M., Kämpfe, K. (Hrsg.) (2017). Migration, Bildungsaufstieg und Männlichkeit. Passungsdynamiken zwischen Familie, Schule, Peers und Hochschule. Kassel: kassel university press.

Wikipedia (o. D.). Sozialistische Staaten – Liste sozialistischer Staaten. https://de.wikipedia.org/wiki/Liste_sozialistischer_Staaten (Zugriff am 22.05.2023).

Zeisel, H., Jahoda, M., Lazarsfeld, P. F. (2021). Die Arbeitslosen von Marienthal. Ein soziographischer Versuch über die Wirkungen langandauernder Arbeitslosigkeit. Frankfurt a. M.: Suhrkamp.

Zeitklicks (o. D). https://www.zeitklicks.de (Zugriff am 22.05.2023).

Verzeichnis der Fallbeispiele

Aus der Praxis: Fallbeispiel 1 – Er ist nicht das, was wir suchen   69
Inhalt: Fremder Habitus im Führungskräfte-Auswahlverfahren
»Der Bewerber ist einfach nicht geeignet.«

Aus der Praxis: Fallbeispiel 2 – Das ist nicht das, was wir uns vorgestellt haben   79
Inhalt: Inkompetenzvermutung
»Ich als Bremer …«

Aus der Praxis: Fallbeispiel 3 – Der Feind hört mit   109
Variante: Habitogramm mehrschichtig, Variante 1
Inhalt: Korrigieren verinnerlichter fehlerhafter Überzeugungen, ergänzend Anlagen 7 und 8
»Ich fühle mich auch nach zwanzig Jahren Selbstständigkeit oft unsicher und überfordert in der Arbeit mit Patienten.« (Psychologische Psychotherapeutin, 59)

Aus der Praxis: Fallbeispiel 4 – Der geht gar nicht   122
Variante: Habitogramm, Variante 3
Inhalt: Aufeinandertreffen fremder Gewohnheiten, ergänzend Anlagen 5–9
»Ich weiß jetzt schon mehr von ihm als von meinen langjährigen Kolleginnen und Kollegen.« (Architektin, 46)

Aus der Praxis: Fallbeispiel 5 – Er weiß nicht, wohin   125
Variante: Habitogramm, Arbeit mit der Habitus-Blüte
Inhalt: Darstellung von irritiertem Habitus, gespaltenem Habitus, erweitertem Habitus
»Endlich verstehe ich die Hintergründe. Das entlastet mich sehr.« (Verwaltungsfachangestellte, 31)

Aus der Praxis: Fallbeispiel 6 – Ich kann mich nicht durchsetzen   136
Variante: Habitogramm mehrschichtig, Variante 1
Inhalt: eine fehlende Seite eines Verhaltenskomplexes, ergänzend Anlagen 6 und 10
»Ich habe das Gefühl, es liegt daran, dass ich mich nicht durchsetzen kann. Dabei war das bisher nie Thema. Aber jetzt komme ich einfach nicht mehr klar und brauche Unterstützung.« (Versicherungskaufmann, 43)

Aus der Praxis: Fallbeispiel 7 – Ich fühle mich ganz allein   139
Variante: Habitogramm mehrschichtig, Variante 1
Inhalt: polnische Kultur, mögliche Erfahrungen im Mutterleib
»Ich laufe manchmal in der Schule wie durch einen Nebel, als ob ich abgeschnitten wäre von den anderen. Ich habe das Gefühl, dass mich Kollegen nicht sehen und nicht hören. Es liegt also nicht an ihnen. Ich fühle mich oft ganz allein, aber es hat gar nichts mit den anderen zu tun, glaube ich, sondern mit mir.« (Grundschullehrerin, 38)

Aus der Praxis: Fallbeispiel 8 – Sie hat was gegen mich   141
Variante: Habitogramm mehrschichtig, Variante 1 und Habitogramm-Baustein Matrix BIFF
Inhalt: amerikanische Kultur, irritierter Habitus, ergänzend Anlage 5
»Ich fühle mich, seit ich im Team bin, nicht gut. Es liegt vor allem an Frau M., der Pflegedienstleitung. Sie hat was gegen mich. Mit ihr kann ich nicht umgehen. Ihr gehe ich aus dem Weg. Ich finde sie nicht gut. Ich möchte aber nicht gehen. Ich bin ja nicht mehr die Jüngste.« (Altenpflegekraft, 56 Jahre)

Aus der Praxis: Fallbeispiel 9 – Ich kann das nicht, ich darf das nicht   144
Variante: Habitogramm einschichtig, Variante 2
Inhalt: gespaltener Habitus, ergänzend Anlage 7
»In mir ist immer das Gefühl ›Ich kann das nicht‹. Manchmal steigt sogar der Gedanke auf: ›Ich darf das nicht‹, was ja völliger Quatsch ist.« (Jurist, 41)

Aus der Praxis: Fallbeispiel 10 – Hilfe, ich bin aggressiv   146
Variante: Habitogramm einschichtig, Variante 2
Inhalt: rumänische Kultur, Bildungsaufsteigerin, irritierter Habitus, ergänzend Anlagen 5, 6 und 9
»Ich will einfach nur alles richtig machen. Ich habe mir diese Arbeit so sehr gewünscht. Und manchmal könnte ich schreien: ›Hilfe, ich bin aggressiv!‹, in der Hoffnung, dass es dann besser wird. Aber das hilft ja nichts, schreien hilft nichts.« (Sozialpädagogin, 35)

Aus der Praxis: Fallbeispiel 11 – Ich bin ja ein Flüchtling   150
Variante: Habitogramm mehrschichtig, Variante 1 mit den Habitogramm-Bausteinen Matrix BIFF und Habitus-Blüte
Inhalt: vertraute und fremde Kultur, ergänzend Anlagen 5–8, 11
»Wir möchten uns am liebsten weiter austauschen, so interessant finden wir es gerade. Und ich habe festgestellt, ich bin ja ein Flüchtling. Das ist gerade sehr spannend und ich weiß noch nicht, was das mit mir und meiner Arbeit als Integrationsberaterin macht.« (Sozialpädagogin, 41 Jahre)

Aus der Praxis: Fallbeispiel 12 – Die müssen sich ändern   153
Variante: Habitogramm eindimensional, Variante 3
Inhalt: träger Habitus, ergänzend Anlagen 7 und 10
»Die Arbeit macht keinen Spaß mehr. Ich fühle mich ausgenutzt. Es gibt kein Miteinander mehr. Die jungen Dinger haben alles im Kopf, nur nicht ihre Arbeit. Sie fragen mich auch nie, ob ich in der Mittagspause mitgehen möchte. Die müssen sich ändern. Ich hätte mich früher nie getraut, mich so aufzuführen.« (Bankangestellte, 61)

Aus der Praxis: Fallbeispiel 13 – So habe ich diesen Fall noch nicht gesehen   158
Variante: Habitogramm einschichtig, Variante 2
Inhalt: kurdische Kultur, Habitusmodifizierung, ergänzend Anlagen 1–5
»So habe ich einen Fall noch nie betrachtet. Das ist spannend. Ich hatte ja keine Ahnung, was alles dahinterstecken könnte.« (Fallmanager Jobcenter, 48 Jahre)

Aus der Praxis: Fallbeispiel 14 – Mir fehlt die Ernsthaftigkeit   161
Variante: Habitogramm eindimensional, Variante 2 und 3, Habitogramm-Baustein Matrix BIFF
Inhalt: niederländische Kultur, fremder Habitus, Kompetenzvermutung, ergänzend Anlagen 5 und 7
»Ich fühle mich in den Meetings unwohl. Ich kann die niederländischen Kollegen und Kolleginnen nicht ernst nehmen und ich habe das Gefühl, sie sind inkompetent. Gleichzeitig vermitteln sie mir ein Gefühl von ›Der hat doch keine Ahnung‹. Ich weiß nicht, wie ich damit umgehen soll.« (Medienmanager, 37 Jahre)

Anlagen

Anlage 1: Fragen zur Ebene der Gesellschaft

In dieser Ebene geht es um die gesellschaftlichen Bedingungen, unter denen Ihre Bezugspersonen aufgewachsen sind und die während Ihrer eigenen Habitualisierung in den Herkunftssystem(en) herrschten,[10] und dies im Vergleich zu den gesellschaftlichen Strukturen, die heute Ihr Leben bestimmen.

Die zu berücksichtigenden gesellschaftlichen Aspekte sind in Anlage 11 zusammengefasst.

Allgemeine Fragen zu gesellschaftlichen Strukturen:
- Unter welchen spezifischen gesellschaftlichen Strukturen haben Sie die frühen Entwicklungsjahre verbracht?
- Welche gesellschaftlichen Bedingungen oder Veränderungen in welchen Bereichen hatten damals besonderen Einfluss?
- Welche gesellschaftlichen Strukturen hatten Einfluss auf die Prägung, die Herausbildung von Werten und die Möglichkeiten der Entwicklung Ihrer Bezugspersonen und Ihrer eigenen Entwicklung?
- Welche gesellschaftlichen Bedingungen waren ausschlaggebend, dass sich unter der Mehrzahl der Bevölkerung Gewohnheiten und Haltungen entwickeln konnten, die dazu führten, dass Einzelne eher zu Mitläufern oder Außenseitern, zu Gesellschaftskritikern oder Unterdrückten wurden?
- Welche gesellschaftlichen Gegebenheiten waren für die individuelle Entwicklung bei Ihren Bezugspersonen und Ihnen selbst jeweils förderlich bzw. einschränkend?
- Was war möglich, notwendig, erlaubt, verboten, unmöglich?

---

10 Zu den Herkunftssystemen gehören Familie und Kinderheim; zu wichtigen Bezugspersonen zählen leibliche, Stief-, Adoptiv- und Pflegeeltern oder ein alleinerziehender Elternteil. Außerdem können gesellschaftliche Bedingungen Auswirkungen auf andere Kinderbetreuungsmöglichkeiten gehabt haben wie z. B. Vollzeit-Kinderkrippe, Kindergarten/Kindertagesstätte, aber auch Kindermädchen, andere Verwandte oder andere wichtige Bezugspersonen.

- Welche gesellschaftlichen Bereiche spielten während des Heranwachsens im Herkunftssystem (oder später) eine besondere Rolle?
- Was war erwünscht und was war nicht erwünscht?
- Was war gesellschaftlich erstrebenswert?
- Was brachte Ihre Bezugspersonen oder Ihnen selbst Nachteile?
- Welche gesellschaftlichen Strukturen beeinflussten Ihre Bezugspersonen und Sie selbst in Entscheidungen und Verhaltensweisen, um dazuzugehören?
- Welche Unterschiede lassen sich in den – möglicherweise verschiedenen – gesellschaftlichen Systemen während der Prägung Ihrer Bezugspersonen und Ihrer eigenen Prägung im Vergleich zu dem System finden, in dem Sie heute leben?

Anlage 2: Fragen zur Ebene des Milieus

In Ebene zwei geht es um die Berücksichtigung der Bedingungen in den Milieus, in denen Ihre Bezugspersonen aufgewachsen sind und später gelebt haben, und in dem/in denen sich in den frühen Jahren Ihr eigener Habitus entwickeln konnte. Zu betrachten ist das Milieu, in dem das Herkunftssystem angesiedelt war, bzw. in das es wechselte.

Die zu berücksichtigenden Aspekte zum Milieu sind in Anlage 11 zu finden.

Allgemeine Fragen zu den Milieus:
– Wodurch zeichneten sich die Milieus aus, in denen Ihre Großeltern (Großvater/Großmutter/andere wichtige Bezugspersonen) aufgewachsen sind?
– Wodurch zeichneten sich die Milieus aus, in denen Ihre Eltern (Vater/Mutter/andere wichtige Bezugspersonen) aufgewachsen sind?
– Zu welcher Klasse/Schicht gehörten die Milieus?
– Wodurch zeichnete sich das Milieu aus, in dem Sie aufgewachsen sind?
– Zu welcher Klasse/Schicht gehörte das Milieu?
– Gab es in der jeweiligen Generation Aufstiege oder Abstiege von einem Milieu in ein anderes? Hier wird bei Mobilität und Migration und damit verbundenen Auf- und Abstiegen im Milieu der betrachtete Zeitrahmen auf die bisherige Lebenszeit von Vater, Mutter und gegebenenfalls Vorfahren ausgeweitet.

Detailfragen zu den Milieus in jeder Generation:
– Welche Haltung bestand im Milieu gegenüber materiellem Besitz, dem Thema Geld ausgeben und gegenüber Äußerem wie Kleidung?
– Welchen Wert hatten akademische Titel und welche Bedeutung hatten bestimmte Berufe oder Berufsgruppen?
– Welche sozialen Beziehungen und Netzwerke gab es?
– Bestand soziale Unterstützung durch sogenanntes Vitamin B?
– Wie war die Einstellung im Umfeld Ihrer Großeltern/Eltern zu Geselligkeit und Alleinsein, zu Nähe und Offenheit bzw. zu Zurückhaltung und Distanz?
– Welche Möglichkeiten der Bildung und Wissensaneignung gab es im Milieu?
– Wie war der Zugang zu elitären Einrichtungen und sozialen Kreisen geregelt?
– Wie fand im Milieu in der Regel Erziehung und Kinderbetreuung statt – in Familie, Heim, Internat, Kindergarten, Hort oder Schule?
– Welche Bedeutung hatten Bücher, Kunst, Besuche in Museen?
– Welchen Ruf, welches Prestige, welche Berühmtheit und welchen Status hatten Ihre Großeltern/Eltern im Milieu?

- Was waren Anzeichen von Macht im Milieu und wer hatte sie?
- Was hat das Eingebundensein der Familie im Milieu ermöglicht oder was hat die Einzelstellung Ihrer Familie im Milieu während der Sozialisierungsphase eventuell verhindert?
- Was waren typische Haltungen im Milieu: sich eher anzupassen und abhängig zu sein oder sich eher autonom und autark entwickeln zu können?

Anlage 3: Fragen zur Ebene der Herkunftssysteme

Das oder die Herkunftssystem(e) hatten entscheidenden Einfluss auf erworbene habituelle Gewohnheiten. Bei allen Fragen sind die Erfahrungen der Menschen, die zum Herkunftssystem gehörten, in der Regel die Eltern, als Kinder, Jugendliche und Erwachsene zu berücksichtigen und gleichzeitig die eigenen Erfahrungen im Herkunftssystem in der Zeit im Mutterleib, als Säugling und Kleinkind. Spätere Erfahrungen aus Schule, Studium und Beruf werden in Anlage 4 erörtert, da sie bereits den primären Habitus ergänzen.

Die beim Herkunftssystem zu berücksichtigenden Aspekte sind in Anlage 11 zu finden.

Allgemeine Fragen zur Herkunft:
- Welche Haltung hatten Ihre Bezugspersonen gegenüber dem gesellschaftlichen System, in dem Sie aufgewachsen sind?
- Wie haben sich die Bezugspersonen in diesem System arrangiert? Wie haben sie darin gelebt?
- Welche Bedeutung hatten bestimmte Erlebnisse auf die Überzeugungen Ihrer Bezugspersonen, auf ihre Haltung gegenüber dem gesellschaftlichen System, seinen Teilbereichen, ihrem Milieu und anderen Menschen?
- Welche Werte, Regeln, Normen und Verhaltensmuster (auch Abwehrmuster) Ihrer Bezugspersonen trugen zu Ihrer Bedürfnisbefriedigung als Kind bei wichtigen psychischen Grundbedürfnissen (Orientierung und Kontrolle, Bindung und Kontakte, Lustgewinn und Unlustvermeidung, Selbstwerterhalt und Selbstwertsteigerung und damit Sicherheit) bei?
- Welche Bedeutung hatten die durch das gesellschaftliche System geprägten Überzeugungen, bestehenden Möglichkeiten der Bezugspersonen auf Ihre Haltung und Ihr Verhalten als Kind beispielsweise auf Ihre Art, Kontakt mit anderen aufzunehmen, Ihre Art der Kommunikation, Ihre Möglichkeiten der Konfliktbewältigung, Ihre Möglichkeit, Ihre Meinung frei zu äußern?
- Welche Auswirkungen auf Ihre eigene Entwicklung hatte das Vorbild Ihrer Bezugspersonen? (z. B. Haltung gegenüber dem System sowie ihre Überzeugungen, Verhaltensweisen und Abwehrmuster, Befriedigung von psychischen Grundbedürfnissen)
- Welche Vor- bzw. welche Nachteile brachte die Haltung/das Engagement Ihrer Bezugspersonen für Ihre Entwicklung mit sich?

Detailfragen zur Herkunft:
- In welchem sozialen Raum wuchsen Ihre Familienmitglieder und Sie selbst in Ihrer Kindheit auf – Millionenstadt, Großstadt, Kleinstadt, Dorf, Siedlung etc.?
- Gab es Umzüge und wenn ja, wohin?
- Welchen Bildungsweg und welche Berufe hatten Ihre Bezugspersonen?
- Wie stand es mit Entscheidungsfreiheit im Herkunftssystem: Konnten Wünsche und Träume umgesetzt werden oder waren Zwangsentscheidungen an der Tagesordnung?
- War Meinungsfreiheit möglich und konnten Ihre Bezugspersonen einen eigenen Standpunkt beziehen?
- War es eher ruhig oder laut, gab es faire Diskussionen oder eher Streitereien?
- Hatten Sie als Kind eine Stimme im Herkunftssystem?
- Was bedeutet es, in diesem System mit diesen Eltern, unter diesen Bedingungen als ältestes, zweitgeborenes, mittleres, jüngstes oder Einzelkind aufgewachsen zu sein?
- Wie empfanden Sie als Kind Ihre persönliche familiäre Konstellation, Ihre Stellung – auch die geschlechtliche – und Ihre Rolle?
- Wollten Sie eher nicht auffallen, waren Sie ehrgeizig, diplomatisch oder standen Sie gern im Mittelpunkt?
- Welchen Einfluss hat Ihre Stellung im Herkunftssystem auf Ihr heutiges Denken, Fühlen und Handeln?
- Wie war die Einstellung zur Arbeit: Sahen Ihre Bezugspersonen sie als Berufung an oder als Pflicht oder als Last oder waren sie arbeitslos?
- Bei zwei Bezugspersonen: Waren beide erwerbstätig, auch in Vollzeit?
- Welche Vorlieben, Abneigungen und Konfliktbewältigungsmuster hatte der Einzelne in der Familie?
- Wie wurde miteinander und mit anderen kommuniziert?
- Welche Einstellung hatten Ihre Bezugspersonen zu sich selbst, anderen gegenüber und zum Leben allgemein?
- Gab es typische familiäre Unterschiede zu anderen im Milieu?
- Wie gingen Ihre Bezugspersonen mit Krisen und Veränderungen um?
- Waren eher Wissen und Leistung oder auch Gefühle, Natur und Ruhe, Nichtstun wichtig und bekamen genügend Aufmerksamkeit?
- Gab es Eigentum, materiellen Besitz?
- Wie wichtig war Geld? Gab es Schulden?
- Wie war der Konsum- und Lebensstil, welche Lebensziele hatten Ihre Bezugspersonen?
- Wie war die Kinderbetreuung in der Familie geregelt?

- Wuchs man allein oder mit Geschwistern auf?
- Wie waren Ihre Beziehungen zu Geschwistern (direkte, Halbgeschwister) und welche Rolle haben Sie unbewusst übernommen?
- Wie waren die Beziehungen und die Erziehung in Ihrer Herkunftsfamilie?
- Wie war die Freizeitgestaltung in Ihrer Herkunftsfamilie?
- Wie und wo wurde der Urlaub verbracht?
- Welche Bedeutung hatten Musik, Bücher und Hobbys?
- Waren Sie (später) in großen Cliquen unterwegs oder eher mit wenigen oder allein?

Anlage 4: Fragen zu Habitusanteilen

In dieser Ebene geht es um primäre habituelle Erfahrungen, die sich aus Anlage 3 ergeben haben. Dazu können nun auch Erfahrungen aus Schule, Schulhort, Vollzeitinternat, Studium und Beruf kommen. Die Fragen beziehen sich also auf die Gegenwart, die aktuelle Lebens- und Arbeitssituation, oder sie sind ein Abgleich von Vergangenheit und Gegenwart.

Normen und Regeln trugen in der Sozialisierungsphase dazu bei, dass Sie bestimmte Werte, Gewohnheiten und Haltungen sich selbst, der Welt und anderen gegenüber entwickeln konnten. Die beim Habitus zu berücksichtigenden Aspekte sind in Anlage 11 zu finden.

Allgemeine Fragen zu Kompetenzen, Gewohnheiten, Werten und Haltungen:
- Aufgrund welcher Situationen, Haltungen, Normen und Regeln in der Herkunftsfamilie entwickelten sich welche Werte, die Ihnen heute wichtig sind?
- Welche(s) der folgenden (oder anderer) Sprichwörter in Ihrer Herkunftsfamilie hatte eine Bedeutung, sodass sie heute noch in Bezug auf Ihre Werte/Prioritäten eine Rolle spielen könnten?
  Einige Sprichwörter und ihre möglichen Folgen bezüglich eigener Werte:
    - Erst die Arbeit, dann das Vergnügen. (Arbeit, Fleiß, nicht gelernte Selbstfürsorge)
    - Ohne Fleiß, kein Preis. (Leistung, Fleiß, Pflicht)
    - Jeder ist seines Glückes Schmied. (Fleiß, Individualismus)
    - Wer nicht kommt zur rechten Zeit ... (Pünktlichkeit)
    - Wie man in den Wald ruft, so schallt es hinaus. (Rücksicht, Rationalität)
    - Ordnung ist das halbe Leben. (Ordnung, Perfektionismus)
    - Lieber den Spatz in der Hand als die Taube auf dem Dach. (Risikovermeidung, Sparsamkeit, Sicherheit)
    - Ehrlich währt am längsten. (Ehrlichkeit, Ehre, Würde, Lügen anderer nicht ertragen können)
- Welche mentalen Gewohnheiten (Glaubenssätze) können sich daraus entwickelt haben?
  Glaubenssätze beginnen häufig mit:
    - Ich bin ...
    - Ich darf nicht ...
    - Ich muss ...
- Welche Antreiber konnten sich entwickeln?
    - Sei perfekt!
    - Streng dich an!

- Sei stark!
- Mach schnell!
- Mach es anderen recht!
– Welche Ihrer mentalen Muster beeinflussen die Art,
  - wie Sie heute arbeiten und Erfolg haben?
  - wie Sie heute mit Geld umgehen?
  - wie Sie heute (in einer Beziehung) leben?
– Welche Ihrer mentalen Muster beeinflussen Ihre Möglichkeiten, sich heute etwas zu gönnen, sich etwas zu leisten?
  Auch emotionale Gewohnheiten (Muster zum Umgang bzw. zur Abwehr von Emotionen) haben Einfluss auf das, was Sie tun und das, was Sie vermeiden.
– Welche emotionalen Reaktionsmuster in welcher Situation kennen Sie an sich?
– Welche Gewohnheiten – unter anderem Verhaltensweisen, Denkmuster, Umgang mit Emotionen, Reaktion auf Veränderungen, Umgang mit Unsicherheiten, Umgang mit Ablehnung – haben Ihre Eltern unbewusst an Sie weitergegeben und welche haben Sie schon bewusst verändert?
– Was haben Sie gelernt zu tun, um im Alltag Vorteile (Nachteile) zu haben?

Detailfragen zum Habitus (siehe dazu auch Anlage 10):
– Wie stark oder wie wenig beachten Sie eine Seite (beide Seiten) der folgenden (oder anderer) Themenkomplexe in Ihrem Leben, in Ihrer Arbeit?
  - Ausdauer – Ausgewogenheit,
  - Struktur – Kreativität,
  - Selbstständigkeit – Kooperation,
  - Genauigkeit – Lockerheit,
  - Gewissenhaftigkeit – Gelassenheit,
  - Ehrlichkeit – Diplomatie,
  - Vertrauen – Vorsicht,
  - Sicherheit – Freiheit,
  - Innovation – Bewährtes bewahren,
  - Kontaktfreude – Distanzwahrung,
  - Regeleinhaltung – Flexibilität,
  - Akzeptanz – Konfrontation,
  - Sparsamkeit – Großzügigkeit,
  - Selbstliebe – Mitgefühl,
  - Spontaneität – Besonnenheit,
  - Langsamkeit – Schnelligkeit,
  - Toleranz – Engagement,

- Pünktlichkeit – Zuverlässigkeit,
- Wertschätzung – Selbstbewusstsein.

Fragen zu Auf- oder Abstiegen:
- Welche Situationen und Möglichkeiten haben sich aufgrund von neuen Beziehungen, Heirat, Trennung, Scheidung, Umzügen, Migration, Flucht(-Versuchen) und anderer Mobilität, Kontaktabbrüchen, Rollenwechseln, Beförderungen, Auszeichnungen und weiteren Ereignissen in der Vergangenheit oder Gegenwart ergeben, entwickelt oder verbessert? Welche wurden eingeschränkt oder sind nicht möglich, nicht mehr gegeben?
  - allein oder mit anderen ins Kino, Theater oder Musikclub/Diskothek gehen,
  - Mitglied in einem Sportverein sein,
  - ein Musikinstrument lernen,
  - in den Urlaub fahren und anderen vom letzten Urlaub erzählen,
  - eine eigene Wohnung, ein eigenes Zimmer, ausreichende Wohngröße haben,
  - Eigentum haben,
  - Schule besuchen,
  - Abitur machen,
  - Ausbildung absolvieren,
  - Studium beginnen,
  - Wunschberuf ergreifen,
  - längeren Auslandsaufenthalt wahrnehmen,
  - zum Arzt, Zahnarzt gehen,
  - andere nach Hause einladen,
  - zu Geburtstagen von anderen eingeladen werden,
  - regelmäßig Bekleidung kaufen,
  - in ernsthaften finanziellen Schwierigkeiten stecken,
  - in (finanzieller) Sicherheit leben,
  - Handy/Telefon/Fernsehen besitzen,
  - im Internet recherchieren,
  - (interessante) Arbeit haben,
  - Anerkennung von anderen erhalten,
  - die eigene Sprache, Religion und Kultur werden respektiert,
  - eine eigene Meinung haben,
  - ohne Einschränkungen reisen,
  - andere Menschen hören zu und fragen,
  - Wissen, wohin Sie sich in Notsituationen wenden können,

Anlage 4: Fragen zu Habitusanteilen

- wegen der Herkunft diskriminiert werden,
- Bedürfnisse sind ausreichend abgedeckt,
- in Frieden/Freiheit leben,
- die eigene Würde und die von anderen wird respektiert,
- interessantes Leben und Zuversicht für die Zukunft haben,
- sich verlieben, in wen man will,
- Heimatgefühl haben,
- bei nationalen und kommunalen Wahlen eine Stimme abgeben,
- überwacht werden,
- in eine Polizeikontrolle geraten,
- auf der Straße/in den (sozialen) Medien angegriffen werden.

Fragen zu Ressourcen und Lernfeldern:
– Welche der erworbenen und entdeckten Gewohnheiten im Denken, Fühlen, Handeln und Wahrnehmen, welche Haltung oder Kompetenz stellen heute in Alltag und/oder Beruf eine Ressource dar?
– Welche Verhaltensweisen, Denkmuster, emotionalen Reaktionen und welche Haltungen konnten Sie (bisher) nicht erwerben und verinnerlichen, sodass sie aktuell als Lernfelder angesehen werden können?

Ergänzend können Fragen zur Entwicklung des beruflichen Habitus hilfreich sein:
– Welche eigenen Kompetenzen konnten Sie sich durch die hauptsächlich eingesetzten Lernformen aneignen (z. B. eher auswendig lernen oder eher Förderung freier Referate und eigener Meinung)?
– Welche beruflichen Erfahrungen, besonderen Fähigkeiten und Fertigkeiten haben Sie sich in Ausbildung und Studium sowie auf Ihrem beruflichen Weg erlangt?
– Was haben früher Lehrer:innen, Ausbilder:innen, Professor:innen, Kolleg:innen oder Vorgesetzte an Ihnen geschätzt? Worüber haben sie gesprochen, wenn sie sich über Sie unterhalten haben?
– Was würden Kolleg:innen oder Vorgesetzte äußern, wenn sie dazu befragt würden, was sie an Ihnen schätzen, was Sie Besonderes können?
– Wie ist im Berufsalltag Ihre Haltung, Art zu kommunizieren, Konflikte zu lösen, zu arbeiten, zu führen, zu delegieren usw.?
– Was liegt Ihnen besonders, was vermeiden Sie gern, wenn es um den (aktuellen) Job geht?
– Mit welchen Menschen können Sie gut zusammenarbeiten und mit welchen weniger?

- Wie ist Ihre Teamfähigkeit ausgeprägt und wie Ihre Selbstständigkeit?
- Welche Fähigkeiten entsprechen Ihrer (aktuellen) Tätigkeit und welche fehlen eventuell dafür?
- Welche habituellen Erfahrungen sind hilfreich im Job und welche behindern Sie (manchmal)?
- Welche habituellen Erfahrungen, Haltungen, Werte und Bedürfnisse beeinflussen, wie Sie an Arbeit herangehen, wie Sie sie erledigen und wie Sie sich nach der Arbeit fühlen?
- Welche Denkmuster (Glaubenssätze) beeinflussen, was Sie über Ihren Job und über sich und Ihre Rolle denken?

Anlage 5: Kulturdimensionen

Das Hofstede-Modell (Hofstede et al., 2002) widmet sich sechs verschiedenen Kulturdimensionen, die jeweils zwei unterschiedliche Ausprägungen verschiedener kultureller Betrachtungspunkte zeigen. Sie können unterstützend hinzugezogen werden, um habituelle Gewohnheiten in einem bestimmten Land einschätzen zu können.

Bezugspunkt Identität

	Kollektivistische G.*	Individualistische G.*
	FAMILIENLEBEN	
ERZIEHUNGSZIELE	Wir-Bewusstsein	Ich-Bewusstsein
VERPFLICHTUNG	gegenüber Familie	gegenüber sich selbst
ZENTRALE WERTE	Harmonie, Respekt, Leistung	Wettbewerb, Selbstachtung, Selbstverwirklichung
	ARBEITSLEBEN	
GERECHTIGKEITS-PRINZIP	Unterschiedliche Maßstäbe für Mitglieder der Eigengruppe und der Fremdgruppe	Gleichbehandlung aller Mitglieder einer Gruppe
ERFOLGSKRITERIUM	Zwischenmenschliche Beziehungen	Aufgabenerfüllung

* Gesellschaft

Abbildung 29: Kulturdimension 1

Zeitverständnis

	Langfristig orientierte G.*	Kurzfristig orientierte G.*
ENTSCHEIDUNGS-FINDUNG	pragmatisch (es gibt viele Wahrheiten)	normativ (Suche nach der absoluten Wahrheit)
ARBEITSSTIL	Fleiß und Ausdauer, langfristige Ziele, zukunftsorientiert	Ungeduld, Suche nach dem schnellen Erfolg, gegenwartsorientiert
SELBSTBESTIMMUNG	wird gemeinschaftlichen Zielen untergeordnet	hat Vorrang
TRADITION	wird den Bedingungen der Gegenwart angepasst	wird respektiert

* Gesellschaft

Abbildung 30: Kulturdimension 2

Auf der Internetseite des 2020 verstorbenen niederländischen Kulturwissenschaftlers Geert Hofstede – seine Arbeit führt der Sohn Gert Jan Hofstede weiter – sind unter anderem die sechs Kulturdimensionen und Länderschemata zu finden, die zeigen, in welchen Teilen der Erde welche Kulturdimensionen in welcher Art und Weise der Ausprägung vorherrschend sind. Hier können bis zu vier Länder ausgewählt und bezüglich ihrer Kulturdimensionen verglichen werden. Wichtig ist zu verinnerlichen, dass die einzelnen Dimensionen immer nur als Tendenz eines bestimmten Landes und hier einer bestimmten Kultur zu verstehen sind. Sie können nicht auf einzelne Menschen übertragen werden. Die Dimensionen dienen vor allem dem Vergleich unterschiedlicher Kulturen, weshalb sich immer zwei Dimensionen gegenüberstehen (Hofstede, o. D.). Die folgenden Aufstellungen in den Abbildungen 29 bis 34 mit den sechs Kulturdimensionen nach Hofstede erfolgten in Anlehnung an die Ausführungen von Müller und Gelbrich (2021):

Bedeutung der Geschlechterrolle

	Feminine G.*	Maskuline G.*
	FAMILIENLEBEN	
ZENTRALE WERTE	Lebensqualität, Zusammenleben	Materieller Wohlstand, Unabhängigkeit
GESCHLECHTERROLLE	Mann und Frau ergänzen sich	Vorrangstellung des Mannes
KONFLIKTLÖSUNGS-STRATEGIE	Kompromisse und Vereinbarungen	Sieger und Verlierer
ÜBERGEORDNETES ZIEL	Anpassung an bestehende Verhältnisse	Besondere Leistungen
	SCHULE UND ARBEITSLEBEN	
PROBLEMLÖSUNGS-STRATEGIE	Intuition	Analytik

* Gesellschaft

Abbildung 31: Kulturdimension 3

Umgang mit Neuartigem, Unstrukturiertem

	Ungewissheitsakzeptanz	Ungewissheitsvermeidung
	FAMILIENLEBEN	
ERZIEHUNGSZIELE	Relativität von - gut und böse - richtig und falsch	Eindeutigkeit von - gut und böse - richtig und falsch
LEBENSSTIL	Gelassenheit, Optimismus	Stress, Pessimismius
ZENTRALE WERTE	Selbstverantwortliches Verhalten	Normentsprechendes Verhalten
	ARBEITSLEBEN	
ZEIT- UND ZIEL-AUFGABEN	allgemein und vage	detailliert und präzise
ORGANISATIONS- UND ARBEITSGESTALTUNG	flexibel und dezentral	formalisiert und standardisiert

Abbildung 32: Kulturdimension 4

Hierarchische Beziehungen

	Machtdistanz wird abgelehnt	Machtdistanz wird akzeptiert
	FAMILIENLEBEN	
ERZIEHUNGSZIELE	Unabhängigkeit, eigener Wille	Gehorsam, Anpassung
VERPFLICHTUNG	Partner	Autorität
	ARBEITSLEBEN	
EINKOMMENS-UNTERSCHIEDE	gering	groß
FÜHRUNGSPRINZIPIEN	Delegation, Mitbestimmung	Zentralisation von Entscheidungen und Verantwortung
	STAAT UND GESELLSCHAFT	
RECHTSVERSTÄNDNIS	Gleiches Recht für alle	Mächtige genießen Privilegien

Abbildung 33: Kulturdimension 5

Bezugspunkt Genuss vs. Zurückhaltung

	Auslebung der Bedürfnisse	Begrenzung der Bedürfnisse
GENUSSORIENTIERUNG	hoch	gering
FREIZEITGESTALTUNG	entsprechend der Bedürfnisse	Streben nach Leistung
KLEIDUNGSSTIL	offen, bunt, extravagant	praktisch
LEBENSGEFÜHL	Freiheit	kontrolliert
ORDNUNGSPRINZIP	Markt der Möglichkeiten	Einhaltung von Recht und Ordnung

Abbildung 34: Kulturdimension 6

Anlage 6: OPD – Operationalisierte Psychodynamische Diagnostik

Das auch in Supervision und Coaching eingesetzte und unter anderem von Möller und Kotte (2014) beschriebene Modell »Operationalisierte Psychodynamische Diagnostik« (OPD) betrachtet unterschiedlich ausgeprägte psychodynamische Grundtendenzen eines Menschen. Es knüpft gut an das Modell der Kulturdimensionen an, da es psychische Strukturanteile beleuchtet, die sich entsprechend der Kultur eher entwickeln können als andere.

Ähnlich wie beim Modell der Kulturdimensionen sind die einzelnen Ausprägungen als Tendenz zu sehen und können nicht auf jeden Menschen übertragen werden. Auch dienen die einzelnen Dimensionen dazu, sich in unterschiedlichen Situationen flexibel – also jetzt beispielsweise autonom und dann wieder angepasst – verhalten zu können. Die Dimensionen ergänzen sich und stehen sich deshalb gegenüber. Fehlt eine Ausprägung oder konnte sie nicht so gut wie die andere erworben werden, kann sie als Lernfeld aufgegriffen und gegebenenfalls situationsabhängig angeeignet werden.

Die in den nachfolgenden Überschriften aufgeführten psychodynamischen Grundtendenzen, die ein Mensch in der Habitualisierungsphase erwirbt, sind eng mit der Kultur eines Landes und damit den Möglichkeiten verbunden, sich in Milieu und Familie entsprechend den gesellschaftlichen Vorgaben zu entwickeln.

Dabei kann festgestellt werden, dass in Gesellschaftssystemen, deren Mitglieder selten frei entscheiden, handeln und damit selbstbestimmt leben konnten bzw. können, bestimmte Dynamiken sich nicht oder nur eingeschränkt herauszubilden vermögen. Diese Grundtendenzen sind in den Überschriften jeweils rechts genannt. Es sind passive Modi, die sich vor allem in Staaten entwickeln, in denen Kollektivismus Basis ist und/oder in denen viele Möglichkeiten der freien Entfaltung begrenzt, eingeschränkt, verboten sind oder reglementiert werden.

Die Muster links können dagegen vor allem in individualistischen Staaten oder in einer Demokratie gut herausgebildet werden. Sie stellen aktive Motivationssysteme dar. Tendenziell sind unter anderem die BRD, die Niederlande, Norwegen, Schweden, Dänemark und Finnland, Großbritannien, die USA und Kanada individualistische Staaten. Die Türkei, Indien, Japan und die Staaten der arabischen Halbinsel sind beispielsweise eher kollektivistische Länder. Auch in der DDR war Kollektivismus ausgeprägt, was nachfolgende Tendenzen mit sich brachte (Schenk, 2021).

Autonomie versus Abhängigkeit

Unterschiedliche Entwicklung: In individualistischen Ländern ist die Möglichkeit, dass sich Menschen emotional und existenziell autonom entwickeln können, eher gegeben als in anders ausgerichteten Staaten. Ein Bedürfnis, sich früh zu binden, zu heiraten und damit abhängig zu machen (wie es beispielsweise auch in der DDR aufgrund der Art der Wohnungszuteilung vorhanden war), ist hier weniger ausgeprägt. Auch im Beruf und finanziell wird in individualistischen Staaten Autonomie angestrebt.

In kollektivistischen Ländern wird autonomes Streben in der Regel unterbunden. Das Leben funktioniert hier reibungslos durch Anpassen und Mitmachen. Der Staat stellt Regeln auf, deren Nichteinhaltung zu Verfolgung oder Strafen wie Haft oder beruflicher Ausgrenzung führen kann. Menschen können hier ihre Selbstverantwortung nur in geringem Maß wahrnehmen. Mögliche Folgen davon sind Verhaltensweisen, wie sich nicht durchsetzen und nicht für sich eintreten können, die bei individualistisch geprägten Menschen Irritation auslösen können. Auf der anderen Seite erleben kollektivistisch Geprägte »die anderen« in ihrer Unabhängigkeit möglicherweise als wenig kooperativ und als Konkurrenz.

Kontrolle versus Unterwerfung

Unterschiedliche Entwicklung: Die Demokratie in individualistischen Staaten bringt es mit sich, dass Regeln, Vorgaben und Kontrolle als Eingriffe in Selbstbestimmungsrechte empfunden werden. Hier sozialisierte Menschen streben deshalb danach, eigene Interessen und individuelle Bedürfnisse durchzusetzen. Sich einer Gruppe anzuschließen oder unterzuordnen, erfolgt in der Regel nur aus der Motivation heraus, einen Nutzen davon zu haben wie beispielsweise im Team.

In kollektivistischen Ländern müssen sich Menschen nicht nur in Gruppen – häufig mit vorgefertigten Ideologien – einfügen, sondern sich auch den Pflichten und Weisungen stellen. Diese Konstellation führt eher zur Zurückhaltung und Genügsamkeit, mitunter auch um nicht aufzufallen. Im Beruf sind Eigeninitiative oder »Nein«-Sagen kaum gefragt.

Mögliche Folgen: Verhaltensweisen wie sich an Regeln und Vertrautem festhalten und auf Anweisungen warten, lösen bei individualistisch sozialisierten Menschen möglicherweise Missverständnisse aus. Kollektivistisch geprägte Menschen können »die anderen« als bestimmend und eigensinnig wahrnehmen.

Autarkie versus Versorgung

Unterschiedliche Entwicklung: In individualistischen Staaten entwickelt sich in der Regel durch Marktwirtschaft die Überzeugung, dass sich Arbeit auszahlt und man sich ihretwegen etwas leisten kann wie Reisen, Auto, Haus. Geld erlangt damit einen Status von Macht und Befriedigung von Bedürfnissen. Selbstständigkeit im Denken (Meinungsfreiheit) und Handeln (Selbstwirksamkeit) werden hier gefördert. Gleichzeitig können sich aber auch Neid, Ablehnung und Konkurrenz entwickeln. Gegenseitige Unterstützung ist vordergründig nicht wichtig.

In kollektivistischen Ländern ist ein Streben nach Autarkie unter anderem wegen der volkswirtschaftlichen Strukturen nicht möglich. Das Eintreten für andere und für die Gemeinschaft kann zudem zur Folge haben, dass Meinungs- oder Entscheidungsfreiheit eingeschränkt sind. Trotz mitunter mangelhafter wirtschaftlicher Versorgung wird Sicherheit durch Gemeinwohl suggeriert und erlangt dadurch einen wichtigen gesellschaftlichen Stellenwert.

Mögliche Folgen: Verhaltensweisen wie extremes Sicherheitsdenken, fehlende Selbstständigkeit und eingeschränkte Selbstfürsorge können von Menschen mit individualistischem Habitus als Mangel angesehen werden. Kollektivistisch Geprägten können »die anderen« dagegen als Egoisten und als herrisch erscheinen.

Gefühlswahrnehmung versus Konfliktwahrnehmung

Unterschiedliche Entwicklung: Individualistisch geprägte Menschen haben vorzugsweise gelernt, anzupacken, keine Schwäche zu zeigen und Gefühle zu unterdrücken. Probleme werden in aller Regel gezielt, geradlinig, sachlich und logisch angegangen und als lösbar angesehen.

In kollektivistisch ausgerichteten Staaten werden Probleme gern offiziell heruntergespielt. Dies kann dazu führen, dass sich die Wahrnehmung der Menschen in Bezug auf Konflikte verändert. Probleme werden beispielsweise nur dem Kapitalismus unterstellt, dadurch wird Menschen in kollektivistisch geprägten Ländern Sicherheit suggeriert und sie empfinden große Belastungen und schwierige Lebensumstände als normal und kreative Umwege fördernd.

Mögliche Folgen: Verhaltensmuster aufgrund eines großen Sicherheitsbedürfnisses, ungeschulte Konfliktwahrnehmung und als umständlich wahrgenommene Denk- und Handlungsweisen können von Menschen, die in einem individualistischen Land aufgewachsen sind, als eigenartig bewertet werden. Individualistisch Geprägte können dagegen wegen der ihnen anerzogenen Härte, Sachlichkeit und geringeren Emotionalität als kalt und ablehnend wahrgenommen werden.

Objektwertbezogener Selbstwertgewinn versus Selbstwertverlust

Unterschiedliche Entwicklung: In individualistischen Staaten nutzen Menschen Geld und Besitz als Statussymbole und zur Stabilisierung ihres Selbstwertes. Repräsentative Werte wie Auto, Haus oder der eigene Körper sind wichtig. Menschen lernen hier, selbstsicher aufzutreten. Konflikte können aber schnell als Angriff auf die eigene Person bewertet und zum Schutz des Selbstwertes abgewehrt werden.

Da der Blick in kollektivistischen Ländern mehr auf die anderen gerichtet ist, kann das Selbstwertgefühl, vor allem bei den Menschen, die nicht linientreu sind, schwächer ausgeprägt oder infolge von Einschränkungen erschüttert sein, was negative Selbstbilder und ein Gefühl von »Menschen zweiter Klasse« nach sich ziehen kann. Soziale Geborgenheit ist wichtiger als Geld und Besitz. Im Beruf sind die Menschen leistungsbereit, aber die Möglichkeiten, ihr Selbstwertgefühl dank Selbstwirksamkeit zu entwickeln, können eingeschränkt sein. Rollen- und Funktionsübernahmen erfolgen deshalb mitunter nicht nur aus Überzeugung und Kompetenz, sondern auch zum Minimieren des geringen Selbstwertes.

Mögliche Folgen: Verhaltensweisen wie ein intensives Bemühen um Gerechtigkeit, Fairness und Gleichbehandlung lösen bei individualistisch Sozialisierten gegebenenfalls Unverständnis aus. Selbstsicheres Auftreten individualistisch Geprägter kann bei kollektivistisch habitualisierten Menschen arrogant oder selbstgefällig wirken.

Identitätsstabilisierung versus Identitätsdissonanz

Unterschiedliche Entwicklung: Die vielfältigen Möglichkeiten der Marktwirtschaft in individualistischen Staaten erleichterten in der Regel die Identitätsbildung und -stabilisierung durch Geld, Beruf oder Freizeitaktivitäten. Kollektivistisch ausgerichtete Staaten bieten oft nur eine Identität – eine Ideologie, einen Glauben – als Orientierungshilfe an.

Mögliche Folgen: Kollektivistisch geprägte Menschen leben mitunter in einer Identitätsdissonanz, die dadurch entstanden ist, dass die eigenen Bewertungen und Gedanken im Widerstreit zu den gesellschaftlichen Bedingungen in ihrem Umfeld lagen. Menschen mit kollektivistischem Habitus können wegen ihrer geringeren Individualisierung farblos wirken. Auch zeigen kollektivistisch sozialisierte Menschen eventuell anfängliche Schwierigkeiten, eine Rollenidentität in ihrer Arbeitsfunktion zu finden, was bei Menschen mit individualistischer Sozialisierung zur Fehleinschätzung ihrer Kompetenz führen kann.

Anlage 7: Milieus in der BRD

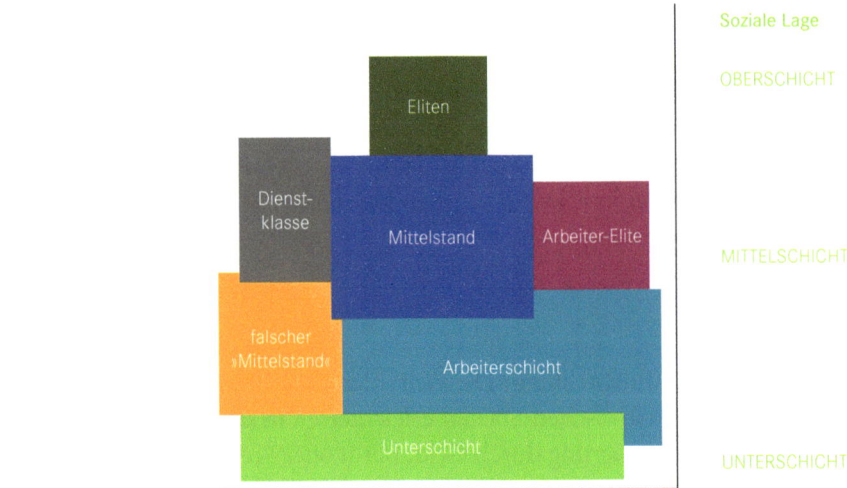

Abbildung 35: Soziale Schichtung[11] der Bevölkerung der BRD in den 1960er Jahren (Dahrendorf, 1971)

Nachfolgende Beschreibungen zu aktuell existierenden Milieus in Deutschland (Sinus-Institut, 2022a) sollen das Abgleichen der Zustände in den unterschiedlichen sozialen Lebensräumen unterstützen:

Oberschicht

Konservativ-etabliertes Milieu
– genießt eine hohe Bildung,
– hat ein hohes Einkommen und Eigentum,
– orientiert sich an traditionellen Werten,
– ist aber auch zur Modernisierung bereit,
– legt großen Wert auf Status und Lebensstandard.

---

11 Dienstklasse: bürokratische Helfer der Eliten wie nicht technische Verwaltungsangestellte und Selbstständige. Falscher »Mittelstand«: einfache Dienstleistungsberufe, zählt sich seinem Selbstverständnis nach »fälschlicherweise« zur Mittelschicht. Arbeiterelite: Meister und Vorarbeiter.

Anlage 7: Milieus in der BRD

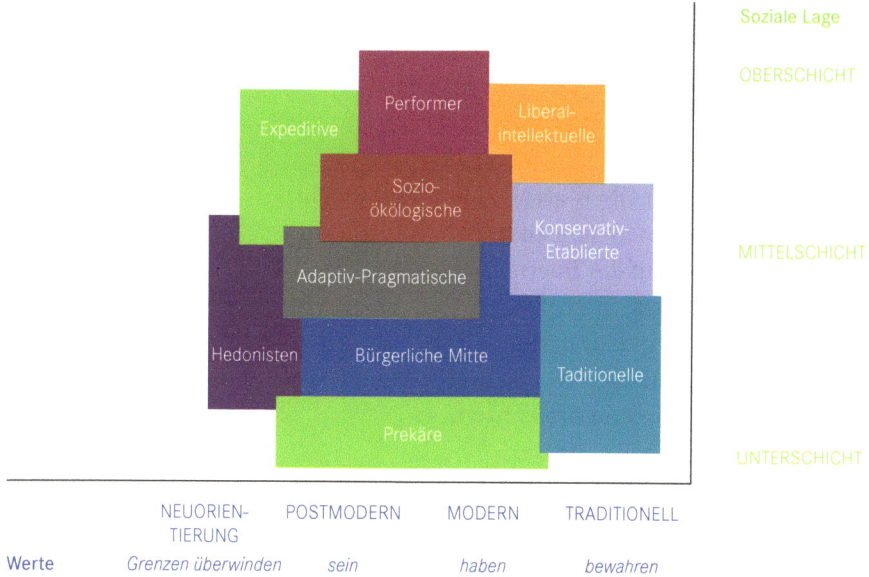

Abbildung 36: Schichten und Milieus innerhalb der BRD im Jahr 2018 (Hofmann, 2020)

Liberal-intellektuelles Milieu
- stellt die Bildungselite,
- hat eine liberale Grundhaltung, postmaterielle Wurzeln und eine kritische Weltsicht,
- bezieht ein hohes Einkommen,
- verfolgt den Wunsch nach Selbstbestimmung und Selbstentfaltung,
- interessiert sich für Kunst und Kultur.

Milieu der Performer
- besticht durch außergewöhnlich hohe Leistungen,
- ist besonders im Beruf stets im Wettkampf mit seinen Kollegen,
- besteht aus Networkingexperten mit großem sozialem Netzwerk,
- will die Karriereleiter aufsteigen,
- führt ein extrem schnelles Leben,
- hat das Gefühl, dass sich seine Anstrengungen lohnen,
- hat ein besonders hohes Einkommen,
- nutzt in der Freizeit gern neue, interessante technische Spielchen und Schnickschnack,

- verfolgt ein ausuferndes Konsumverhalten,
- hat keine Zeit für Familie oder Familiengründung,
- hat nicht selten Managerposten inne.

Expeditives Milieu
- gibt es sowohl in Ober- als auch in Mittelschicht,
- will traditionelles System ändern,
- setzt vermehrt auf das Internet,
- ist global vernetzt,
- Kreativität und Individualismus stehen an erster Stelle,
- besticht durch häufige Wohnortwechsel und Auslandsaufenthalte
- und häufige Reisen in der Freizeit.

Mittelschicht

Adaptiv-pragmatisches Milieu
- ist ein schnellwachsendes Zukunftsmilieu,
- das vor allem aus jungen Menschen besteht,
- die sehr stark mit ihrer Heimat verwurzelt sind,
- die sich geänderten Gegebenheiten anpassen,
- für die konventionelle Sicherheit an oberster Stelle steht,
- häufig in stabiler Familie zu Hause leben und Eigenheimbesitzer sind,
- sich an vielseitigem Freizeitangebot interessiert zeigen,
- häufig Mitglied im Sportverein sind.

Bürgerliche Mitte
- orientiert sich am Mainstream,
- Harmonie und Sicherheit hat für sie einen großen Stellenwert,
- sucht weder politisch noch privat die Diskussion,
- genießt einen gewissen Wohlstand,
- hat in der Regel Familie,
- genießt das Leben in vollen Zügen.

Sozialökologisches Milieu
- ist Gegenspieler zur bürgerlichen Mitte,
- hat eine hohe Bildung,
- engagiert sich sozial,
- kritisiert die Gesellschaft, die Ausbeutung von Natur und anderen Menschen,

- ist besonders gegenüber Minderheiten, Diskriminierung und strukturellen Ungleichheiten sensibilisiert,
- ist offen für Multikulturalismus und Diversität.

Unterschicht

Traditionelles Milieu
- gibt es sowohl in Unter- als auch in Mittelschicht,
- liebt Sicherheit und Ordnung,
- besteht aus der älteren Generation,
- ist geprägt durch Kleinbürger und klassische Arbeiterkultur,
- lebt bodenständig und sparsam,
- verhält sich konform und passt sich an,
- lebt häufig seit Jahrzehnten in derselben Wohnung bzw. demselben Haus.

Hedonistisches Milieu
- hat häufig geringen Bildungsstand,
- geringen sozialen Status,
- besteht aus jungen Menschen (Auszubildenden oder Berufsanfängern),
- hat ein geringes Einkommen,
- verfolgt teure Freizeitaktivitäten und ausufernde Partys am Wochenende,
- verschwendet keine Gedanken an die Zukunft.

Prekäres Milieu
- hat in der Regel einen geringen Bildungsstand,
- ist arbeitssuchend oder geringfügig beschäftigt,
- hat Zukunftsängste,
- ein schwaches Selbstwertgefühl,
- arbeitet hart, um den gesellschaftlichen Anschluss nicht zu verlieren,
- versucht beim Konsum mitzuhalten, kann sich aber so gut wie nichts leisten,
- lebt häufig in kleiner Wohnung,
- sorgt mit elektronischen Geräten für Freizeitausgleich.

Anlage 8: Milieus in der DDR

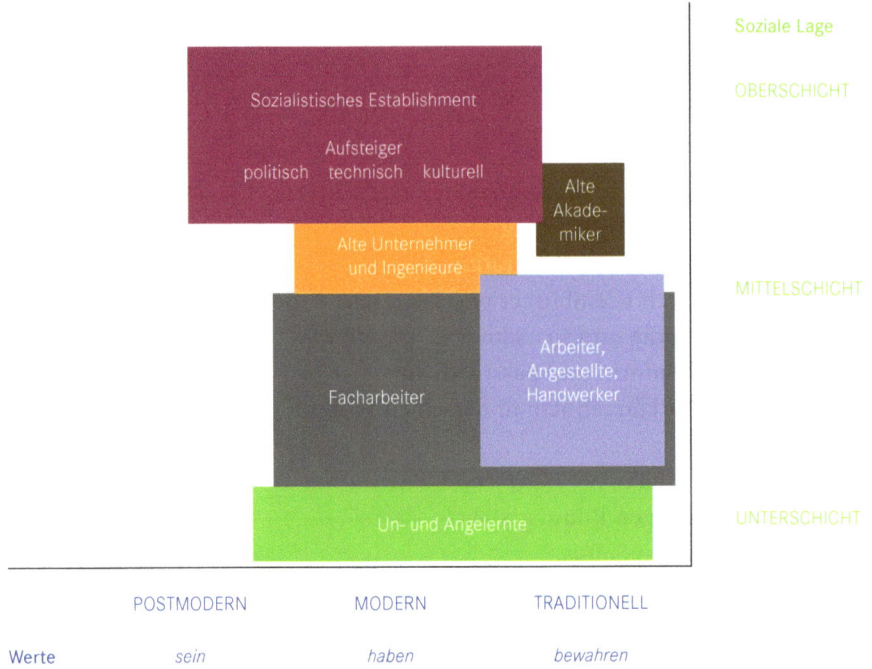

Abbildung 37: Schichten innerhalb der DDR in den 1960er Jahren (Hofmann, 2020)

Anlage 8: Milieus in der DDR   201

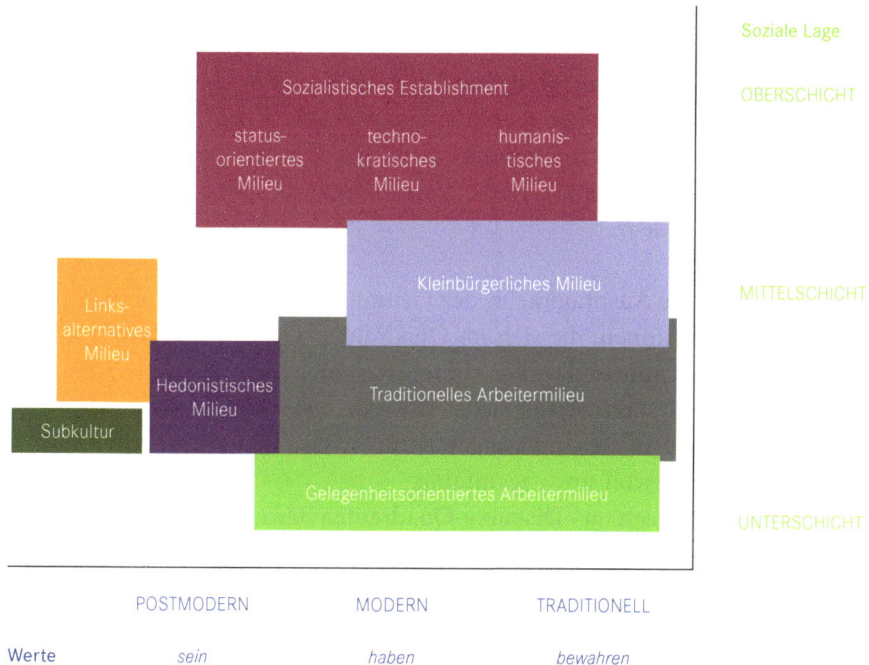

Abbildung 38: Schichten und Milieus sowie soziale Lage innerhalb der DDR im Jahr 1989 (Hofmann, 2020)

Anlage 9: Riemann-Thomann-Modell

Riemann (1991) stellte vier Grundausrichtungen einer Persönlichkeit in ein Quadrat, die Thomann mit den Tendenzen Nähe und Distanz, Wechsel und Dauer versah (Thomann u. Schulz von Thun, 1988), wie in Abbildung 39 gezeigt. Es kann davon ausgegangen werden, dass Menschen dazu neigen, sich vermehrt in zwei der vier Quadranten zu bewegen. Jeder entwickelt also eher eine Mischung aus Nähe-Wechsel-, Nähe-Dauer-, Distanz-Dauer- oder Distanz-Wechsel-Tendenz.

Weiter werden die Ausprägungen der Grundtendenzen folgendermaßen beschrieben: Klient:innen, die sich im Quadranten »Nähe«[12] zu Hause fühlen, suchen Wertschätzung und wollen spüren, dass nicht ihre Person, sondern nur Themen oder Verhaltensweisen kritisiert werden. Sie mögen es, wenn auf ihre Gefühle und Bedürfnisse eingegangen wird. Sie sind in der Regel eher mitfühlend und rücksichtsvoll sowie teamfähig.

Menschen, die sich im »Distanz«-Quadranten bewegen, können mit Logik und sachlich vorgetragener Kritik umgehen. Sie mögen Klarheit und verabscheuen es, wenn andere um den heißen Brei herumreden, also vorsichtig und umschreibend an Themen herangehen. Bei ihnen können Widerstände entstehen, sobald Berater:innen versuchen, ihre Gefühle und Bedürfnisse zu ergründen. Diese Kund:innen können gut zwischen den Sitzungen und in Ruhe Dinge für sich selbst klären. Sie arbeiten gern allein und werden von anderen mitunter als Einzelgänger wahrgenommen. Von ihnen vertretene Werte sind unter anderem Freiheit und Unabhängigkeit.

Für Supervisandinnen mit Neigung zum »Dauer«-Quadranten kann es hilfreich sein, Themen zu strukturieren, um sich nicht im Klein-Klein zu verlieren. Zu viele Details und Sprünge in einer Sitzung wirken auf sie abschreckend. Dafür können konkrete Beispiele oder Daten und Fakten sie veranlassen, Dinge

---

12 Entsprechend den gesellschaftlichen Bedingungen in kollektivistischen Gesellschaftssystemen (siehe Anlage 5, Kulturdimension 1 und Anlage 6) kann davon ausgegangen werden, dass bei Menschen, die in solchen gesellschaftlichen Strukturen aufgewachsen sind, tendenziell eher die Grundausrichtung »Nähe« ausgeprägt ist als bei Menschen in individualistischen Gesellschaften. Diese habituelle Prägung kann unter anderem Auswirkungen darauf haben, wie diese Menschen auf andere Menschen (ihres Kulturkreises) zugehen, wie nah diese Menschen beispielsweise bei der Begrüßung zueinanderstehen, diese Menschen mit anderen in Kontakt gehen (beispielsweise durch leichte Berührung am Oberarm) und wann (wenn Vertrauen aufgebaut ist) diese Menschen worüber offen sprechen. Diese Aspekte können entsprechend in umgekehrter Ausführung tendenziell für Menschen gelten, die in individualistischen Gesellschaftssystemen aufgewachsen sind.

Anlage 9: Riemann-Thomann-Modell

zu akzeptieren oder etwas zu verändern. Diese Menschen brauchen meist klare und konkrete Vereinbarungen und schätzen Zuverlässigkeit, weshalb häufige Terminabsagen vonseiten des Beraters den Prozess vermutlich nachhaltig stören.

Supervisanden mit Tendenz zum Quadranten »Wechsel« brauchen Freiraum und Veränderung. Abwechslungsreiche Arbeiten können sie motivieren. Sie möchten nicht festgelegt werden, weshalb sie auch gut gemeinte Ratschläge – die professionelle Berater:innen allerdings auch unterlassen – ablehnen. Sie zeigen häufig emotionale Schwankungen und benötigen Raum, um Gefühlen Luft zu machen. Dafür können sie offen für ungewöhnliche Wege sein, um Lösungen zu finden. In der Regel reagieren sie flexibel und arbeiten kreativ.

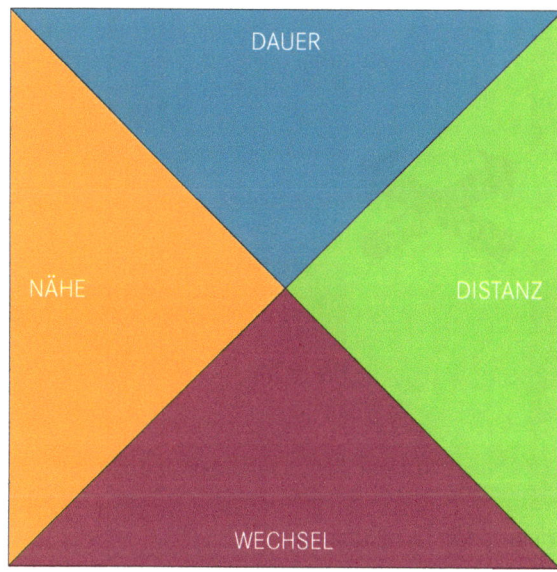

Abbildung 39: Riemann-Thomann-Modell

Anlage 10: Werte- und Entwicklungsquadrat

Das Werte- und Entwicklungsquadrat von Friedemann Schulz von Thun (1989; Abbildung 40) dient dazu, verschiedene verwandte Werte in Verbindung mit Verhaltensmustern zu betrachten, um aktuelle Positionierungen und eventuelle Lernfelder zu erkennen. Zur Veranschaulichung des Modells wurden als Beispiel die miteinander korrespondierenden Werte Disziplin und Freiheit ausgewählt.

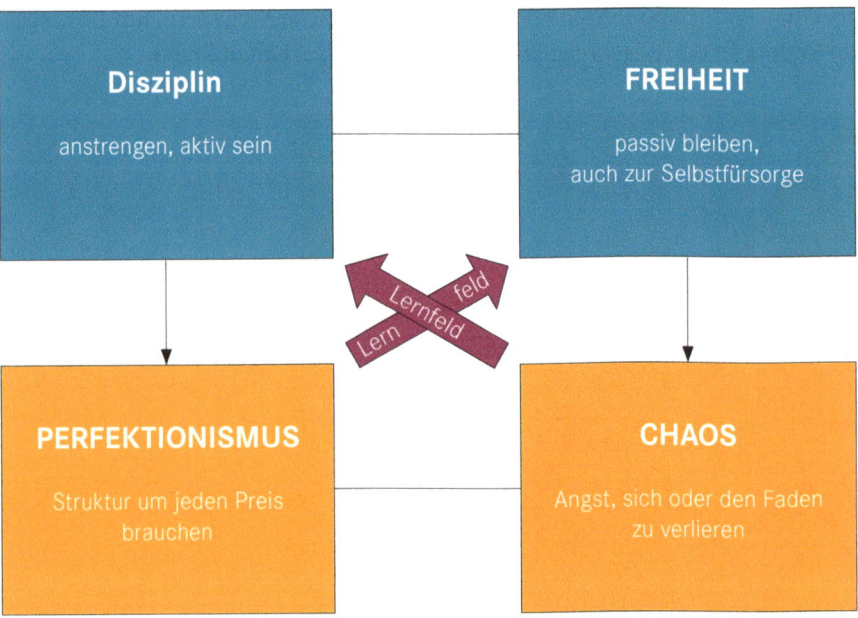

Abbildung 40: Werte- und Entwicklungsquadrat nach Schulz von Thun (1989)

Je nach individueller Habitualisierung neigt der eine Mensch dazu, sich anzustrengen und aktiv zu sein, weil ihm Disziplin wichtig ist. Der nächste tendiert dazu, eher passiv zu bleiben und sich mehr um sich selbst zu kümmern, weil ihm seine Freiheit wichtiger erscheint als bloße Pflichterfüllung. Solche grundlegenden Werte sind häufig unbewusst übernommene Normen und (noch) keine bewusst gewählten Maßstäbe. Die jeweilige Übertreibung, die sich aufgrund der – nicht selten durch wichtige Bezugspersonen forcierten – Durchsetzung der angestrebten Tugend entwickelt haben, zeigt sich häufig als starres, unbewusstes oder bereits bewusst gewordenes Muster. Da es während der Zeit, als sich diese Handlungsschemata gebildet haben, wenig Möglichkeiten für das Kind zum Ausbrechen aus den vorherrschenden Werten gab, kann sich

Anlage 10: Werte- und Entwicklungsquadrat

eine Entweder-oder-Haltung als habituelle Basis festgesetzt haben. Das Habitogramm unter Zuhilfenahme des Wertequadrates fördert die Erkenntnis, dass eine Sowohl-als-auch-Haltung unter Einbeziehung und Entwicklung des gegensätzlichen Wertepols eine angemessene Lösung ist, die eine Erweiterung des Handlungsspielraums für die Gegenwart als erwachsene Person darstellt und damit zum Lernfeld wird.

Die energetische Polarität, der wir mit ihrem Plus und Minus auf der Erde unterworfen sind und die deshalb immer eine Zweierkonstellation forciert, findet sich auch im Wertequadrat wieder. Diese Polarität zeigt, dass eine Seite nicht ohne die andere möglich ist. Beispiele dafür sind: schwarz und weiß, hell und dunkel, kalt und warm, Arbeit und Freizeit, Gesundheit und Krankheit und so weiter. Erst die Balance, ein Hin- und Herbewegen zwischen zwei Extremen in der Beratung – aber auch im Leben an sich – kann für die Einzelperson zu einem Entwicklungsprozess mit angemessenen, hilfreichen Lösungen werden. Oft sind in Beratung Tendenzen wie »aktiv und passiv«, »positiv und negativ« oder »viel und wenig« einseitig angelegt, so dass sie erfordern, sich auch die andere Seite anzueignen. In Anlage 4 sind weitere Gegensatzpaare aufgeführt.

Wie den Ratsuchenden kann es auch den Berater:innen passieren, dass sie das Verhalten des Gegenübers aus dem Blickwinkel ihrer eigenen Sozialisation, eigener Werte und der persönlichen Erwartungshaltung interpretieren. Besonders in schwierigen Momenten und Konfliktsituationen folgt der Interpretation möglicherweise eine negative Bewertung. Wenn unbekanntes Verhalten kritisch gesehen und schlecht aufgefasst wird, sind Beratung und Begleitung gefährdet. Abbildungen 41 und 42 zeigen zwei Beispiele für mögliche Übertreibungen des Gegenübers und die Gefahr, wie das fremde Verhalten negativ eingestuft werden kann.

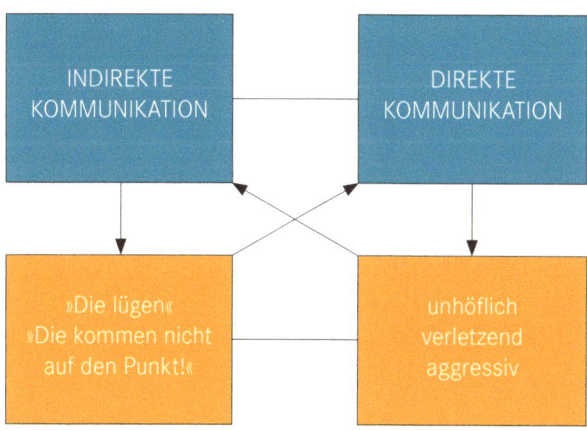

Abbildung 41: Beispiel 1 für Übertreibungen

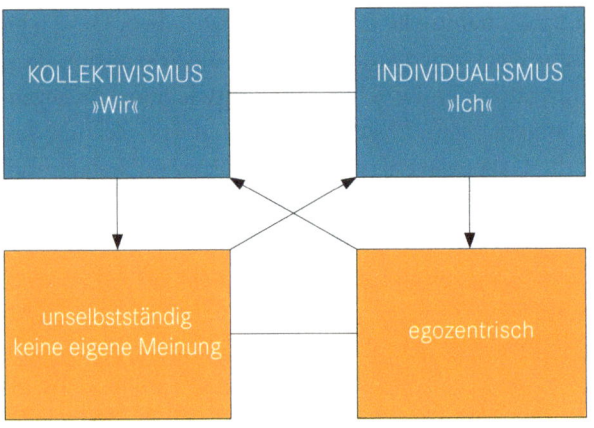

Abbildung 42: Beispiel 2 für Übertreibungen

Zusammenhang von Werten und Verhaltensmustern

In den Tabellen 2 und 3 finden sich mögliche Werte einer Gesellschaft, mögliche Stimmungen eines Milieus oder eines Herkunftssystems sowie Werte, Bedürfnisse und Persönlichkeitsmerkmale eines Menschen. Die Aspekte, die im Rahmen der Habitogramm-Arbeit herangezogen werden können, dürfen eine eher positive oder negative Bedeutung haben, wobei es hierbei auf das jeweilige Maß der Ausprägung ankommt.

Tabelle 2: Eher positiv konnotierte Werte, Stimmungen, Einstellungen

Abenteuer	Geradlinigkeit	Pünktlichkeit
Achtsamkeit	Gerechtigkeit	Redegewandtheit
Achtung	Gesundheit	Reichtum
Aktivität	Glaube	Respekt
Akzeptanz	Gleichheit	Rücksichtnahme
Altruismus	Glück	Ruhe
Anerkennung	Großzügigkeit	Ruhm
Andersartigkeit	Harmonie	Sauberkeit
Anstand	Heimat	Selbstdisziplin
Aufgeschlossenheit	Herzlichkeit	Selbstständigkeit
Aufmerksamkeit	Hilfsbereitschaft	Selbstvertrauen
Ausgeglichenheit	Höflichkeit	Selbstverwirklichung
Authentizität	Humor	Sexualität
Begeisterung	Individualität	Sicherheit
Beharrlichkeit	Integrität	Sorgfalt
Bescheidenheit	Intelligenz	Solidarität
Besonnenheit	Intuition	Sparsamkeit
Bildung	Karriere	Spontaneität
Charisma	Kompetenz	Stärke
Dankbarkeit	Kommunikationsfähigkeit	Tapferkeit
Demokratie	Konfliktfähigkeit	Toleranz
Distanz	Kontakt	Tradition
Disziplin	Kontrolle	Treue
Ehre	Kreativität	Transparenz
Ehrlichkeit	Kultur	Unabhängigkeit
Entscheidungsfreude	Lässigkeit	Unparteilichkeit
Erfolg	Lebensfreude	Veränderung
Ernsthaftigkeit	Leichtigkeit	Verantwortung
Fairness	Leidenschaft	Verbindlichkeit
Familie	Leistungsfähigkeit	Vergnügen
Fantasie	Liebe	Verlässlichkeit
Fleiß	Loyalität	Vertrauen
Flexibilität	Macht	Verzeihen
Freiheit	Menschlichkeit	Verzicht
Freude	Mitgefühl	Weisheit
Freundschaft	Motivation	Weitsicht
Frieden	Mut	Wertschätzung
Fülle	Neugier	Willenskraft
Fürsorglichkeit	Offenheit	Wohlstand
Gastlichkeit	Ordnung	Zärtlichkeit
Geborgenheit	Optimismus	Zielstrebigkeit
Geduld	Orientierung	Zugehörigkeit
Gelassenheit	Persönlichkeit	Zusammenhalt
Gemeinschaftssinn	Pflichtbewusstsein	Zuverlässigkeit
Gemütlichkeit	Pragmatismus	Zuversicht

Tabelle 3: Eher negativ konnotierte Werte, Stimmungen, Einstellungen

Ablehnung	Langeweile	Täuschung
Aggressivität	Maßlosigkeit	Trägheit
Ängstlichkeit	Missachtung	Überheblichkeit
Anspruchsdenken	Misserfolg	Unehrenhaftigkeit
Armut	Missgunst	Unehrlichkeit
Arroganz	Misshandlung	Unentschlossenheit
Betrug	Misstrauen	Unfreiheit
Brutalität	Monotonie	Ungeselligkeit
Disziplinlosigkeit	Mutlosigkeit	Unmenschlichkeit
Eifersucht	Naivität	Unordnung
Einsamkeit	Neid	Unpünktlichkeit
Erniedrigung	Passivität	Unruhe
Feindschaft	Pessimismus	Unsicherheit
Frustration	Primitivität	Untreue
Gehorsamkeit	Prinzipientreue	Unzuverlässigkeit
Geiz	Rücksichtslosigkeit	Verantwortungslosigkeit
Geschmacklosigkeit	Schwäche	Verlogenheit
Gewalt	Sinnlosigkeit	Verrat
Großspurigkeit	Stagnation	Versagen
Hass	Starrsinn	Verschwendung
Humorlosigkeit	Stillstand	Völlerei
Illoyalität	Streit	Zaghaftigkeit
Inkompetenz	Stress	Zurückweisung
Krankheit	Sturheit	Zwang

Aufgrund von Werten entwickeln sich unterschiedliche Gewohnheiten im Verhalten, die stark oder gering ausgeprägt sein können. Zudem können diese gegensätzlichen Pole eines Verhaltenskomplexes als Reaktion auf bestimmte Bedingungen, an die sich Menschen anpassen müssen, jeweils unbewusst übertrieben werden. Mögliche Konstellationen an Ausprägungen und an unbewussten Übertreibungen sind in Tabelle 4 zu finden. Diese Aufstellung kann genutzt werden, um auch den Gegenpol des Verhaltens zu finden und bestenfalls beispielsweise durch Coaching ins eigene Repertoire aufnehmen zu können.

Tabelle 4: Verschiedene Ausprägungen von Wertekomplexen bzw. Verhaltenskomplexen inklusive übertriebener Formen

Starke Ausprägung	Extrem für eine starke Ausprägung	Schwache Ausprägung	Extrem für eine schwache Ausprägung
aktiv/arbeiten	immer etwas zu tun haben	passiv/nichts tun	extreme Langeweile
autark	völlig unabhängig	versorgt werden	völlig unselbstständig sein
autonom	sich nicht helfen lassen	abhängig	andere ausnutzen
ehrgeizig	glauben, alles schaffen zu müssen	unentschlossen	nicht entscheiden oder schnell aufgeben
ehrlich	immer die Wahrheit sagen müssen	lügen	Zwang, fantastische Geschichten zu erzählen
emotional	mitleiden	rational	kalt
geduldig	alles aushalten	ungeduldig	nicht warten können
genießen	Lästiges schieben	lustlos	Vernachlässigung von Bedürfnissen
hilfsbereit	helfen müssen	ignorant	sich, andere, etwas vernachlässigen
individuell sein	durch Selbstverletzung seine Einzigartigkeit zeigen	gleich sein (mit anderen)	nicht auffallen wollen
»Ja«	Nur schwer »Nein« sagen können	»Nein«	nur schwer »Ja« zu etwas sagen können
konfliktfähig	laut und streitlustig	konfliktscheu	Konflikten immer aus dem Weg gehen
Meinung äußern	immer recht haben wollen	Meinung zurückhalten	keine eigene Meinung haben

Starke Ausprägung	Extrem für eine starke Ausprägung	Schwache Ausprägung	Extrem für eine schwache Ausprägung
pünktlich	immer zu früh da sein	unpünktlich	nie pünktlich sein können
schnell	alles sofort erledigen müssen	träge	Abgabefristen versäumen
sicher	keine eigenen Unzulänglichkeiten sehen	unsicher	alles kontrollieren müssen, kein Risiko eingehen
sorgenfrei	Wichtiges ignorieren	sich sorgen	ständig grübeln
stark	alles allein schaffen müssen	schwach	hilflos
strukturiert	pedantisch planen	chaotisch	schnell kopflos
unvollkommen	Dinge immer wieder aufschieben	perfekt	kleinlich sein, kein (schwer ein) Ende finden
verzeihen	alles akzeptieren	nachtragend	Kontaktabbruch
wertschätzend, respektvoll	zu gutmütig	respektlos	andere ständig unterbrechen
zufrieden	selbstgefällig	unzufrieden	Nörgeln und Meckern
zuverlässig	sich an Regeln halten müssen	unzuverlässig	Versprechen brechen

Anlage 11: Habitogramm kompakt

Gesellschaft

Gesellschaftsformen
- Republik: Volksrepublik; demokratische, sozialistische, kapitalistische oder föderale Republik
- Monarchie: Fürstentum oder König- oder Kaiserreich
- Kriegs- und Krisenzeiten mit Diktatur

Staatliche Bereiche
- Justiz und Recht
- Politik und Militär
- Wirtschaft, Konsum und Produktion
- Religion, Kirche, Glauben
- Kultur
- Familie, Kinderbetreuung
- Gesundheit
- Bedeutung von Arbeit und Arbeitslosigkeit
- Bildung (freier Zugang/verwehrte Bildungsformen)

Mögliche strukturelle Besonderheiten
- gesellschaftliche Werte
- Einparteiensystem
- Demokratie
- Förderung von Individualismus
- Förderung von Kollektivismus
- Materialismus
- politische Stabilität
- Rechtsstaatlichkeit
- wirtschaftliche Effektivität

Mögliche Grundwerte einer Gesellschaft
- Ideologie
- Regeln und Normen
- menschliche Würde
- Freiheit und Frieden
- Meinungsbildung
- Reisemöglichkeiten

- Freizeitgestaltung
- Erwerbstätigkeit von Männern, Frauen und Kindern
- Bedeutung von und Umgang mit Geld und Schulden
- Möglichkeiten der Selbstwertentwicklung und Identitätsfindung
- Karriere und Ansehen
- Sicherheit
- Gleichheit oder Individualität
- Rechtsstaatlichkeit
- Konkurrenz oder Solidarität

Ideologische Ausrichtung
- Liberalismus (Betonung der Freiheit)
- Konservatismus (Betonung von gesellschaftlichen Traditionen)
- Sozialismus (Betonung der Gleichheit)
- Glaubensrichtungen
  - Buddhismus
  - Christentum
  - Hinduismus
  - Islam
  - Judentum
  - etc.
- gesellschaftliche Vorstellungen von Moral
- Haltung gegenüber:
  - Menschen mit bestimmter Glaubensrichtung (z. B. Judentum)
  - politisch Verfolgten
  - Alleinerziehenden
  - Homosexuellen
  - Menschen mit Handicap
  - Dissidenten (Menschen mit anderer Meinung oder Menschen, die in der ehemaligen DDR einen Ausreiseantrag gestellt oder versucht hatten, die DDR auf illegalem Weg zu verlassen)
  - Personen, die sich von der Mehrheitsgesellschaft unterscheiden

Wirtschaftssysteme
- kapitalistische Marktwirtschaft
- zentrale Verwaltungswirtschaft
- sozialistische Marktwirtschaft
- etc.

Staaten im 20. Jahrhundert mit sozialistischer Gesellschaftsform
- Sowjetunion (UdSSR): heute Armenien, Aserbaidschan, Belarus, Estland, Georgien, Kasachstan, Kirgisistan, Lettland, Litauen, Moldawien, Russland, Tadschikistan, Turkmenistan, Ukraine und Usbekistan
- Polen
- ČSSR (Tschechoslowakei): heute Slowakei und Tschechien
- Ungarn
- Bulgarien
- Rumänien
- Deutsche Demokratische Republik (DDR)
- Mongolische Volksrepublik

Heute gelten noch folgende Länder als Systeme mit Realsozialismus:
- Volksrepublik China (seit 1949)
- Vietnam (seit 1975)
- Laos (seit 1975)
- Kuba (seit 1959)
- Nordkorea (seit 1948)

Monarchien in Europa
- Belgien, Dänemark, Niederlande, Norwegen, Schweden, Spanien und Vereinigtes Königreich Großbritannien und Nordirland

Soziale Strukturen einer Gesellschaft
- Klassen
- Schichten
- Milieus

Milieu

- milieubedingte Gegebenheiten, Bedingungen und Möglichkeiten
- industrielle und landwirtschaftliche Strukturen in der Region und Einfluss auf Arbeit bzw. Arbeitslosigkeit
- typische Gewohnheiten im Milieu
- Aneignung und Wert akademischer Titel
- Bedeutung bestimmter Berufe bzw. Berufsgruppen
- Menschen aus sozialen Beziehungen (Netzwerken)
- Beziehungen gestalten und soziale Unterstützung (Vitamin B)
- Geselligkeit oder Alleinsein

- Nähe und Offenheit
- Zurückhaltung und Distanz
- Möglichkeiten der Bildung und Wissensaneignung
- Zugang zu elitären Einrichtungen und sozialen Kreisen
- Erziehung und Betreuung in Familie, Heim, Internat, Kindertagesstätte, Schule, Schulhort bzw. Schulbetreuung
- Nutzung von Büchern
- Zugang zu Kunst mit Besuch von Museen
- Anerkennung durch andere wie Ruf, Prestige, Berühmtheit und Status
- Umgang oder Anzeichen von Macht
- Mobilität (Milieu-, Wohnort-, Wohnungswechsel)
- milieuspezifische Wertorientierungen zu Arbeit, Freizeit, Familie, Lebensstil, kulturellen Vorlieben, ästhetischen Neigungen, Arbeitserfahrungen, Art und Umfang des Konsums, Lebensperspektiven, Ansehen aufgrund beruflicher Positionen
- Prestige und Stellung im Milieu
- erwünschtes Auftreten
- typisches Einkommen, Vermögen und Besitz, erworbene Bildungstitel, ausgebildeter Geschmack und Benehmen im Milieu
- Ausdrucksformen von Macht
- dazugehören (Inklusion, drinnen) versus ausgeschlossen werden (Exklusion, draußen), prekäre Randgruppe
- milieubedingte Normen und Regeln, Traditionen
- eher arm oder eher reich
- Chancen und Möglichkeiten als Mann bzw. Frau, Mitglied der Generation, in der Region, als Verheiratete:r, Ledige:r, Kinderreiche:r, Kinderlose:r, Arbeitende:r, Arbeitslose:r
- Ansehen im Milieu als Parteimitglied, Parteilose:r, Staatskonforme:r, Staatsgegner:in
- Kulturangebote
- gemeinsame Haltung zu:
  - »Das ist nichts für mich ...«
  - »Das ist vernünftig ...«
  - »Das ist verrückt ...«
- Typische Gesten, Bewegungen, Akzentuierungen in der (Aus-)Sprache, um sich zu verstehen

Herkunft

Eltern und andere Bezugspersonen
- leibliche Eltern
- Pflegeeltern
- Adoptiveltern
- Stiefeltern
- andere Personen neben Vater und Mutter: Heimerzieherinnen, Tanten oder Großmütter
- (zwei) männliche oder (zwei) weibliche Bezugspersonen
- Nationalität
- Migrationserfahrungen
- soziale Herkunft
- geistige und körperliche Fähigkeiten
- Ausbildungen
- Berufe
- Religion
- Weltanschauung
- (chronische) Erkrankungen, Todesursachen
- Situation im Herkunftssystem
  - Lebensraum: Millionenstadt, Großstadt, Kleinstadt, Gemeinde, Land, Siedlung, Kommune
  - Wohnsituation
  - Einkommen und materieller Besitz
  - Zurschaustellung bzw. Bedeutung materieller Werte
  - Status, Statussymbole, Prestige
  - vorhandene Geschwister (Geschlecht, Altersunterschiede) oder keine Geschwister
  - Konsum- und Lebensstil, Lebensstandard
  - Erziehung (Förderung, Forderungen, Lob, Strafe) und Kinderbetreuung
  - Freizeitgestaltung (Spiele, Musik, Bücher)
  - Urlaubsgestaltung (Ferien wo und wie)
  - Mobilität (Führerschein, Auto, Umzüge, Weg zur Arbeit)
  - Heranführen an Kultur und Kunst
  - Kommunikation (offen und frei versus beschränkt und überwacht)
- die Bezugspersonen
  - Alter bei der Geburt
  - Anwesenheit in der Familie

- Erwerbstätigkeit (keine, Voll- bzw. Teilzeit, Schicht, Wochenende, zu Hause)
- Glücksmomente, Erfolge
- Krisen und Krankheiten, Körper und Psyche betreffend
- Werte, Lebensziele, Träume, Gesprächsthemen
- Entscheidungsfreiheit (Wünsche und Träume umsetzen)
- Meinungsfreiheit (eigenen Standpunkt beziehen können)
- Einstellung zur Arbeit (Berufung, Arbeitslosigkeit, Konkurrenz, Miteinander)
- Vorlieben, Abneigungen
- Konfliktbewältigung, Vermeidungsmuster
- Einstellung zu Ruhepausen, Hobbys, Veränderungen
- Haltung gegenüber bzw. Bedeutung von Geld (Bedeutung von Schulden, Krediten, Investitionen)
- Umgang mit Transparenz, Hilfsbereitschaft und Solidarität
- Umgang mit Unsicherheiten
- Umgang mit Macht, Hierarchie, Autorität
- eher autonom oder eher abhängig
- Vermittlung von Vertrauen und Sicherheit
- Selbstpräsentation
- Initiierung von Kommunikation (Smalltalk, Jammern)
- Auf- oder Abstiege der Eltern
- Vorlieben und Abneigungen
- Wünsche, Ziele und Träume
- Haltung dem Leben an sich, sich selbst und anderen gegenüber
- soziales Netzwerk
- Chancen ergreifen, Krisen bewältigen
- Umgang mit Veränderungen
- eigene Möglichkeiten der persönlichen Entwicklung (Selbstwert, Identität)

Habitusanteile

aus den Bereichen:
- Bildung (Wissen, Kompetenzen und kulturelles Interesse)
- Beziehungen (Kontakte und soziales Netzwerk, Gestaltung von Beziehungen)
- Besitz (Eigentum, Umgang mit Geld und Schulden)
- Ansehen (Anerkennung privat und im Beruf, Status, Prestige, Titel)
- Werte (Grundüberzeugungen und Glaubenssätze)

- Reaktionen (Emotionen, Kommunikation, Konfliktbewältigung)
- Auftreten (Haltung und Ausdrucksweise)
- Bedürfnisse (Vorlieben und Abneigungen)
- Lebensstil (Konsum, Wünsche und Träume)

im Einzelnen:
- emotionale Reaktionen, Kommunikation
- Auftreten und Ausdrucksweisen
- Bedürfnisse, Vorlieben und Abneigungen
- Kompetenzen aufgrund von Lernformen (auswendig lernen, freie Referate)
- Entscheidungsfreiheit (Wünsche und Träume umsetzen oder Zwangsentscheidungen)
- Meinungsfreiheit (eigenen Standpunkt beziehen können)
- Vorlieben, Abneigungen
- Konfliktbewältigung, Vermeidungsmuster
- Einstellung zu sich selbst
- Einstellung anderen gegenüber
- Einstellung zum Leben
- Einstellung zu Arbeit (Berufung, Arbeitslosigkeit, Konkurrenz, Miteinander), zu Ruhepausen und Veränderungen
- Konsum- und Lebensstil sowie Lebensziele
- Erziehung und Kinderbetreuung
- Freizeitgestaltung (Musik, Bücher, Hobby)
- Urlaubsgestaltung (Ferien wo und wie)
- Mobilität (Führerschein, Auto, Umzüge, Weg zur Arbeit)
- Haltung gegenüber und Bedeutung von Geld (Bedeutung von Schulden, Krediten, Investitionen)
- Haltung gegenüber Kultur und Kunst
- Zurschaustellung und Bedeutung materieller Werte
- Status, Statussymbole, Prestige
- Umgang mit Transparenz, Hilfsbereitschaft und Solidarität
- Umgang mit Unsicherheiten
- Umgang mit Macht, Hierarchie, Autorität
- eher autonom oder eher abhängig
- entwickeltes Vertrauen
- Selbstpräsentation
- Initiierung von Kommunikation (Smalltalk, Jammern)
- Gewohnheiten im Denken (Grundüberzeugungen, Glaubenssätze), Fühlen (emotionale Reaktionsmuster), Entscheiden, Handeln (Konfliktbewältigung, Kommunikation) und Wahrnehmen

- Lebensentwürfe und Werte
- verinnerlichte Bildung, Kompetenzen und kulturelles Interesse (kulturelles Kapital)
- soziale Beziehungen und soziales Netzwerk (soziales Kapital)
- Besitz, Eigentum, Umgang mit Geld und Schulden (ökonomisches Kapital)
- Ansehen und Anerkennung im Beruf (symbolisches Kapital)
- Möglichkeiten und Einschränkungen
- Ressourcen und Lernfelder

zusätzlich
- berufliche Fähigkeiten und Fertigkeiten
- Position (Aufstieg, Abstieg)
- Haltung
- Werte
- Bedürfnisse
- Reaktionen, Kommunikation und Konfliktlösung, Abgrenzung und Hilfsbereitschaft im zwischenmenschlichen Bereich
- Glaubenssätze zu Job und Rolle
- Zufriedenheit (Selbstwirksamkeit und Sinn)

Anlage 12: Kopiervorlage: Datensammlung

Teil 1

GENERATION POSITION	NAME GEBURTSDATUM	HERKUNFT (LAND/REGION) WOHNORTE	GESELLSCHAFTL. BEDINGUNGEN	MILIEU-BEDINGUNGEN	BILDUNG BERUF(E)	VERHALTEN EREIGNISSE (wie Mobilität)
			Väterliche Seite			
GROSSELTERN Großvater						
Großmutter						
VATER						
Weitere wichtige Personen vS						

Teil 2

GENERATION POSITION	NAME GEBURTSDATUM	HERKUNFT (LAND/REGION) WOHNORTE	GESELLSCHAFTL. BEDINGUNGEN	MILIEU-BEDINGUNGEN	BILDUNG BERUF(E)	VERHALTEN EREIGNISSE (wie Mobilität)
			Mütterliche Seite			
GROSSELTERN Großvater						
Großmutter						
MUTTER						
Weitere wichtige Personen vS						

Anlage 12: Kopiervorlage: Datensammlung

Teil 3

GENERATION POSITION	NAME GEBURTSDATUM	HERKUNFT (LAND/REGION) WOHNORTE	GESELLSCHAFTL. BEDINGUNGEN	MILIEU-BEDINGUNGEN	BILDUNG BERUF(E)	VERHALTEN EREIGNISSE (wie Mobilität)
			Habitogramm für:			
ICH						
Wichtige Kontakte						

Anlage 13: Kopiervorlage: Habitogramm-Ablage innen und außen

GESELLSCHAFT

HABITUSANTEILE

Land

Ort

geb. am

RESSOURCEN

Name

MILIEU

HERKUNFT

Anlage 13: Kopiervorlage: Habitogramm-Ablage innen und außen 223

Habitogramm®

von

erstellt am

durch

© Marion Schenk

Hinweis zum digitalen Material

Das Material finden Sie im Verlagswebshop beim Buchtitel im Downloadbereich.
Code: 9V6Cn9iZ